"十二五"职业教育国家规划教材
经全国职业教育教材审定委员会审定
高职高专社会工作专业系列教材

农村社会工作

（第二版）

史铁尔　蒋国庆　钟　涛　编著

中国劳动社会保障出版社

图书在版编目(CIP)数据

农村社会工作/史铁尔，蒋国庆，钟涛编著. —2版. —北京：中国劳动社会保障出版社，2015

"十二五"职业教育国家规划教材　高职高专社会工作专业系列教材

ISBN 978-7-5167-2067-7

Ⅰ.①农…　Ⅱ.①史…②蒋…③钟…　Ⅲ.①农村社会学-高等职业教育-教材　Ⅳ.①C912.82

中国版本图书馆CIP数据核字(2015)第220785号

中国劳动社会保障出版社出版发行

（北京市惠新东街1号　邮政编码：100029）

*

三河市华骏印务包装有限公司印刷装订　新华书店经销

787毫米×960毫米　16开本　17.5印张　296千字

2015年9月第2版　2021年7月第4次印刷

定价：34.00元

读者服务部电话：（010）64929211/84209101/64921644

营销中心电话：（010）64962347

出版社网址：http://www.class.com.cn

前　言

本书第一版于2007年由中国劳动社会保障出版社出版。第一版《农村社会工作》作为国内首部农村社会工作专业教材，填补了农村社会工作专业教育教材的空白，受到了许多好评，“该书都是实务的经验的总结，比较实际，比较好用”“书虽然不厚，但都是本土的知识积累”等。许多学校都选用了该教材，但在当时的情况下教材编写面临了文献资料有限、实务案例缺乏等困难，有许多不完善的地方。

在过去的8年里我国农村社会和农村社会工作领域已经发生了很大的变化。主要体现在以下几个方面：一是政府部门高度重视农村社会工作发展，如2012年民政部实施了《边远贫困地区、边疆民族地区和革命老区人才支持计划社会工作专业人才专项计划实施方案》，2015年中共中央办公厅、国务院办公厅印发了《关于深入推进农村社区建设试点工作的指导意见》，相关政策的出台，为农村社会工作发展营造出极佳的政策环境。二是农村社会工作实务和成功案例层出不穷，为农村社会工作教学提供了优质的案例资源。三是中国社会工作教育协会农村和灾害社会工作工作委员会正式成立，委员会的成立，为农村社会工作专业化、职业化发展提供组织保障。

目前我国农村社会工作的发展面临着前所未有的发展机遇，农村社会工作教育教学、研究也要适应农村社会变迁的需要，以便让学习者掌握应对农村社会新问题、新情况、新知识、新思路和模式。基于这种情况，笔者重新安排了这次修订。本次修订的主要任务：一是补充农村社会工作前沿理论知识和实务处境；二是补充农村社会工作成功的实务模式和典型案例；三是补充农村重点人群留守人员社会工作服务。

与第一版相比较，本次修订版本具有四大特点：一是农村社会工作发展历史的梳理更加全面具体；二是农村社会工作理论模式更具有针对性和指导性，并介绍了较前沿的实务理论如团结经济、社会资本等；三是关于农村留守人员的服务更加具体全面；四是重点介绍了如农村灾后重建、社区康复、文化保护、生计发展相关的农村社会工作实务成功案例。这次修订在吸收第一版成功经验的基础上，全面补充了第一版存在的不足，较系统地反映了现阶段农村社会工作知识体系和最新成果，反映了新时期我国农村社会工作取得的成果，对进一步促进我国农村社会工作教育和实务具有积极意义。另外在编写的体例上也有些变化，更接近于常规教材的体例。

本次修订，作者与具有丰富农村社会工作实务经验和教学经验的蒋国庆老师、钟涛老师一起编写修订。在再版之际，衷心感谢我们的编写团队及其家人的大力支持和理解，感谢中国劳动社会保障出版社为推动本书修订和出版所做的工作。

史铁尔

2015.8

内 容 简 介

本教材是教育部“十二五”职业教育国家规划教材。

本教材的基础部分介绍分三部分进行，首先是对农村社区和农村社会工作的基本概念的阐述，其次是对农村社会工作的发展历史、实务处境、理论基础及工作视角、价值观及工作守则等相对宏观的发展脉络的把握，最后是具体到实际中的工作过程、具体服务内容的描述。主体部分的介绍分两个部分进行，首先是对开展农村社会工作的实务模式、工作方法与工作技巧的细致介绍，最后为了加深理解，在本书的十一章又详细介绍了六个有代表性的工作实务案例。后记则展望了中国农村社会工作的发展前景。

本教材综合社会工作专业和高等职业教育特点，把教材当成一个课堂设计，注重经验反思，力求协助认识农村社区、掌握农村工作方法、技巧，促进专业学习和专业思考，是教师讲授、学生学习农村社会工作的非常有用的教材。另外，本书介绍的国内相关农村社会工作实践，综合展示了中国农村社会工作本土化过程中的经验与困惑，是对中国农村社会工作感兴趣的人士一本有用的参考书。

目　　录

绪论　学习农村社会工作的意义

农村社会工作者是新农村建设人才的重要组成部分

农村社会发展稳定是我国社会主义现代化建设的重要工作。自新中国成立以来，党和政府十分关心农村社会建设和发展。但因诸多历史原因，近年来我国农村问题日益严峻。2000 年 3 月，学者李昌平愤然上书时任总理朱镕基，反映湖北农村的突出问题，指出“农民真苦、农村真穷、农业真危险”，引起中央对三农问题的关注。自此后“三农”问题成为党和政府、学者和新闻媒体关注的焦点。为全面解决“三农”问题，2005 年 10 月，中国共产党十六届五中全会通过《十一五规划纲要建议》，提出要按照“生产发展、生活宽裕、乡风文明、村容整洁、管理民主”的要求，扎实推进社会主义新农村建设。培养新农村建设人才，是实现我国新农村建设重要工作。推进农村社会工作教育，通过系统教育，培养了解农村实际、掌握农村服务方法的农村社会工作人才，是我国新农村建设人才的重要组成部分。

为全面壮大社会工作人才队伍，党的十六届六中全会提出建设一支规模宏大、结构合理、素质优良的社会工作人才队伍的重要战略任务。《国家中长期人才发展规划纲要（2010—2020)》（下文简称“纲要”）中首次将社会工作人才纳入党和政府人才发展大局中。“纲要”中指出到 2015 年，社会工作人才总量达到 200 万人，到 2020 年总量达到 300 万人。我国是一个农业大国，要实现这一目标，必须加大农村社会工作人才队伍建设，农村社会不仅需要大批农村社会工作人才，而且农村社会是我国社会工作服务的重要服务领域。

纵观我国近年来农村社会工作人才队伍建设经历，虽然历经坎坷，但成果十分喜人。2000 年，云南大学和香港理工大学在云南平寨建立我国第一个农村社会工作实践基地；2002 年长沙民政职业技术学院在湖南省湘西自治州建立我国第一个农村社会工作教育基地；2003 年晏阳初乡村建设学院由中国人民大学乡村建设中心、中国社会服务及发展研究中心（香港）、国际行动援助中国办公室、翟城村村民委员会、晏阳初农村教育发展中心、中国村社促进会现代化建设专业委员会在河北省定州市翟城村联合发起成立。在其推动下，全国掀起新型农村经济合作社浪潮；2006 年在德国米索尔基金会支持下，“全国农村社会工作能力建设培训班”正式开启；2007 年，全国农村社会工作人才队伍建设会议在江西万载顺利召开；2008 年四川地震后，在长沙民政职业技术学院大力推动下，由政府购买社工服务灾后农村社会工作服务机构——湘川情社会工作服务中心成立；2009 年，在广东中山大学大力推动下，聘请全职农村社会工作者，以农村综合发展为宗旨的“绿耕城乡合作促进中心”注册成立；2012 年，湖南省长沙县引进北京地球村，在全县范围推动“乐和乡村”农村社区发展试点。还有许许多多为农村社会建设和发展默默工作的机构和个人，此处不一一列举。他们是我国新农村建设的核心力量之一，为新农村建设所需要的人才培养、服务模式、服务方法、服务内容等方面做出了积极探索和努力。

农村社会工作者是新农村建设人才的重要组成部分，原因有三：

其一是农村社会工作者是接受过系统知识学习、专业方法训练的专业社会工作者。其行为受社会工作专业伦理规范，服务中蕴含着社会工作“助人自助”的理念。

其二是农村社会工作者的教育过程十分强调理论与实践相结合。学习者不仅要学习相关农村工作的理论知识，也要深入农村社会，体察民情，参与实践。将理论与实践相结合，坚持以人为本、学习者为本、服务学习为本。

其三是农村社会工作者将专业服务与新农村建设总体要求相结合，将专业方法应用到“生产发展、生活宽裕、乡风文明、村容整洁、管理民主”工作中。例如，在服务中强调农村社区组织发育、社区领袖培育、利用当地资源发展团结经济等，促进当地生产发展、管理民主等工作。

农村社会工作为农村和谐稳定提供专业保障

长期以来，受城乡二元体制的限制和改革开放冲击，农村社会问题层出不穷。比如，过分强调工业化和城市化建设，忽视农业生产发展的投入，导致农业经济萧条，食品社区链被破坏，食品安全成为社会焦点问题；推动农村“剩余劳动力”进城务工，但忽视对进城务工人员权益保障，严重影响了劳动力再生产，造成农村留守儿童问题和养老问题；市场化过程中过分看重经济利益，而忽视经济发展与环境和谐，造成农村环境污染严重。另外还有如农村教育落后、农村交通差、农村公共服务缺乏、农村医疗资源短缺等问题。这些问题直接影响着农村社会和谐稳定。如果不能及时妥善解决，势必影响我国现代化建设进程。

农村社会工作的社会责任是“关注农村、了解农村、服务农村”。实践性是农村社会工作的本质属性，农村社会工作实践可利用社会工作专业技术，在实践中及时预防和解决很多农村社会问题。为农村社会和谐稳定发挥积极作用。例如，长沙民政职业技术学院在湖南建立的湘西农村社会工作教育基地，始终将培养农村社会工作服务人才和服务当地相结合，2004 年建成湘西州首家农村社区综合服务中心，为当地留守儿童、孤寡老人、残障人士、受家庭暴力妇女等人群提供专业服务，积极连接资源，一定程度改善当地农村社区居民的生产生活环境。改善服务对象的生活品质是每一个农村社会工作者最基本的服务期望。

尤其在“5・12 四川汶川地震”发生后，农村社会工作在维持受灾地区社会稳定和灾后社区重建中发挥了积极作用。例如，华东理工大学在四川都江堰的社会工作站、广东“映秀母亲”项目、中国青年政治学院绵竹青红社工服务中心和长沙民政学院在四川理县的“心理家园重建”等项目，在灾后社区重建、灾后哀伤辅导、社区康复、学校社工等工作领域发挥了积极作用。

现如今，农村社会问题越来越复杂，农村突发事件越来越多。单靠政府部门无法满足农村社会发展的需要，农村社会工作者将是今后农村社会和谐稳定的重要的专业力量。

农村社会工作教育为农村公共服务培育优秀服务人才

公共服务是政府的职能之一。亚当・斯密在《国富论》中指出，公共服务是政府部门从事某些公共工作，设立某些公共设施。公共服务的工作和设施具有非营利性和非排他性的特点，为此政府必须承担起这一工作。自新中国成立以来，我国农村公共服务建设经历了三个不同阶段，一是新中国成立初期，这一时期我国农村公共服务从无到有，这一时期全国农村地区建成村小、村卫生室、农村水利工程、影剧院等，农村公共服务十分丰富；二是改革开放初期，这一时期我国农村公共服务平稳发展，但有些地方受市场经济利益驱使，农村公共服务工作出现停滞，公共设施失修现象严重；三是新农村建设提出时期，这一时期国家开始重视农村公共服务，农村公共服务工作和实施开始有了新的发展，农村道路交通、文化活动、医疗卫生等工作有了新的发展。

从我国农村公共服务不同时期发展特征不难看出，农村公共服务的好坏关键是政府部门重视与否和有没有专业的农村公共服务人才。现今，政府部门已经十分重视农村公共服务工作，而农村社会工作教育则可以为农村公共服务培育大批优秀的专业人才。

农村社会工作实践为农村发展探索了可持续发展之路

1972年在斯德哥尔摩举行的联合国人类环境研讨会上首次提出可持续发展（sustainable development）的概念。自此以后，各国学术界对“可持续发展”给予不同的界定和定义。比如1980年国际自然保护同盟在《世界自然资源保护大纲》中指出：“必须研究自然的、社会的、生态的、经济的以及利用自然资源过程中的基本关系，以确保全球的可持续发展。”1981年，美国布朗（Lester R. Brown）出版的《建设一个可持续发展的社会》一书中提出以控制人口增长、保护资源基础和开发再生能源来实现可持续发展；1987年世界环境与发展委员会出版了《我们共同的未来》报告，将可持续发展定义为“既能满足当代人的需要，又不对后代人满足其需要的能力构成危害的发展”；1994年中国政府编制了《中国21世纪人口、资源、环境与发展白皮书》，首次把可持续发展战略纳入我国经济和社会发展的长远规划；1997年的中共十五大把可持续发展战略确定为我国“现代化建设中必须实施”的战略。可持续发展主要包括社会可持续发展，生态可持续发展，经济可持续发展。

可见，可持续发展是当今社会发展的重要课题。自2000年专业农村社会工作实务开始以来，其积极探索了农村社会可持续发展道路，具体表现为以下几个方面：

（1）农村社区综合服务中心为平台的社区服务模式。农村社区综合服务中心利用农村公共服务设施，如农村社区活动中心、闲置的村校等，聘用“专职农村社会工作者＋当地社区热心民众”为当地农村社区提供社区活动、社区教育、社区宣传、社区文化、社区康复和社区建设等社会工作专业服务。这一服务模式一方面利用了农村社区现有的公共资源，解决了农村公共设施资金短缺的问题；另一方面聘用“专职农村社会工作者＋当地社区热心民众”作为工作人员，即保障了服务的专业性，又能培育当地人自我服务的能力，真正实现“助人自助”的目标。

（2）城乡互助、公平贸易为核心的团结经济模式。团结经济以城乡互助、公平贸易为核心。而“团结经济”作为一种经济形态，早在1973年西班牙内战期间就开始使用了，当地学者菲利普·阿莱兹（Felipe Alaiz）提倡在城市和郊区的工人集体间构建团结经济（economía solidaria）。[①] 此后20世纪80年代早期的法国和南美洲，特别是在哥伦比亚和智利开始广泛使用。在哥伦比亚，团结经济是在国家的合作化运动中出现的，这个概念被认为是可以把合作主义（cooperativismo）置于一个更广泛、更有政治意义的、建立一种不同的经济的视野背景之中。[②] 在智利，经济学家路易斯·拉泽托（Luis Razeto）将团结经济这个概念拓展得更宽广、更理论化，它被看作是经济横向设置的“部门”，包含的企业多种多样，但享有共同的“经济理性”（economic rationality），即合作与团结。拉泽托说：“那些试图进行经济变革的人们，其任务应该是连接并且加强已经存在的各种经济的替代性方案。”[③]

团结经济作为不同于市场经济的模式，在我国农村社区经济发展中十分具有借鉴意义，其强调本土化、资源化、人性化的特征也与社会工作的理念相同。农村社会工作的实践也证明了这一模式在我国农村经济发展中的可行性。如中山大学推动的“广东从化乡村旅游”“绿耕城乡合作促进中心”等均是成功的案例。

（3）资产网络建设为内容的灾害重建模式。资产为本的视角越来越受社区工作者的重视。其强调在开展农村社会工作服务时，要立足需求为本，整合社区资源，服务社区民众。目前我国农村社会工作服务中，农村社会工作者在根据社区居民需求制定服务计划方面做得比较好，但在整合社区资源方面，农村社会工作者则受到一定阻碍。其表现为：一是因社工权能限制，可调动的社区资源十分有限；二是社区本身所有的传统意义上的资源比较匮乏，在农村社区更是如此。资产为本的视角是一种新的资源视角，其认为农村社会工作的服务对象“人”本身就是一种资本，公共空间的塑造也是一种资本，重构社区公共资源更是一种资本建设。这些观念的提出对解决目前农村社会工作者对社区资源狭隘的认识具有十分重要的意义。例如，四川理县湘川情社会工作服务中心，充分应用资产为本理念，挖掘当地藏绣资源，将原有的藏绣工艺与现行市场需求相结合，创作出新的藏绣作品，为当地许多家庭改善灾后家庭经济发挥了重要作用。同时，支持当地有志于农村社会工作服务的应届高中生报考社会工作专业，毕业后回到本中心工

---

① Alaiz，Felipe Lorda. *Por una economía solidaria entre el campo y la ciudad*. Barcelona：Oficinas de Propaganda，CNT，FAI. 1937.

② Arias，Deisy et. al. *Estado del arte de la economía solidaria en Bogotá*. Bogota，Colombia：Universidad Colegio Mayor de Cundinamarca. 2006.

③ Razeto，Luis. *Economía de Solidaridad y Mercado Democrático*. Santiago de Chile：Ediciones PET. 1984.

作，成为当地专业农村社会工作服务的核心力量。

资产网络为核心的灾后重建模式，在发挥当地优势，挖掘当地社区资源，调动当地居民参加，促进自我服务、自我管理、自我发展方面，是非常可行的一种工作策略。

（4）能力建设和优势视角为本的农村社会工作服务模式。能力建设和优势视角为本的农村社会工作服务模式是我国社会工作本土化实践的产物。学者张和清（2008）指出，这一模式打破了传统的问题为本的“扶贫模式”，也超越了“缺乏视角”和“工作者为本”的社会工作介入模式。[①]

这一模式优势是：一方面充分尊重农民的主体性，相信农民的潜能，农村社会工作者与农民是伙伴关系，一起致力于改善生活环境的工作。另一方面，农村社会工作不以方法划分服务，而是从系统的角度出发，关注个体的人在社区、社会、社会政策等多层面的不同问题、不同需求，强调“全人发展”。

农村社会工作研究为农村社会建设提供了理论依据

行动研究是农村社会工作研究的重要方法。其强调研究本身是一种社会行动，社会行动要带来某些改变。这些改变或许在社会政策方面、个人权能增加、生活环境改善等。这样的研究所建构的知识具有的可操作性、实践性特征，是农村社会建设所需要的知识。

当然，作为新兴的社会工作实务之农村社会工作，其研究成果目前还没有形成系统的知识，还需要在今后的工作中不断总结。如张和清等人提出的“优势视角下的农村社会工作”，史铁尔等人提出的“以资产为本建立尘肺病患者社区康复资产网络”等。

总之，农村社会工作课程的学习，不仅可以为我国新农村建设培育大批优秀专业人才，而且也有利于农村社会工作者提升自身能力。希望这本书能为即将走向专业社会工作道路的莘莘学子提供专业知识、技能、服务视野等方面的指引，也能成为已经在一线从事农村社会工作实践者的床头书，促进其思考，继续为农村社会建设贡献力量。

---

① 张和清，杨锡聪，古学斌．优势视角下的农村社会工作——以能力建设为核心的农村社会工作情景模式［M］．//张和清．农村社会工作．北京：高等教育出版社，2008：235.

【思考题】

1. 农村社会工作者为什么要担负起农村社会建设的社会责任?

2. 学习农村社会工作要具有一定的社会想象力，为什么?

3. 如何才能学好农村社会工作?

4. 您是如何理解农村社会工作理论与实践的关系?

【讨论题】

1. 请与您周边来自农村社区的同学，一起讨论现今农村社区面临哪些社会问题。你们如何看待这些问题?

2. 请与您周边的同学一起分享你对“团结经济”看法。

【推荐阅读】

1. 许宝强，汪晖. 发展的幻象 [M]. 北京：中央编译出版社，2001.

2. [美] C. 赖特·米尔斯. 社会学的想象力 [M]. 陈强等译. 北京：三联书店，2001.

3. [美] Dennis Saleebey. 优势视角：社会工作实践的新模式 [M]. 上海：华东理工大学出版社，2004.

4. 何国良，王思斌. 华人社会：社会工作本质的初探 [M]. 台北：八方文化企业公司，2000.

第一章 农村社区

要实现任何一项改善农民生活的目标，需要一个艰苦而漫长的过程，需要花费大量的血汗、泪水和个人生命的代价，在任何时候都要坚持不懈！[①]

——晏阳初

农村社区是农村社会工作者开始服务的工作场域。要了解农村社会工作，必须先要了解农村社区。据国家统计局“2010 年第六次全国人口普查主要数据公报”[②] 数据显示，现今我国农村人口为 674 149 546 人，占全国总人口的 50.32%。同 2000 年第五次全国人口普查相比，乡村人口减少 133 237 289 人，但仍然占我国总人口一半之多。据《中国农村扶贫开发的新进展》（白皮书）[③] 数据显示，截至 2010 年底，全国农村低保覆盖 2 528.7 万户、5 214 万人；2010 年全年共发放农村低保资金 445 亿元人民币，其中中央补助资金 269 亿元人民币；全国农村低保平均标准为每人 117 元人民币/月，月人均补助水平为 74 元人民币。到 2010 年底，全国农村得到五保供养的人数为 534 万户、556.3 万人，基本实现“应保尽保”，全国各级财政共发放农村五保供养资金 96.4 亿元人民币。农村扶贫标准从 2000 年的 865 元人民币逐步提高到 2010 年的 1 274 元人民币。以此标准衡量的农村贫困人口数量，从 2000 年底的 9 422 万人减少到 2010 年底的 2 688 万人；农村贫困人口占农村人口的比重从 2000 年的 10.2%下降到 2010 年的 2.8%。但我国农村扶贫工作依然严峻。为此，党中央在继续推进“新农村建设”工作的同时，国家扶贫开发领导小组制定了《中国农村扶贫开发纲要

---

① 宋恩荣．晏阳初全集［G］．长沙：湖南教育出版社，1989.

② 中华人民共和国国家统计局. 2010 年第六次全国人口普查主要数据公报（第 1 号）. 2011－04－28.

③ 中华人民共和国国务院新闻办公室. 中国农村扶贫开发的新进展（白皮书）. 2011－11－16.

(2011—2020)》，2012 年政府工作报告中将“促进农业稳定发展和农民持续增收”作为政府工作的重要工作内容。

这一串串数据提醒我们，农村社会工作任重道远，需要每一个人奉献和努力。而农村社会工作者担负着农村社会建设的重要责任，要应用专业方法和技能为我国“三农”工作、农村“扶贫”工作、农村社会长治久安工作作出应有的努力。要立志将改善农村社区生活环境和提高农民生活水平作为实现自己人生价值的重要选择。

本章对农村社区的概念、构成要素、分类、特征、功能和建设农村社区的重要性等进行全面介绍。希望学习者能对农村社区有全面的认识和了解，为投身农村社会工作事业打下坚实基础。

第一节　农村社区概述

农村社区是根据社区区域特征划分而来的，相应的有城市社区、城镇社区。农村社区具有社区的特征和功能，但也有其独特之处。下文从农村社区的定义、相关概念和分类三个方面对农村社区做全面介绍。

一、农村社区的定义

1948 年我国著名社会学家费孝通在其论文《二十年来之中国社区研究》[①] 一文，将“社区”这一概念首次引入到中国。时隔 60 多年之后的今天，“社区”已经被广泛应用到社会学中，政府政策文件也开始经常使用，民众对其也有所熟悉。如社区建设、社区服务、社区工作等。但似乎很多人都认为社区就是指城市社区。其实，农村社区早于城市社区就存在。但什么是农村社区？许多人还是觉得很陌生。查阅相关文献，关于农村社区的定义主要有：

20 世纪中期美国农村社会学家对农村社区进行了不同的定义，如布尔（W. Burr）指出农村社区“乃农业区域中的人群，其区域的大小与单位适足，使其居民在团体活动中充分合作”。沃格特（R. L. Vogt）认为：“农村社会是人民的集体，其地方事业大多有一个共同的中心点。”西姆士（N. L. Sims）认为：“农村社会是由许多毗连而居、具有共同事件的农家构成——其构成的必要事件

① 费孝通. 二十年来之中国社区研究 [J]. 社会研究，1948 (77).

为目的、信仰、欲望、知识——一个共同的了解，即社会学家所称的同心。"[①]

我国学者王云五主编的《社会学词典》中也收录了许多关于农村社区概念的不同理解，如《美国社会学词典》将农村社区定义为："面对面结合之一个地区，比邻区大，在此地区内，多数的居民利用他们集体生活所需要的社会的、经济的、教育的、宗教的以及其他各种劳务，并对于基本的态度和行为有一般的投合，通常以村或镇为中心"。

学者田雪原、寥逊在《人口与社区综合发展研究》一书中指出："农村社区是最基本的社会群体，中国农村社区是村庄，再扩大是乡，还有集镇或乡镇，有时也扩大到县城。通常以村民的最大聚居点为中心，并由这个中心辐射到社区边缘。在中国，严格意义上的农村社区是具有一定自然、社会经济特征和功能的相对完整和独立的社会单元，主要从事农业生产和农民聚居的地方，除进行经济活动外，也进行政治、文教、风俗与社会活动。"[②]

学者陆相欣在其著作《农村社会学》中认为："聚集在同一地域上的人们在长期的生产和生活中，形成了以血缘关系为主干的亲密协作关系，并且逐步形成了独立、稳定的生活共同体，产生了人类社会上最早的社区形式——农村社区。"[③]

于雷、史铁尔主编的《社区建设理论与实务》一书中将农村社区定义为："主要从事农业生产劳动为主、人口密度和规模较小的社区"。[④]

综述之，农村社区是指在人类历史发展过程中，因自然起源、社会组合或农村建设等因素聚居在一起长期进行生产和生活的社会共同体，其具有社会关系比较紧密、宗族和家庭观念十分强烈、社区集体意识浓厚、社会组织化程度相对淡薄等特点。

二、与农村社区相关的几个概念

相比农村社区，人们经常听到"三农"即农业、农村、农民。了解这三个概念，对进一步认识农村社区意义重要，下文将逐一介绍。

1. 农村社会

---

① 陆相欣. 农村社会学［M］. 郑州：郑州大学出版社，2006：76.

② 田雪原，寥逊. 人口与社区综合发展研究［M］. 北京：兵器工业出版社，1993.

③ 陆相欣. 农村社会学［M］. 郑州：郑州大学出版社，2006：104.

④ 于雷，史铁尔. 社区建设理论与实务［M］. 北京：中国轻工业出版社，2005：12.

(1) 农村的含义

农村是以农业生产为基础的社会生活区域，聚集在这里的人们主要以农业生产为主。从农村的发展历史来看，农村是生产水平达到一定高度后，因农业生产的要求，人们定居在某一地域。美国社会学家 R. 比勒和 D. 菲尔德将农村含义归纳为如下三个层面：一是人文生态方面，农村地广人稀，人们彼此之间的互动相对较少；二是行业方面，农村以农业生产为主要行业；三是社会文化方面，农村社会传统文化保留较多、发展变迁缓慢，人际关系比较和谐。

(2) 农村村落的类型

农村村落的类型主要根据建筑特色和地域特色划分。学者韩明谟在其著作《农村社会学》[①] 一书中将农村村落划分为五种，包括：①园林式，主要集中在江南、成都平原一带，其房屋独门独栋，互不相连但守望相助，房屋周边有树林、小溪。②碉堡式，主要集中在华北及西部地区，其房屋均有围墙，有独立的院子。③梢穗式，主要在山区比较普遍，其房屋依山而建。④繁花式，根据农业生产的需要，依照当地自然环境，如河流、河坝等，房屋彼此相连，有一两条村巷。⑤矩阵式，这类农村主要是以移民等因素集体搬迁到某一地区，房屋建筑统一修建，如新农村建设新建的农村小区，四川地震后新建的农村小区。

(3) 农村的权力结构

在新中国成立以前，农村权力主要集中在族长、乡绅等人手中，有意者可参阅费孝通《中国绅士》一书。新中国成立后，国家权力延伸至农村，农村设有村民自治委员会和基层政府派出党工委——村支部委员会，由村民委员会和村支部委员会对农村进行管理。

(4) 农村小康

我国小康社会概念是由邓小平在 20 世纪 70 年代末 80 年代初在规划中国经济社会发展蓝图时提出的战略构想。中共十六大报告明确提出了“全面建设小康社会”，提出了全面建设小康社会的五点具体要素，即增强发展协调性，努力实现经济又好又快发展；扩大社会主义民主，更好保障人民权益和社会公平正义；加强文化建设，明显提高全民族文明素质；加快发展社会事业，全面改善人民生活；建设生态文明，基本形成节约能源资源和保护生态环境的产业结构、增长方

① 韩明谟. 农村社会学 [M]. 北京：北京大学出版社，2001：86－88.

式、消费模式。① 自此以后，全面建设小康社会成为我党和政府工作的重要工作内容之一。期间，实现农村小康给也成为党和政府关系的重要课题，1991 年《中共中央关于进一步加强农业和农村工作的决定》中指出："总的目标是在全面发展农村经济的基础上，使广大农民的生活从温饱达到小康水平，逐步实现物质生活比较丰裕，精神生活比较充实，居住环境改善，健康水平提高，公益事业发展，生活良好。"由此可见，农村小康社会建设工作是农村工作的内容之一，农村社会工作者需要高度领会党的政策方针，为我国农村小康社会建设发挥专业作用。

2. 农村居民

（1）农民的概念

从职业角度看，农民是指直接从事农业生产的劳动者，是人类历史上社会生活的主体，也是农村社区生活的主体。从阶级角度看，农民相对于地主阶级，是没有土地（佃农）或拥有少量土地（自耕农）的利益群体，新中国成立后，彻底推翻了半殖民地半封建的旧中国，建立了人民当家做主的社会主义国家，农民成为新中国人民的一分子。另外农民还是一种户籍身份，即农村户口（农业户口）。户籍制度在某一历史时期为新中国建设起到积极作用，但现今，这种制度严重阻碍了农民的全面发展，需要彻底地改变。

（2）农民社会地位的变迁

社会地位是社会学的重要概念之一，其指社会关系的位置。纵观历史，我国农民的社会地位在不断的变迁中。新中国成立之前，在农村社会地主阶级和农民阶级是两个对立的阶级。在新民主主义革命时期，农民是革命的主力军，没有农民的广泛参与和流血牺牲，就不会有中国革命的胜利。新中国成立后，经过多次土地改革和农业合作化运动，地主阶级被消灭，农民成为新中国社会主义建设的主人。

（3）农村婚姻与家庭

以血缘关系为基础而组成的从事农业生产经营活动的农民家庭，称为农户。家庭，是以婚姻和血缘关系为基础结合起来的人类最古老、最根本、最普遍的初级社会群体。其特点是：一个农户通常是一个独立的生产单位，从事两种生产即物质资料生产和人口生产；是一个独立的生活单位；也是农村社会结构中最基层

---

① 参阅：新华网．全面建设小康社会，开创中国特色社会主义事业新局面——在中国共产党第十六次全国代表大会上的报告．2002－11－16.

的单位，具有特殊的社会意义。研究农村，往往并不是研究农民个人，而是研究农民的家庭集体，研究农户。家庭一般具有生产经营、生活消费、生育抚育、赡养等功能。

(4) 农民的传统价值观和现代价值观

价值观是由人们的信仰和世界观而形成的普世道德观念和社会评价的思想体系。为此，价值观对人们的日常行为、人生意义的选择均有一定的影响。农民的价值观体现在农民日常生活中自律性和行为方式，随着社会变迁而不断变化。

• 现今农民的传统价值观

在漫长的历史发展过程中，我国农民形成其独特的价值观念。学者秦兴宏、廖树芳、武岩在其著作《中国农民的变迁》[①] 一书中将我国农民传统价值观归纳为七个方面，即务实思想与狭隘的观念共存；团体本位和个体压抑共存；坚韧不拔的进取精神和安贫乐道的保守心理共存；眷恋故土情感和自我封闭观并重；强调人际和谐和轻视竞争；平均思想与特权思想共存；重义轻利与追求功义并存。这些传统的价值观不仅在我国农村社会面对天灾人祸、克服困难等方面发挥了积极的作用，其中许多价值观在当今社会仍然具有重要的意义，如务实思想、团体本位、进取精神等。

• 新时期农民的价值观

自 1978 年十一届三中全会后，我国进入了改革开放的时代，现代化建设是这一时期我国社会发展的重要内容。随着城市化、工业化、全球化进程的加速，我国主流价值观念也发生了许多变化，如发展、和谐、公正、效率、创新等[②]成为主流的价值观念。在这些观念的冲击下，我国农民的价值也发生了许多变化，呈现出新时代的特色。主要表现为：自我封闭的观念减弱，开放的思想增强；自给自足的小农经济意识逐步走向市场经济意识；竞争观念增强；信息观念、法律观念、民主观念增强。新时期我国农村的价值观的形成，对农村社区发展、民主化进程加速、农村社区经济提升等均发挥着积极的作用。但是在开展农村社会工作中，一定要警醒“新”不等于一切都是好的，要用辩证的观念看待农村传统价值观和新时期的价值观，要有所保留、有所融化，这样的价值观念才能为农村社会的长治久安发挥积极作用。

(5) 中国农民在新农村建设中的作用

---

① 秦兴宏，廖树芳，武岩. 中国农民的变迁 [M]. 广州：广东人民出版社，1999：301－305.

② 参阅：梅良勇，丁正亚. 当代中国主流价值观念初探 [J]. 唯实，2007 (12)：25－30.

在任何历史时期，农民是国家之本。《尚书》谈到“民惟邦本，本固邦宁”。在社会主义新农村建设中，农民是国家和社会的基础和根本，这个根本稳固了，国家社会才能得到安定繁荣；农民是国家、政权以及一切社会、政治、经济、军事、文化的基础和根本。农民决定国家的治乱兴衰；农民是我国工业市场的主体；农民是我国军队的来源；农民是现阶段我国民主政治的主要力量；农民是现阶段我国文化运动的主要对象；农民是社会主义城乡建设的主力军；农民是改变我国产业工人队伍结构的强大动力和后备军；农民是农村借城市脱贫致富，发展本地经济的筹资主体。

3. 农业生产

（1）农业的概念

农业是指人类利用生物的机能，通过人工培育，强化或控制生物的生命活动，以取得适合人们生活需要的产品的社会生产部门。狭义的农业主要指农、林、牧、副、渔。农业包含三个层次：一是农、林、牧、副、渔生产，二是农产品加工，三是农业生产服务行业，三者共同构成食品社区链。

（2）农业发展历史

自农业产生以来，根据不同历史时期农村生产的特征，农业经历了三个阶段。第一阶段为原始农业，主要依靠犁长期耕耘较大面积。第二阶段是传统农业，主要使用金属和木制农具，依靠人、畜力，并凭借直接经验的积累的传统技术从事农业的生产，是在原始农业的基础上发展起来的。基本特征：金属农具和木制农具代替了原始的石器农具，铁犁、铁锄、铁耙、风车、水车、石磨等得到广泛使用；畜力成为生产的主要动力；一整套传统农业技术逐步形成，如从撂荒制转为轮作制，实行间作、套种等。第三阶段为现代农业，是开始使用机械化、自动化生产手段装备的，采用生物学、化学、物理学科研成果的，运用管理科学和电脑等管理设备的农业。

（3）农业生产的特点

农业生产基本特点是自然再生产过程与经济再生产过程交织在一起。其他特点包括作为生产资料的动植物有机体，其本身是有生命的，具有自己的成长、发育、繁殖方面的自然规律性。土地是不可或缺的基本生产资料，以太阳为代表的自然力，是无法置换的自然资源。农业生产过程有相对固定的生产周期，季节性劳动明显。农产品在数量、质量上具有很大的差异性，农产品具有的季节性和长周期性特点，使农产品的产出被固定一定的节令上；农产品的使用价值，往往具备多样性和相互取代性；农产品本身为最终产品，可以直接享用；农产品大多容易腐烂。

(4) 农业产业结构及其在国民经济中的地位

农业是国民经济发展的基础，主要表现为农业作为人类物质生活资料最主要的来源，为人类社会生存提供必要的条件：农业是最早出现的生产部门，曾经是唯一的生产部门；农业是基本生活必需品的来源；是国民经济进一步发展的基础；农业劳动生产率的提高是人类能够进行工业及其他物质和精神生产活动的先决条件；农业是发展工业和其他事业所需“劳动力”的主要来源，影响到工业和其他事业发展的速度和规模；农业是工业、轻工业所需原料的重要来源；农村是工业的重要市场；农业是国家资金积累的主要来源；农业是出口物质的重要来源。

4. 农村组织

现阶段农村组织主要指农村党团员组织、村民委员会组织、村民自治制度三个层面。农村组织是农村社会工作的基础，也为社会主义新农村建设提供了组织和政策保障。下文逐一介绍。

(1) 农村党团组织

中国共产党党章规定：“中国共产党是中国工人阶级的先锋队，同时是中国人民和中华民族的先锋队，是中国特色社会主义事业的领导核心。”村级党组织指中国共产党的最基层组织，在乡镇党委的领导下，在农村社区开展党组织的各项工作。其主要职责是领导当地农村社区开展政治、经济、文化和社会事业；在农村社区开展思想和政治领导；培育和发展入党积极分子；管理农村社区党员。

农村共青团组织是农村社区青年的主要组织。在党的领导下，带领农村团员开展各种活动，做好农村青年团员发展和管理工作。

(2) 村民委员会组织

村民委员会是根据《中华人民共和国村民委员会组织法》由农村社区全体村民选举产生，设有主任、副主任和委员，一般由 3～7 人组成。进行农村社区事务自我管理、自我服务工作。其主要的职责有开展本村公共事务和公益事业；进行民事纠纷协调；维护农村社区治安；代表和维护农村社区民众权益，向上一级人民政府反映民意；进行党和国家法律、政策等方面的宣传落实工作；支持和发展本社区各种组织；开展社会主义精神文明工作；协助上一级人民政府完成各种日常事务。

(3) 村民自治制度

村民自治是指：“在农村基层由群众按照法律规定设立村委会，自己管理自己的基层事务，它是我国解决基层直接民主的一项基本政策，是一项基础民主制度。”[①] 民政部基层政权建设司定义为：“我国的村民自治是广大农村地区农民在基层社会生活中，依法行使自治权，实行自己的事自我管理的一种基层群众自治制度。”[②] 还有很多学者对村民自治给出不同的介绍，此处不一一介绍。整合这些不同的定义，结合《中华人民共和国村民委员会组织法》（2010 年修订版），本书认为村民自治具有以下几点职责：村民委员会依照法律规定，管理本村属于村农民集体所有的土地和其他财产，引导村民合理利用自然资源，保护和改善生态环境；村民委员会应当尊重并支持集体经济组织依法独立进行经济活动的自主权，维护以家庭承包经营为基础、统分结合的双层经营体制，保障集体经济组织和村民、承包经营户、联户或者合伙的合法财产权和其他合法权益；村民委员会应当支持服务性、公益性、互助性社会组织依法开展活动，推动农村社区建设；多民族村民居住的村，村民委员会应当教育和引导各民族村民增进团结、互相尊重、互相帮助。

三、农村社区的类型

前文谈过，我国农村社区形成历史悠久。在长期发展过程，因不同的地域、文化、生产特点而形成了稳定但不同的社会结构。随着我国现代化建设进程的推进，农村社区开始由传统向现代转轨。但受各地农村社区地理环境和社会政策的影响，这种转轨也呈现出不同的特点。

1. 按农村社区的地理环境划分

根据我国农村社区所在的地理环境不同，农村社区包括平原、湖泊、沿海、草原、山区等。一般情况下，平原地区、湖泊地区、沿海地区的农村社区人口密度高，当地经济、社会、文化发展程度相对比较高。尤其是随着我国改革开放政策的推动，经济特区的划分，这些地区人口流动大、新鲜事物进入快，城镇化程度较高。而相对比较下，草原、山区受地理环境的影响，人口密度相对比较低，经济、文化和社会发展缓慢。

2. 根据农业产业特征划分

根据农业产业的特征分，农村社区有农业村、渔村、农牧村、林业村、矿业

---

① 全国人人常委会法制工作委员会行政法室，国务院法制办公室政法劳动社会保障法制司，民政部基层政权和社区建设司. 村民委员会组织法学习读本［M］. 北京：中国民主法制出版社，1998：28.

② 民政部基层政权建设司. 农村基层政权建设与村民自治理论教程［M］. 北京：教育科学出版社，1998：104.

村等。如我国内蒙古地区，大多数农村社区以放牧为主，农村社区属于典型的牧村；山西盛产煤矿，当地很多农村社区是典型的矿业村；海南沿海地区，主要以水产业为主，当地农村社区属于典型的渔村；华中平原，适宜规模化农业生产，当地农村大多数属于典型的农业村。

3. 按我国社会组织行政划分

按照我国社会组织行政划分，农村社区包括两类即行政村和自然村。行政村是指我国政府为了便于管理，在乡镇下一级的管理机构所管辖的区域。行政村设立村党支部和村委会，一般由几个自然村构成，每个自然村设有一个组长。自然村是由地理环境因素或历史因素，以家族、户族、氏族自然形成的居民聚居的村落，一般设立村民小组。

4. 按我国农村人口密集程度划分

人口密集程度主要包含人口容量和人口特征（家族、姓氏等），按这两点要素，我国农村社区分为散居性农村社区、聚集性农村社区、单姓农村社区、多姓农村社区。例如，我国内蒙古地区、西北高原地区散居性农村社区较多，东部沿海地区聚集性农村社区比较多，北方地区单姓农村社区较多，南方地区多姓农村社区较多。

5. 按农村社区历史长短划分

上文谈到，我国农村社区形成主要有三种，一是在历史发展中自然形成；二是因某种原因（如战争、移民等）社会组合而形成；三是因某种需要（如新中国建立初期新疆建设兵团、北大荒开垦等）新建而形成。以上三种不同因素形成的农村社区，历史长短不一，根据农村社区历史长短，可将农村社区划分为旧的农村社区亦或传统农村社区、新的农村社区。

第二节　农村社区的特征与功能

认识农村社区的特征和功能，对我们分析农村社会问题，开展农村社会工作具有十分重要的意义。结合社区的基本特征和功能，与城市社区的特征和功能，下文主要介绍农村社区的基本特征和日常功能。

一、农村社区的特征

1. 人口特征

就农村社区而言，它与城市社区在人口方面具有不同的特征。

（1）从人口容量和密度看：农村社区人口容量和密度很大程度上受地理环境、土地面积和农业生产种类的影响，一般人口容量小、人口密度低。根据人口容量和密度的大小，我国将行政区域划分为行政村、乡（镇）、县（县级市）、地级市等。例如，1993 年，国务院批转《民政部关于调整设市标准报告的通知》，再一次根据人口容量和密度进行乡镇县市划分，比如报告中提出每平方公里人口密度 400 人以上的县，可设市撤县。人口容量小和人口密度低是我国农村社区人口方面显著的特征之一。

（2）从人口所从事的经济生产看：农村社区人口所从事的经济生产主要是农业生产，农业生产受季节性和动植物生长周期的限制，农村社区人口的生活节奏比较缓慢，对工作的技能要求相对比较低。

（3）从人口受教育机会看：受农村公共资源缺乏的限制，在农村社区与农业生产所需要技能培训机构、院校空缺，很多教育资源主要集中在城市社区，农村社区人口通过正规教育，学习科学文化知识的空间和机会都比较少。需要在今后农村社区建设中加强农村社区教育资源的投入。

（4）农村社区人口流动性相对比较低：受农村生产的限制，农村社区人口流动性比较低，虽然随着改革开放的深入，大批农村青年进城务工，但只有少数人有机会迁移至城市生活，绝大多数的进城务工人口最终还是会回到家乡。造成这一现象的原因有很多，最重要的是与我国农村社区人口具有“落叶归根”的思想比较浓厚有关，另一重要原因是受户籍制度限制，农村人口迁移至城市社区比较不易。

（5）农村社区人口结构出现失调：一般而言，人口结构中男女比例、出生率、死亡率、老中青比例均相对比较平衡才是合理的人口结构。但近年来，随着我国计划生育政策的深入推进，户籍制度的不断改革，进城务工人口增多，我国农村社区人口结构出现失调。例如，农村青壮年劳动力转移至城市，农村劳动力缺乏；农村社区人口中男女比例失调，结婚难已经成为农村社会问题之一。

（6）农村社区人口开始走向异质化：在传统农村社区，农村社区人口具有同质性特征，比如一个农村社区同姓、结婚对象均在本地区、有共同的饮食文化习俗等。但随着现代化进程的加速，农村青壮年进入务工的增多，跨省婚姻、不同民族的结婚现象增多，不同习俗和文化开始融化不同地区农村社区的隔阂，农村社区人口异质化程度提升。

虽然，城市化建设是我国重要的政策方针，但这是否意味着某一天农村社区人口完全会消失呢？答案是否定的，农村社区人口在我国社会主义现代化建设中有其独立的历史意义和作用，农村社区人口在长期的生产生活中也发展了许许多多先进的思想、文化，这些都是我国先进思想和文化的重要组成部分。

2. 生活方式的特征

因地理环境、文化传统、政治法律、思想意识、社会心理等多种因素影响而形成了不同生活方式。生活方式主要指劳动生产的方式、消费方式、文化娱乐方式和人与人交往方式等。下文主要从这四个方面介绍农村社区生活方式特征。

（1）农村社区劳动生产节奏缓慢，季节性强。动植物生长有其自身的生长周期，这就决定了农村社区劳动生产的季节性强、劳动节奏缓慢的特征。但因地域特征，其也有所不同。例如，高原地区，由于气候比较寒冷，农业生产一年一季，当地农村社区农民闲暇时间比较多。而南方平原地区，因气候炎热，许多地方一年种植二季甚至三季，闲暇时间相对高原地区比较少。但相对城市社区，农村社区劳动与动植物生长周期、天气、气候等因素有直接的关系。

（2）农村社区农民消费方式具有形式单一和选择性少的特征。

虽然近年来，国家通过各种惠农政策，如家电下乡补贴、提供农产品出售价格等。但受经济水平、销售渠道等因素的限制，农村社区居民消费水平偏低，物品选择单一。据国家统计局“2011 年全国城乡居民收入增长情况”数据显示，2011 年全国农村居民人均纯收入 6 977 元，比上年增加 1 058 元，增长 17.9%。2011 年年社会消费品零售总额 181 226 亿元，比上年名义增长 17.1%。其中农村消费品零售额 24 318 亿元，而城市消费品零售额 156 908 亿元，是农村的 6.4 倍多。农村消费水平的提升对我国国民经济增长至关重要，要提高农村消费水平，其核心是农业增产农民购买力提升，国家必须加大对农村、农业的投入。

（3）农村社区文化娱乐具有丰富多样、各具特色的特征。农村社区在长期的农业生产过程中，形成了具有地方特色的文化娱乐方式，丰富多样，各有千秋。例如，我国北方农村社区的赶“庙会”“三月八”；贵州黔东南地区的“芦笙节”“苗年”；云南傣族地区一年一度的“泼水节”等。

（4）农村社区人与人关系具有交往频繁，邻里关系密切的特征。20 世纪费孝通在《乡土中国》[①] 提出的概念，认为中国传统社会有一张复杂庞大的关系网，人熟是一宝。熟人社会是农村社区人与人关系的真实写照，也是开展农村社会工作有利的资源之一。

每一种生活方式均具有独特的价值和人文意义，体现着对某种理想社会生活

① 费孝通. 乡土中国［M］. 上海：上海人民出版社，2006.

的践行。现如今，城市化加速瓦解农村社区独特的生活方式。其有积极的一面，比如提升农村社区人民的生活水平，减轻劳动强度等，但也有消极的影响，比如，在过分地强调利益、金钱崇拜等观念的影响下，农村社区邻里互助、互帮互助的风气越来越薄弱。开展农村社会工作，在农村社区生活方式变迁中，要有具体问题具体分析的态度，不能以偏概全，也不可全盘否定。

3. 农村社会关系和社会组织的特征

农村社区是一个熟人社会，生活在同一地区的人们，彼此之间因血缘关系、亲缘关系等而有着比较紧密的联系。相对城市社区的陌生关系，农村社区在解决人际冲突和协调中，传统道德的约束力更明显，而城市社区更多的是依据法律。

农村社区主要的社会组织有党团组织、村委会。但随着近年来社会主义新农村建设的不断推进，我国许多农村社区兴起了许多新型农村经济合作社。2006年10月31日十届全国人大常委会通过了《中华人民共和国农民专业合作社法》，并于2007年7月1日颁布实施。《中华人民共和国农民专业合作社法》颁布实施，极大地推动了农村经济发展。例如，自2003年起河南省省级财政每年安排预算350万元专项资金用于农民专业合作经济组织建设，安排200万元用于农机专业合作经济组织发展建设，2008年经河南省政府研究又追加1 500万元重点扶持农机专业合作社的发展。2003—2008年河南省在农民专业合作社工作中，由中央和省财政累计共投入资金1.2亿元，扶持农民专业合作组织896个。其中，中央财政扶持农民专业合作组织103个，扶持资金3 320万元；河南省省级财政扶持农业合作组织793个，投入资金8 339万元，有力地促进了合作经济组织的快速发展。①

另一方面，我国农村社区开始出现各种民间组织，如老年协会、妇女协会、秧歌队、舞蹈队等组织。据统计，目前我国农村民间组织已达300万个以上，成为最具发展潜力的社会组织之一，民间组织短时间内发展势如潮水。②

利他性的农村社区关系和蓬勃发展的农村社区组织为农村社会工作实务提供了良好的机遇。

二、农村社区的功能

结合社区的基本功能，在界定农村社区功能时，需要综合考虑以下四个基本

① 以上数据引自：欧继中．我国新型农村合作经济组织探析［J］．毛泽东邓小平理论研究，2010（4）．

② 林忠生，杨清．浅谈新农村建设中农村民间组织的兴起及角色定位［J］．前沿，2007（4）．

要素：一是以考虑农村社区居民的切身利益为先；二是将国家关于农村社会发展的宏观政策与农村社区自身发展相结合；三是重视农村社区本身的建设、发展和完善；四是强调文化、社会和经济综合发展。只有把握这四个要素，才能对农村社区的功能做出全面的概括。

综合以上四个基本要素和农村社区的定义、特征、分类及社会主义新农村建设的要求，我们将农村社区的功能体现建构为：提供公共服务和公益服务的功能、培育农村社区组织与增强社区自治能力建设、发展社区支持农业的经济功能、推动和弘扬农村社区文化的功能、农村社区保障和控制的功能。

1. 提供公共服务和公益服务

公共服务主要指为居住在本农村社区的居民提供与吃、穿、住、行、生、老、病、死相关的服务。例如，农村社区应该修建敬老所、托儿所、夜校、活动场所、卫生室等。公益服务主要是针对为居住在本村社区有需要的困难人群提供帮助和支持的服务。比如照顾孤寡老人、为受家庭暴力的人群提供庇护等。当然，要实现以上公共服务和公益服务，仅靠当地农村社区是无法实现的，这就需要政府加强对农村社区公共服务和公益服务的投入力度，为农村社区奠定提供公共服务和公益服务的硬件基础。

2. 培育农村社区组织与增强社区自治能力建设

农村社区组织建设和社区自治是实现农村社区民主的重要内容，也是增强农村社区居民自我管理、自我服务等民主能力的重要载体。农村社会工作者在遵守我国各种政策法律的基础上，可大力发展农村社区各种社区组织。农村社区组织培育一般包括农村社区热心人的培育、骨干成员培训和社区组织能力建设三个方面。

农村社区自治是农村居民依法对当地农村社区事务进行管理，也是农村社区居民实现诸多权益的过程。农村社区自治也是我国民主制度的重要组成部分，农村居民通过参与社区事务，践行公民权、履行公民义务。社区居民可以通过社区自治争取和维护自身的合法权益，建言献策。

培育农村社区组织和增强社区自治能力建设意义主要体现为三个方面：一是加强了农村基层政权的执政能力，为社区发展提供了强有力的行政保障，这有利于农村社区公共服务和公益服务工作的开展；二是体现了人民当家做主主人翁地位，有利于农村社区民主化进程，可极大地激发农村社区居民的积极性和能动性，促进农村生产和生活方式的现代化进程；三是农村居民维护和保护自身权益组织基础，农村社区居民通过社区组织发育增强其组织性，依法进行社区自治，增强自我管理、自我服务的能力。

3. 发展社区支持农业经济

在市场化，尤其是全球化的冲击下，农村食品社区链遭受了重大损害。食品安全问题成为全世界各个国家关注的话题。农村社区是重建食品社区链、开展社区支持农业的良性农业经济模式关键。

社区支持农村经济模式，其强调本地化、多样化、人性化的经济发展模式，打破传统的唯市场论、规模论、唯物质论，走出一条经济发展与环境和谐并存、生产方式与健康绿色的生活方式并存的另类经济模式。这对改善现今农业高污染、食品安全问题层出的现状具有突破性的意义。农村社区将是推动和践行这种经济模式的核心。

4. 推动和弘扬农村社区文化

2012 年政府工作报告中将文化大发展大繁荣列为政府今后工作重要内容之一，指出："文化是人类的精神家园，优秀文化传承是一个民族生生不息的血脉。要提供优质丰富的文化产品，不断满足人民群众的精神文化需求。深入推进社会主义核心价值体系建设。……大力发展公益性文化事业。以农村和中西部地区为重点，加强基层文化设施建设。"由此可见，文化建设，尤其是农村社区文化建设工作在我国现代化建设中的重要地位。

农村社区文化是我国文化大发展大繁荣的重要组成部分，其是在特定农村的社会生产方式基础上，以农民为主体建立的文化。农村社区文化是农民文化素质、价值观、交往方式、生活方式等深层心理结构的反映。大力发展农村社区文化对增强农村社区凝聚力、社区意识培育、社区归属感建立、优秀文化传承与保护等均有十分重要的作用。另外，农村社区文化是我国社会主义新农村建设的重要部分，是落实乡风文明要求的重要工作举措。改善农村社区教育、卫生、体育、娱乐等设施，营造积极向上的农村社区文化环境，对我国社会主义精神文明建设也至关重要。

5. 农村社区保障和控制

农村社区保障主要是保障当地社区居民生老病死无忧、吃穿住行不愁。为辖区内的困难群体，如孤寡老人、残障人士、精神疾病患者、长期病患者、困难家庭等，提供必要的经济支持和社会照顾。尤其在现如今人口老龄化和"小政府、大社会"时代来临的双重作用下，更具现实意义。农村社区能在社区卫生、社区康复、社区照顾、社区养老、社区服务等方面承担起政府部门无法完全承担的责任。通过政府购买服务方式，农村社区可以担负起诸多与当地农村社区居民福祉息息相关的各种服务功能。

农村社区控制主要指依法营造更有利自然人向社会人转化的良好社区环境，控制犯罪、吸毒、嫖娼、传销等对人类社会有危害的社会行为产生；引导农村社区居民树立积极向上的价值观；着力建设利他性的社会关系。

结合当前社会现状，农村社区控制功能主要表现为以下几点：

（1）可营造良好的社区环境，提供理想的社会化环境

社会化的过程在某种意义就是一种社会控制过程。学者吴方桐认为人的社会化是指："社会将一个自然人转化成一个能够适应和接受一定的文化，参与社会生活，按照社会发展需要去履行一定角色和不断完善自己社会性的社会人的过程"。[①] 而农村社区是农村社区居民生产和生活的场域，其为本地居民学习生活技能、履行社会规范、习得社会角色提供了空间。所有良好的社区环境是个体社会化的重要部分，农村社区可以为个体社会化提供理想的社会环境。现今社会是一个信息大爆炸的时代，一些不良的社会风气对农村社区社会环境产生许多不良的影响。例如拜金主义、享乐主义等。农村社区可通过积极的社会舆论、说服教育等手段，通过社会控制，对某些有错误价值观、行为偏差的个体进行"再社会化"教育，使其行为、观念、认识走向正确的道路，达到自我控制、自我约束的目的。

（2）将市场竞价与农村社区团体本位观念有机融合

市场竞价有利于公平的社会环境的形成，也可激发人们的进取精神。但也可能导致人们形成自私自利，个人利益至上的狭隘观念。这对农村社区原有的邻里互助、和睦相处、一方有难、八方支援的团体本位观念带来许多破坏，不利于农村社区利他性的社会关系的延续。农村社区可通过鼓励人们互帮互助的行为，控制不良的攀比行为，将市场竞争精神与团体本位在实践中不断融合。

（3）维护农村社区良好的社会秩序

法国社会学家奥古斯特·孔德认为，社会秩序是社会存在诸多条件之间的持久的和谐。王思斌认为社会秩序对社会福利具有十分重要的意义，具体表现为，一是社会秩序为社会成员提供了正常生活的条件，二是社会秩序为获取社会福利提供了制度化的途径。[②] 可见，社会秩序无论是对社会存在，还是社会福利都十分重要。农村社区通过有效的社会控制，可维护良好的社会秩序，对当地居民正常的生产生活，提高生活品质是不可或缺的。

---

① 吴方桐. 社会学教程（第二版）[M]. 武汉：华中师范大学出版社，2000：26.

② 参阅：王思斌. 社会工作概论 [M]. 北京：高等教育出版社，2002：27.

第三节　农村社区发展

中共中央十六大报告中提出："完善城市居民自治、建设管理有序、文明祥和的新型社区"作为社区建设的目标和方向。因诸多原因，我国社区建设目前主要指城市社区建设，但这并不代表农村社区建设不重要、不需要。农村社区建设是实现社会主义新农村建设的重要工作。而农村社区发展是实现我国和谐社会的重要组成部分。本节将结合我国农村社区实际情况，参照城市社区建设的成果，从农村社区发展概念、缘由、内容和策略进行阐述。

一、农村社区发展的概念

1. 社区发展

20 世纪两次世界大战，造成许多国家、地区经济萧条，社会、经济发展受到极大的破坏。尤其是第二次世界大战，参战国家更多，破坏性更大。战争结束后，为尽快恢复因战争影响萧条的社会、经济问题，1951 年联合国经济社会理事会通过了 390D 号议案，希望通过"社区福利中心"来推动全球社会、经济的发展，要求联合国秘书长经过长期调查制定实施方案。后来联合国在推动社区福利中心实践中发现，单靠社区福利中心来推动落后地区经济、社会发展远远不够。比其更有效的办法是在落后地区开展地方建设运动，以乡村社区为单位，由政府有关机构同社区内的民间组织合作，通过安理会组织发动社区居民投身于社区建设能加快整个国家和地区的经济、社会发展。于是联合国修改了 390D 号议案，以"社区发展计划"代替原"社区福利中心计划"，并于 1952 年正式成立了社区组织与发展小组，在亚、非、南美等地推行社区发展计划，1957 年将这一计划扩展到发展中国家。1959 年"欧洲社区发展与都市社会福利"研讨会在美国召开；1960 年，美国率先制定了"反贫穷作战计划"；1961 年联合国秘书长提出了《都市地区社区发展报告书》，同年"亚洲都市社区发展研讨会"在新加坡召开。自此以后，社区发展成为一种世界性运动①，许多发展中国家、发达国家城市都兴起社区发展运动。

其实，早在联合国发起"社区发展计划"之前，社区发展早就存在。1915 年美国社会学家 F. 法林顿在其著作《社区发展：将小城镇建成更加适宜生活和

① 参阅：陈涛. 社会发展与社区发展［J］. 社会学研究，1997（2）.

经营的地方》一书中首次提出社区发展的概念。[①] 此后，社区发展逐步在社会学界、社会工作界，以及政府间开始使用。

新中国成立的早期虽然没有参与联合国制定的社区发展计划，在本土还是从事了多种改善农村和城市社区环境、生活水平的工作。例如，1985 年 5 月，国家科委在给国务院的《关于抓一批“短、平、快”科技项目，促进地方经济振兴的请示》报告中提出的技术开发计划，简称“星火计划”。[②] 截至 1995 年底，全国共组织实施星火计划项目 66 736 项，覆盖了全国 85%以上的县；已经完成的星火项目为 35 254 项，占立项总数的 52.9%；星火计划总投入为 937.6 亿元。1995 年全国星火计划实现产值 2 682.7 亿元，实现利税 473.9 亿元，创汇 88.9 亿美元。我国“星火计划”在促进农村社区的经济和社会发展中发挥了重要作用。在联合国一些组织和世界许多国家中也引起了强烈反响。有的国外学者认为，它可能是世界一些发展中国家的农村由传统型社区经济向现代型社区经济转化的成功模式。

可见，社区发展早先就是为促进农村社区经济、社会发展而产生。农村社区发展是农村社会工作的重要组成部分。

2. 农村社区发展的内涵

综述社区发展的概念，农村社区发展含义包含以下三个方面：

（1）农村社区发展主要针对农村社区村民的问题和需求做出行动，以改善当地社区经济、社会和文化状况为目的。当然，农村社区发展计划要结合整个国家社会发展的整体思路，不能好高骛远，制定不切合实际的计划。主要依托国家对农村社会发展的支持，结合当地实际，做出积极行动。

（2）农村社区发展中政府部门、社区居民和当地民间组织互为主体，各有侧重。政府部门主要为农村社区发展提供政策和资金保障；社区居民积极参与、团结合作，依靠自身社区优势和能力发展适合本社区的项目；民间组织发挥专业、技术、知识优势，做好当地农村社区发展的智囊团。

（3）农村社区发展重视综合发展、可持续发展。传统发展理念单纯强调经济发展的重要性，而忽视了社会发展、文化发展。实践证明单一的经济发展虽然可以带给人们丰富的物质生活，但忽视了发展与环境的关系、人与人的关系，这样

① 参阅：徐震. 社区与社区发展 [M]. 新北：正中书局，1980：150. //方明，王颖等. 观察社会的新视角——社区新论. 北京：知识出版社，1991：293.

② 可查看：中国星火网，http://www.cnsp.org.cn/

的发展造成环境污染严重，人际关系冷漠等。因此，农村社区发展应是综合发展和可持续发展。

二、农村社区发展兴起的缘由

社区发展成为当今全球各国社会运动的重要部分，主要原因之一是社区研究认为社区是社会的重要组成部分，社区发展是社会发展的重要部分；二是传统发展理念的失败，人们总结反思后认为单一的发展是一种有缺陷的发展观，提出多元化的发展观；三是人们反思工业化过程，认为工业化造成“物质为中心”和“经济为中心”，导致社会贫富差距悬殊，人与人不平等现象普遍存在，与现代文明背道而驰，随后提出“全人类共同发展”“人与自然和谐发展”的思想。

（1）农村社区发展是农村社会发展的重要部分。社区是社会的一个组成单位，如家庭是社会最小的组成单位一样。社会发展离不开一个个家庭，也离不开一个个社区。每一个社区如一个个小的社会，有经济产业、政治生活、文化活动。社会规范、社会政策、社会控制均要依托社区来实现，所有农村社区发展水平直接反映着农村社会发展程度。

（2）农村社区发展的提出是总结过去半个世纪来农村扶贫开发经验的结果。在第二次世界大战后，以美国为代表的国家，用工业化水平评判一个国家或地区的发展程度，认为只有发展经济才能改变第三世界国家贫穷落后的面貌，为此在一段时期内，经济发展成为各国、地区社会发展的核心工作。但从过去半个世纪扶贫开发的情况来看，工业化发展不仅没有改变第三世界国家贫困人口数量，反而造成贫富差距越来越大。同时，过度工业化造成环境污染、资源短缺等更多社会问题。随着后现代主义思想兴起，人们开始认识到“经济增长”不等同于“社会发展”“社会进步”。社会发展和社会进步应该包括经济、社会、文化等的综合发展。社区作为社会的基本组成单位，应重视其自身发展，农村社区可通过发展团结经济，发挥本土的资源优势，更有利于建构一条可持续、多样化的社会发展路径。

（3）农村社区发展体现了“全人类共同发展”“人与自然和谐发展”的重要思想。自13世纪文艺复兴运动以来，尤其是第一次、第二次工业革命后，人们乐观地相信人类可以征服一切，科学技术能带来人类想要的一切。但总结过去几个世纪的发展经验，工业化确实能带给人类丰富的物资生活，机械化能极大地提高生产力，但是工业化所依赖的能源是有限的，不是用之不竭、取之不尽的，能源危机已经成为当今社会发展的瓶颈。由此可见，“物质中心”主义、经济至上思想均是片面的，唯有“全人类共同发展”“人与自然和谐发展”才能带来人类文明的进步发展。

（4）农村社区发展也是实现我国社会主义新农村建设的重要手段。社会主义新农村建设提出了“生产发展、生活富裕、村容整洁、乡村文明、管理民主”的20字方针，其实就是要实现农村社会综合发展，而农村社区发展是农村社会综合发展的有机组成部分。

三、农村社区发展的内容

农村社区发展的内容包括农村社区社会发展、农村社区经济发展、农村社区文化发展和农村社区政治发展四个部分。

（1）农村社区社会发展。农村社区社会发展主要包括农村公共服务、公共设施、公共事业、生活质量、生活环境、公民权发展。我国《国民经济和社会发展第十二个五年规划纲要》第二篇“强农惠农、加快社会主义新农村建设”对我国今后农村社区社会发展做出全面具体的规划。

（2）农村社区经济发展。农村社区经济发展重要模式是走社区支持农村的经济模式。即充分利用农村社区当地资源，充分挖掘本土资源的利用模式，将经济收益与环境保护相结合。

（3）农村社区文化发展。农村社区文化发展主要包括农村文化设施建设、文化产业发展、物质和非物质传承和保护。

（4）农村社区政治发展。农村社区政治发展主要包括农村社区自治制度的进一步完善、农村社区居民民主意识的培育、农村社区居民参政议政能力建设、农村社区组织培育和发展。

【案例分析】

五原三种模式打造新型农村社区

2013年以来，五原县结合中心集镇、中心村建设规划和“十个全覆盖”工程，将农村社区建设作为城镇公共服务向农村拓展延伸的有效载体，三种模式倾力打造农村精品特色社区。

依托中心集镇打造集中居住型农村社区。套海镇党委以城乡统筹、生态宜居、和谐发展为目标，围绕推进新型城镇化建设，引资1.5亿元建成容纳700户家庭入住的禾丰新村，同时配建700平方米高标准农村社区服务中心。社区党组织联合个体私营企业党总支、赛丰村党支部和各类协会组织，组建禾丰社区党总支，构建以社区党组织为核心、以村党组织为基础、以两新组织为依托、以社区协会组织为主体的“1+3”党组织设置模式，进一步拓展服务功能。

依托区位优势打造宜居型城郊共建社区。隆兴昌镇刘四拉新村是五原县打造的首批集园林、休闲、观光为一体的农民新村。目前，投入7 300万元，建成37 000平方米徽派建筑风格住宅147套，新建1 600平方米社区综合服务中心，并配套文化活动室、幼儿园、医务室等公共服务设施，村民不出村就能享受到优质的社区服务。同时，社区与城郊的西环社区开展手拉手共建，实现了城乡联建、资源共享、优势互补。

依托美丽乡村建设打造示范性村转社区。隆兴昌镇引进山路能源集团，将同联、五星两个村的4个村民小组进行整体搬迁，投资建成集清洁能源、新农村建设、土地整治、肉羊规模化养殖、绿色有机种植、农民增收“六位一体”的联星光伏·现代农业示范园，同步配建了1 400平方米高标准社区服务中心。项目建成后，村里农牧业实现了规模化、集约化、标准化生产，农民户均来自光伏发电、土地流转和打工收入达到8万元，农民就地实现城镇化、市民化。

案例来源：http://www.northnews.cn/2014/1114/1785306.shtml

案例思考：1. 谈谈你对“五原三种模式”的看法。

2. 以小组为单位，分析“五原三种模式”的优势和劣势。

【本章小结】

本章首先介绍了农村社区的定义，指出农村社区是指在人类历史发展过程中，因自然起源、社会组合或农村建设等因素聚居在一起长期进行生产和生活的社会共同体，其具有社会关系比较紧密、宗族和家庭观念十分强烈、社区集体意识浓厚、社会组织化程度相对淡薄等特点。学习者要全面了解和掌握农村社区，同时需要了解农村、农民、农业及农村社区自治等概念。因为在时下，农村社区的概念还未全面推开，政府部门、学术界和新闻媒体还是较多地会应用这些概念。

从不同的角度出发，农村社区有不同的类型，关键是要认识到各种划分均离不开农村社区地理环境、人口性质、农业生产等因素。

其次，本章第二节重点讲述了农村社区的特征和功能。农村社区的特征要从三个方面来掌握，即人口特征、生活方式特征、社会关系和社会组织特征。在了解农村社区的功能时一定要考虑以下四个要素，一是以考虑农村社区居民的切身利益为先；二是将国家关于农村社会发展的宏观政策与农村社区自身发展相结合；三是重视农村社区本身的建设、发展和完善；四是强调文化、社会和经济综合发展。由此归纳出农村社区的功能主要有提供公共服务和公益服务、培育农村社区组织与社区自治能力、发展社区支持农业经济、推动和弘扬农村社区文化和农村社区保障和控制。

最后讲述了全世界各个国家都在开展的社区发展运动。在我国开展农村社区发展工作，应注意以下几点：一是充分理解农村社区发展的内涵；二是要自学，多了解农村社区发展之所以兴起的诸多缘由（可阅读《半农半X的生活》《寂静的春天》《一根稻草的革命》《小的是美好的》《新世纪农耕》《菜园里的学问：有机园艺方法》等）；三是从社会工作专业角度思考农村社区发展的核心内容。

【思考题】

1. 农村社区与城市社区有什么异同？
2. “三农”与农村社区有哪些联系？
3. 您如何理解农村社区发展？
4. 社区和社会有什么区别和联系？

【讨论题】

1. 请与您周边的同学一起分享您对“三农”的看法。
2. 请欣赏电视剧《清凌凌的水蓝莹莹的天》，谈谈你对农村社区发展认识。

【推荐阅读】

1. 刘豪兴. 农村社会学 [M]. 北京：中国人民大学出版社，2004.
2. 韩明谟. 农村社会学 [M]. 北京：北京大学出版社，2001.
3. 徐永祥. 社区发展论 [M]. 上海：华东理工大学出版社，2003.
4. 徐琦等. 社区社会学 [M]. 北京：中国社会出版社，2003.
5. 徐震. 社区与社区发展 [M]. 台北：正中书局，1980.
6. 王思斌. 社会工作概论 [M]. 北京：高等教育出版社，2002.
7. 吴方桐. 社会学教程（第二版）[M]. 武汉：华中师范大学出版社，2000.
8. 陈涛. 社会发展与社区发展 [J]. 社会学研究，1997 (2).

9. 欧继中. 我国新型农村合作经济组织探析［J］. 毛泽东邓小平理论研究，2010 (4).

10. 林忠生，杨清. 浅谈新农村建设中农村民间组织的兴起及角色定位［J］. 前沿，2007 (4).

第二章　农村社会工作

我现在再一次强调一下我们的工作重点。它不是探索中国农民耕作的最现代的方法，而是探索现代科学和经验的实际应用。这些科学和经验能使中国农民现在所持有的，也许在今后许多年里仍必须持有的那些工具、习俗和经验变得尽可能地有用，尽可能地发挥出生产潜力。我们不是要用拖拉机代替手扶犁，也不是让村里装上最新的无线电设备。我们决定在可能的地方保留过去的东西，但是通过采用国民力所能及的现代方法来使这些老的东西得以扩大和改进。①

——晏阳初

掌握农村社会工作与社会工作的联系是本章学习的重点。在党和政府提出全面建设社会主义新农村的时代背景下，建构农村社会工作至少具有以下四点重要意义：一是农村工作在任何国家、任何历史时期，均是统治阶级、政府部门关注的重点，农村社会工作建构将社会工作知识、方法、技能应用到农村工作中，对农村问题的解决、农村社会稳定等具有积极意义；二是我国农村社会工作发展是专业社会工作发展的必然结果，社会工作长期的专业目标是致力于建设一个充满公平、公正、民主的社会，短期的目标是预防和解决社会问题，而现今我国农村社会建设滞后、社会问题层出不穷，我国也是一个农业大国，社会工作实践必须走向农村社区。农村社会工作发展对我国社会工作本土化发展有着决定性的意义，也是我国社会工作学的重要组成部分。三是农村社会工作者是社会主义新农村建设的核心专业人才之一，农村社会工作教育可以为解决“三农”问题，培育大批具有懂得专业知识、掌握专业技能、熟悉专业方法的优秀人才。四是农村社会工作实务是具有中国特色的社会工作实务，在西方国家虽然曾有一段时期产生

① 晏阳初．有文化的中国新农民［G］．//宋恩荣．晏阳初全集（第一卷）．长沙：湖南教育出版社，1989：155－156.

了乡村社会工作，但其发展时间较短，而我国农村社会工作将长期存在，建构农村社会工作将会丰富社会工作理论、知识等。

学习农村社会工作，必须充分了解农村社区。我国农村社区因诸多历史原因、地域、社会政策而各有不同。为此，农村社会工作者需要充分理解“发达地区”和“贫困地区”农村的区别，少数民族地区和汉族地区的区别，沿海开发地区和中西部地区的区别，才能深入理解农村社会问题。基于这种认识，农村社会工作定义应该是情景化的定义，学生或农村社会工作者可以根据自身在实践中的体会来界定。本章是基于“社会生态系统理论”“社区研究视角”和“能力建设视角”来建构农村社会工作含义、特征、功能等。

自19世纪末社会工作在西方国家逐步走向专业化的道路算起，至今已经有100多年的发展历史。但社会工作引入中国仅有不到30年的历史，农村社会工作实践也是近十年才逐步发展起来。当然，虽然我国专业的农村社会工作实践时间比较短，但是我国类农村社会工作发展历史时期长，最早可以追溯到春秋战国百家争鸣时期，如孔子提出：“使老有所终，壮有所用，幼有所长，鳏寡孤独废疾者皆有所养。”[①] 近期最重要的是民国时期的乡村建设运动，尤其是晏阳初发起的平民教育运动为我国农村社会工作建构积累了大量宝贵的经验。专业的农村社会工作实务始于21世纪初期，如香港理工大学和云南大学在云南农村社区开始将社会工作专业方法应用到农村社会发展工作中，2002年湖南长沙民政职业技术学院社会工作系开始讲授“农村社会工作”课程。本章将结合农村社会工作建构的重要意义、相关农村社会政策、近年农村社会工作实务经验、西方乡村社会工作经验，结合社会工作专业知识，介绍农村社会工作的定义、目标、功能、类型，农村社会工作者及角色，农村社会工作的学科基础等。

第一节 农村社会工作的含义

农村社会工作是我国社会工作本土化的产物，其概念的构建需综合考量农村社会的结构、社会变迁、农村社区民众需求和问题、对应的工作方法等。因不同学者对这些要素的认识和学术立场不同，其对农村社会工作定义有所差异。本节主要从社会工作与农村社会工作的关系、国内外农村社会工作发展概况、农村社会工作的定义和农村社会工作相关概念等四个方面介绍农村社会工作的含义。

---

① 礼记·礼运.

一、社会工作与农村社会工作

农村社会工作是社会工作实务领域之一。社会工作对农村社会会有哪些影响呢？我们知道，社会工作（social work）在西方国家也称为社会福利服务（social work service）、社会服务（social service），20世纪下半叶社会工作引入中国后，当时将社会工作称为社会服务或社会事业。近年来社会工作这一概念才被广泛的使用，尤其是党的十七大报告中将社会工作人才列为我国社会建设的重要人才之一，社会工作开始有了长足发展。

关于什么是社会工作，许多学者给出了不同的定义，在此不做介绍。① 本文主要介绍一下社会工作的专业本质和实务属性。马尔科姆·佩恩②曾根据社会工作取向和形态，总结出三种取向和形态的社会工作：一是辅助个人为主改革为辅的社会工作（Individualism-reformism），二是强调社会变革集体动员去解决个人或社会问题的社会工作（Socialist-collectivist），三是强调透过具有自省性及治疗性的专业关系解决个人困扰从而达致个人成长的社会工作（reflexive-therapeutic）。这三种不同取向和形态的社会工作实际体现了三种社会工作知识和取向。亦然，社会工作的专业本质主要涉及专业属性和实务特质，即不同的知识观和技术观。香港学者朱志强在其文《社会工作是什么》③ 中认为专业知识（介入理论）、方法和技术是社会工作专业属性；带有价值介入甚至强价值介入，富有道德实践是社会工作实务特质。

笔者非常认同这种总结，主要基于两点思考。一是社会工作通过100多年的发展，开始陷入唯方法论、工具论的俗套中，这与社会工作起初希望建构一个充满公平、公正、民主的社会使命越行越远。我国社会工作发展也面临这种困境，如只看重社会工作预防和解决社会问题的功能，忽视了社会工作对追求社会正义、捍卫人人平等等社会理想的追求。二是社会悄然给社会工作者冠上解决个人问题和治疗心理疾病的专家名号，社会工作者俨然成了心理治疗师或临床社会工

---

① 可参阅：［英］佩恩. 当代社会工作理论：批判的导论［M］. 周绞琪译. 台北：五南图书出版公司，1995；王思斌. 社会工作概论［M］. 北京：高等教育出版社，2003；

Charles Zastrow. 社会福利与社会工作［M］. 张英阵等译. 台北：洪叶文化事业有限公司，1997.

② Malcolm Payne. What is Professional Social Work? Chapter 2："Definitions of Social Work". Bnstol：Policg Press，2006.

③ 朱志强. 社会工作是什么［G］. //何国良，王思斌. 华人社会：社会工作本质的初探. 台北：八方文化企业公司，2000：17.

作者，这违背了社会工作的专业本质。希望每一个有志于投入社会工作事业的同仁，不时反省自己，避免专业异化的发生。

了解社会工作专业本质，对建构农村社会工作具有十分重要的指导意义。目前，我国农村社会工作刚刚起步，农村社会工作者在实践中要忠于社会工作专业本质，避免落入唯工具论和技术论。

结合社会工作的专业本质，笔者认为农村社会工作具有四个方面的特质：一是在农村社会工作实务中，须臾不可忘记农村社区居民的主体性位置；二是农村社会工作的实务知识是与农村社区居民同行中产生的；三是农村社会工作实践要致力于推动农村社会公平、捍卫社会正义；四是农村社会工作要重视行为研究的应用。

二、国外有关农村社会工作定义

西方社会工作专业旨在解决工业化、城市化过程中产生的如失业、犯罪、贫富差距拉大、城市流浪人员等问题。从某种意义上讲，社会工作的产生主要是回应城市化的问题，为此，西方有些学者认为："没有什么是与乡村社会实况完全相符的社会工作实务这样类型的社会工作。"①

受两次世界大战的影响，西方的乡村社会工作②曾一度被重视。美国在 20 世纪初期，为了解决农业危机，鼓励专业的社会工作者进入乡村，应用专业的社会工作知识和方法改善农民生产、生活环境，以应对社会急剧变迁带给农民的不适感和产生的诸多需求，为了制定切合农村实际情况的社会政策，一些社会工作者在政府部门担任行政职责，同时，政府做出财政预算，支持社会工作者在农村开展社区发展、社区建设等社会发展计划项目，社会工作介入乡村实践，很大程度改善了农民生产、生活水平，取得了良好的效果。

美国社会工作学界对农村社会工作（乡村社会工作）界定可以从三个方面归

① Rosalie Ambrosino，Joseph Heffernan，Guy Shuttlesworth，Robert Ambrosino. Social Work and Social Welfare—an introduction（Fourth Edition）[M]. Boston：CENGAGE Learning Custom Publishing，2011：474.

② 关于乡村社会工作可参阅：

Rosalie Ambrosino，Joseph Heffernan，Guy Shuttlesworth，Robert Ambrosino：Social Work and Social Welfare—an Introduction（Fourth Edition）[M]. Boston：CENGAGE Learning Custom Publishing，2011：462—478.

Armnando T. Morales，Bradford W. Sheafor. Social Work：A Profession of Many Faces（Ninth Edition）[M]. Boston：Allyn and Bacon＃Inc，2001：371—392.

纳：其一，开展农村社会工作的基础是要充分认识农村社区的人口特征、地域特征、文化特征、组织特征；其二，农村社会工作要回应农村社区民众的卫生保健、心理健康、贫困、家庭、社会福利等方面的问题或需求；其三，农村社会工作在应用社会工作核心的方法之外，还需要依靠农村社会工作者想象力、开拓创新的能力、资源整合的能力和支持网络重建的理念。

另外，在20世纪60年代，在传统发展观的影响下，西方国家在发展中国家和地区开展了许多发展项目，这些项目的实施在一定程度提升了发展中国家的经济水平，但也带来了许多诸如环境问题、贫富差距拉大等社会问题。为改善这一情况，21世纪初，许多开展国际援助项目的机构开始批判反思传统发展观的局限性，结合发展中国家（亚、非、拉）地区的实际情况，总结提出在农村社会工作实践要强调参与式发展、能力建设为本，并提出赋权、文化视角、优势视角、环境保护和性别视角等理念。

综述之，国外关于农村社会工作（乡村社会工作）含义的理解，可以从四个方面进行总结：第一，农村社会工作服务要结合农村社区生产季节性强、生活节奏慢的特征，才能制订切合实际的服务计划；第二，农村社会工作者在工作中，需要回应个体、群体、社区等层面的需要，这就要求农村社会工作要有过硬的社会工作专业素质，同时还需要很强的学习能力；第三，农村社会工作实务取向偏重维护社会稳定和解决社会问题；第四，农村社会工作既要有微观层面的社会工作方法，也要有宏观层面的社会工作方法。

三、国内关于农村社会工作的定义

专业农村社会工作出现虽然只有短短的十多年，但关于什么是农村社会工作，从事农村社会工作实践者都提出各自不同定义。代表人物有张乐天、张和清、史铁尔、钟涨宝、东波、颜宪源等人。

张和清在《国家—农民关系与当地中国农村社会工作的发展——以西南边疆少数民族村落绿寨研究为例》一文中，首次对农村社会工作含义做了界定，他谈道："农村社会工作就是专业社会工作者和实际农村社会工作者合作，以村庄为基础，持守社会公正、社会关怀和真诚信任的伦理情怀，以重建政府与农民信任关系和农民自信心、自尊心和权益意识为根本宗旨，通过与村民的同行、广泛参与和增能，倡导政府的社会政策使其更符合农民的真实需要，减少社会冲突，维护社会稳定……”[①]。2008年，张和清、古学斌和杨锡聪在《优势视角下的农村社会工作——以能力建设和资产建立为核心的农村社会工作实践模式》[②]一文中对这一概念做了进一步完善，提出农村社会工作要以优势视角为核心、坚持可持续发展为目标。此定义从农村社会工作主体、服务基础、价值理念和工作任务的角度对农村社会工作做出了界定，为我国专业社会工作发展做出了积极贡献。

张乐天认为：“农村社会工作是一种社会服务，它的根本目的在于预防和解决农村中出现的社会问题，增进整个农村的社会福利，促进农村的社会进步”。[③]

史铁尔在其著作《农村社会工作》[④]一书中对农村社会工作也提出了自己的看法，他认为：“农村社会工作由农村社区居民、当地政府部门和农村社会工作构成，以民间社工机构和基层政府部门为平台，本着能力建设的理念，以社会工作方法为方法，整合体制内、外资源，以构建农村支持网络、提高农村社区居民应对社会变迁能力为目标。”这一概念从农村社会工作构成要素、工作平台和工作目标定义了农村社会工作。

东波、颜宪源指出：“农村社会工作即社会工作者在社会工作专业价值观指导下，将社会工作的实务模式以及专业工作方法和技巧介入到农村居民的生产、生活和农村社区建设当中，挖掘农民自身潜能，为农民增权赋能，创造发展机会，改善其生存环境与生存质量，全面提升农民综合素质，最终使其获得自我发展能力的专业助人活动。”[⑤]

综上所述，农村社会工作定义是：

秉持社会工作理念和文化敏感性，运用社会工作方法和原则，以农村社区为中心，根据农村社区人群的需求和问题，与村民和社会工作者、政府工作者以及其他人员一起，通过参与、讨论、合作去解决和回应农村社区的需求和问题，从而促进农村社区的成长，改善生活的品质，增强社区凝聚力，提高村民的发展能力，达到农村社区的公平、公正、和谐稳定和可持续发展。

其含义主要由四个方面构成：

---

① 张和清. 国家—农民关系与当地中国农村社会工作的发展［M］. //古学斌，阮曾媛琪. 本土中国社会工作的研究、实践与反思. 北京：社会科学文献出版社，2004：393.

② 张和清，杨锡聪，古学斌. 优势视角下的农村社会工作——以能力建设和资产建立为核心的农村社会工作实践模式［J］. 社会学研究，2008（6）.

③ 张乐天. 社会工作概论［M］. 上海：华东理工大学出版社，2006：227.

④ 史铁尔. 农村社会工作［M］. 北京：中国劳动社会保障出版社，2007.

⑤ 东波，颜宪源. 农村社会工作介入农村反人文贫困的可能性探讨［J］. 西北农林科技大学学报（社会科学版），2010（4）.

（1）构成主体：农村社会工作由农村社会工作者、农村社区、基层政府及以农村社会为研究对象的知识分子构成，这四者互为主体，构成了农村社会工作。

（2）价值及理念：农村社会工作以社会工作价值观为基础，融合中国农村传统文化，坚持平等、尊重、助人自助的价值观，倡导全民参与、全民发展的理念，追求社会正义、公平。

（3）工作内容：农村社会工作以农村社区个体、群体和农村社区为对象，积极回应在社会变迁过程中产生的农村社区问题和需求，以社会工作方法为方法，开展各种服务。

（4）工作目标：农村社会工作目标包括长远目标和短期目标，长远目标为建立一个公平、公正、可持续发展、和谐稳定的农村社区；短期目标旨在提升个体、群体及农村社会应对社会变迁的能力，使生活品质逐渐得到改善。

四、与农村社会工作相关的几个概念

上文谈到，我国农村社会工作包含类农村社会工作和专业农村社会工作。根据我国国情，类农村社会工作和专业农村社会工作将长期并存。所有专业农村社会工作者必须要了解类农村社会工作中常用的几个概念，即农村社会福利、农村社会保障、农村社会发展、农村社会救济等，以及这些概念与农村社会工作的关系。

1. 农村社会福利

社会福利有广义和狭义之分，广义的社会福利指一切可以提高社会成员物质生活水平和精神文明程度的社会福利制度、政策、计划、措施和行动。狭义的社会福利主要指社会救济，即保障一些困难群体基本的吃、穿、住、行。如农村发放救济款、最低生活保障金等。较之西方社会福利，我国的社会福利偏向于狭义的社会福利，主要通过各种福利性补贴和社会福利事业，如社会救济、优抚安置、最低生活保障、福利院等。农村社会福利是社会福利在农村社会的具体体现，当然，也有学者认为农村社会福利远远落后于西方国家，要加强和加快农村社会福利向广义的社会福利发展。例如，学者王怀勇认为农村社会福利“就是指国家和社会为改善并不断提高农民的物质文化生活水平而采取的各种具有经济福利性的社会政策措施的总称”。[①]

通过以上介绍，我们不难总结农村社会工作与农村社会福利的关系。农村社

① 王怀勇. 中国农村社会福利保障体制的形成及变迁［J］. 社会科学研究，2009（4）：80.

会福利是一种社会制度和国家政策，其以政府为主体，是政府职能之一，而农村社会工作是农村社会工作者应用专业知识、方法和技能为农村社区提供专业服务，属于职业行为。但农村社会工作服务也致力于改善农村社区居民生活水平，所以农村社会工作者也是我国农村社会福利政策的重要执行者。

2. 农村社会保障

社会保障源于 19 世纪 80 年代的德国，至今已经发展了 120 多年。全球 170 多个国家已经建立了不同模式、不同水平的社会保障制度。很多学者认为社会保障是社会的稳定器、调节器。新中国成立至今，我国社会保障经历了不同的发展阶段，现如今已经发展成相对完善的、具有中国特色的社会保障制度。其内容主要包括社会保险、社会救济、社会福利、社会优抚和社会互助等内容。我国农村社会保障体系见图 2—1，在一定程度上保障了农村社会长治久安。

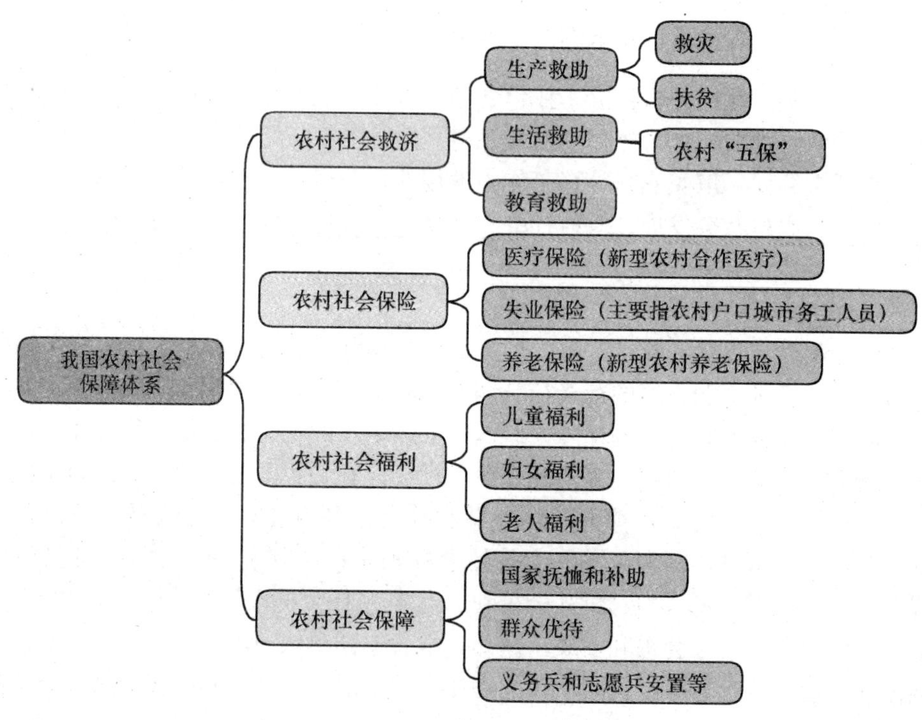

图 2—1　我国农村社会保障体系

从农村社会保障体系分析，农村社会工作实践可以说是农村社会保障的重要补充。如农村社会工作者为农村老人及留守儿童开展服务、为农村受家庭暴力的妇女提供援助等。但是农村社会工作不等于农村社会保障，二者还是有所区别：一是农村社会保障由国家直接提供，农村社会工作服务由专业人员提供；二是农村社会保障主要是经济福利，农村社会工作服务更关注个人社会的、文化的、政治的福利；三是农村社会保障主要维持困难人群的基本生活，保障其基本的生产，农村社会工作服务除此外，还强调这些人群的能力建设，以期达到助人自助的目标；四是农村社会保障的主体是政府部门，农村社会工作服务的主体是农村社会工作者、服务对象和当地基层政府。

3. 农村社会服务

我国农村社会服务，也称公共服务或基本公共服务。之所以称基本公共服务是基于我国正处在社会主义初级阶段，能为公民提供的服务只能处于满足基本生活需求的层面，是属于狭义的社会服务。广义的社会服务包括生活福利性服务、生产性服务和社会服务。台湾学者蔡汉贤在主编的《社会工作辞典》中认为社会服务指："旨在调适个人、家庭与团体相互间的社会关系。其过程为运用人类潜能与社会资源，协调人人适应社会环境，解决精神与物质必备条件，满足生活需要，维系生存价值，确保人性尊严，预防社会问题之发生，及促进社会之发展进步"。[①] 迈克尔·希尔（Michael Hill）认为社会服务包括"从一些相对具体的救济金及服务的提供和委托，到多种多样的入院照顾和日托设施，以及一些非常个人化和个性化的服务"。[②]

由此可见，我国目前的农村社会工作还属于比较狭义的社会服务，但农村社会工作实践在实际工作中除提供物质性服务的同时，也很重视精神性服务、发展性服务。例如，能力建设为本的农村社会工作服务，资产为本的农村社会工作服务，重视服务对象自我发展、自我建设等内容。当然，农村社会工作作为社会工作专业实务，其服务是基于专业知识、方法和技能，不是纯粹地为了服务而服务。

4. 农村发展和农村组织

农村发展是指农村社会、经济、文化、政治等方面不断综合进步。当下许多农村发展项目偏重经济发展，而忽视了农村社会、政治等方面的发展。我们知道单纯的经济发展虽然能带来极大的物质满足，但人除了物质的需要，还有精神的需要。所以，农村发展应该将可持续发展、全人类共同发展作为重要的目标。农

---

① 蔡汉贤. 社会工作辞典［M］. 台北：社区发展研究训练中心，1984.

② 迈克尔·希尔. 理解社会政策［M］. 刘升华译. 北京：商务印书馆，2003.

村社会工作学科理论如赋权增能理论、社会生态系统理论等，均强调人的全面发展。农村社会工作是农村发展的重要专业组成部分。

前面已经谈到，农村组织是依法对农村社区进行管理，为农村社区居民提供公共服务和公益服务的重要载体。农村社区组织化的程度直接影响到农村社会全面发展。农村社会工作十分重视农村社区组织培育和建设工作，这对改善我国农村社区组织化程度低的现状具有积极的意义。

第二节　农村社会工作的目标

农村社会工作的目标主要参考社会工作的目标，结合农村社区实际情况来界定。农村社会工作要以推动农村社会全面发展、预防和解决农村社会问题、回应农村社区居民需要等为核心的目标。下面从服务对象层面和社会层面来说明农村社会工作的目标。

一、服务对象层面的目标

1. 为农村社区居民排忧解难

个体在社会生活中总会面临许多危难。比如工伤事故导致残障、先天性疾病导致生活能力削弱、自然灾害导致吃住困难等。而造成危难的原因也是多种的，社会有责任在个体生命遭受危难时提供必要的援助，帮助他们渡过危机，提供必要的生存保障。例如，5·12四川汶川地震后，我国集全社会的力量，帮助受灾地区的群众恢复生产、重建家园等。在灾后重建中，农村社会工作者必须担负起为农村社区居民排忧解难的社会责任。应用专业服务，如危机干预、个案管理、资源链接等，协助陷入危难的农村社区居民平稳度过。另外，农村社会工作者除直接提供必要的物质帮助外，还十分重视服务对象自身解决危难能力的建设。比如，通过社区组织发育，增强服务对象彼此帮扶的能力，通过组织力量解决问题；通过社会支持网络建设，拓宽服务对象需求资源、获取资源的渠道。

随着现代化进程的加剧，人口流动性增强，农村社区吸毒人员、感染艾滋病者、职业病患者、精神疾病患者等人群增多。农村社会工作者可以及时介入，进行必要的干预，提供社区服务、社区照顾、社区康复等服务，为这些家庭和个人排忧解难。

2. 协助农村社区居民提高解决危难的能力

人在情景中是社会工作核心理论之一。从社会生态系统理论出发，个体生活在诸多系统当中，如家庭系统、社区系统、社会系统等。当个体不能适应某系统或个体某个系统发生问题时，个体就会陷入某种危机中。例如，在农村社区，许多农村生产活动需要男性的参与，如果某个农村家庭男性劳动力缺乏或者男性劳动力患病，会造成这个家庭某些家庭功能缺失，这个家庭就会产生许多问题。农村社会工作者可及时介入，通过职业技能培训、生计援助等服务，及时修补这个家庭的经济功能，避免其陷入贫困。

危机是每一个个体毕生需要面对的常态。正所谓帮得了一时、帮不了一世。农村社会工作实务过程十分强调“授人以鱼，不如授人以渔”理念。在服务对象面临危机给予援助的同时，协助服务对象解决危机能力的建设。比如农村社会工作帮助职业病患者争取工伤保险的同时，也教授职业病患者自我保健、照顾者照顾技巧；在帮助受暴者妇女、老人远离暴力的同时，会建立妇女、老人互助组织，增强妇女、老人抵抗家庭暴力的能力。

3. 共建多元发展模式

在农业生产方面，农村社会工作实务以团结经济为理念，在经济领域着力建设多元的市场经济模式，不单纯依赖自由经济市场。同时重视建立社区支持农业的市场模式、农业合作社的市场模式等。强调可持续发展理念，在农业生产领域，将现代农业技术与传统农业生产技术相结合，走农业可持续发展的道路。不过分强调农业现代化、农业产业化、农业规模化，更加重视农村生产与生态和谐、食品安全。在农村文化方面，以文化大繁荣大发展为指导，重视当地农村社区特色文化的挖掘、传承、保护和革新。在农村政治方面，以公民社会为理念，一方面在体制内推进农村社会乡村治理、自治工作；另一方面，也将农村公民社会建设作为工作的重点，大力支持农村社区热心人士发展成为社区发展的核心骨干，重视农村社区组织建设工作。

4. 促进城乡融合

长期以来，受城乡二元体制的影响，人们陷入了城市和农村相对的迷茫中，觉得城市发展比农村发展重要、工业发展比农业发展重要，用静止的视角看待农村问题和城市问题。其实农村发展是我国现代化建设的重要组成部分，农业是工业的基础，某些农村问题是城市问题导致的。例如，农村水污染、农村土地荒芜等。要解决农村问题、促进农村发展，必须改变认识、转变观念。农村社会工作在促进城乡合作工作中主要的工作有五个方面：

（1）积极倡导取消城乡二元体制，给予农村社区居民真正的“公民”待遇，倡导国家担负起因历史原因导致农村社会发展缓慢的责任，加大农村投入，提高对农村生产的人力、物力、财力的投入力度。

(2) 以能力建设和优势视角为本，重建食品社区链。当前食品安全的问题在某种意义上说是农业商品化的必然结果。过分地强调农业的商品化与农村生产的特质是相悖的。农村社会工作者要在实务中加强农村资产重建、农业生产知识重建、良性生产销售关系重建等，协助恢复农村社区食品社区链。

(3) 重视农村社区居民自信心建设和城市居民认同教育。受多种因素的影响，农民身份被“妖魔化”。如农民法律意识淡薄、农村犯罪率高；农民天生懒惰，等、靠、要思想严重；农民文化水平低，素质比较低等。其实，我们知道犯罪与否与文化水平没有必然的关系，也与身份不存在必然的联系；懒惰也不是某一种身份的属性；而文化水平高低与素质高低更不存在必然关系。之所以造成这种现象，一是社会舆论的话语权掌握在所谓的城市精英手中，农民发声的渠道受限；二是语言建构的叙事权掌握在所谓的知识分子手中，农民著书立说的机会缺乏；三是我国选择了通过工业化途径实现社会主义现代化的道路，似乎忘记了农民阶级也是国家的主人翁的身份。

因此，农村社会工作者要打破以上各种迷茫，通过建设农村社区居民的发声、发言平台，恢复农民的自信心。当然，农民自信心的恢复，一方面是农民自身的努力，另一方面也需要城市居民对农民要有新的认识。

二、社会层面的目标

农村社会工作除了为农村社区居民提供直接的服务外，还需要承担起促进农村社会发展、解决农村社会问题、加快农村公民社会建设的社会责任。农村社会工作通过发挥专业优势，促进我国社会主义新农村建设、和谐社会建设、科学发展。

1. 构建充满公平、正义的和谐农村社会环境

什么是公平正义？公平、正义是社会公正的核心元素。社会公正也称社会正义。正义一词最早见于《荀子》一书：“不学问、无正义，以富利为隆，是俗人者也”[①]，在这里正义是指品德和远大的理想。西方古希腊时期，正义、智慧、勇气、克己合称为“四主德”。柏拉图认为：“社会中的每个人按照自己等级做应该做的事，就是正义”，随着西方社会的发展变迁，正义也逐步成为伦理学、法学、政治学和社会哲学常用的词汇。

---

① 陈瑛，许启贤. 中国伦理大辞典［M］. 沈阳：辽宁人民出版社，1989：156.

正义包含着公平、公正和平等的含义。有两种形式即报复性正义和分配性正义。前者指违反法律和公理的行为与其后果是否相应，如违背法律要受到相应的惩罚；后者指社会制度或组织是否有合理的秩序达致平等利益或负担分配（甘彬光、梁祖彬，1994）。

报复性的正义建立在法律面前人人平等的基本信条之上，为此独立的司法系统是保证报复性正义的关键。分配性正义存在很多争议，1972 年劳斯发表了《正义论》，在其书中劳斯提出了“社会正义原则”这一重要概念。他认为：“社会成员共同在社会活动中创造利益，但同时社会又存在着不同的利益安排和说明甚至是合理的方案，因此社会需要有一套原则来选择这些方案，这些原则就是正义的原则，他们提供了分析社会基本经济权利和责任的方法，并且规定了对社会合作的利益和义务的适当分配”。①

劳斯认为：“正义的第一原则是‘自由’原则，即每个人必须拥有平等的权利，即最大程度上平等地享有跟其他人相当的基本自由权利，第二原则是差别原则，即社会及经济的差异和不平等得到调解，使处于最不利地位的人有利，并令社会和经济不平等所附属的职位和岗位在公正及均等机会的条件下开放给所有人。”②

由此可见，公平、公正、平等的社会环境无论对个体自身发展，还是对某个人群的发展都十分重要。农村社会工作基本价值之一就是追求社会正义，农村社会工作者相信每个人都是独立的个体，是有尊严的、有潜能的、有自我发展需要的。农村社会工作者在工作中，不因年龄、性别、种族、性取向、贫富而区别对待服务对象。农村社区居民均有权享受社会发展成果、分享社会资源、参与社会建设。为实现这一目标，农村社会工作者在工作中重视参与式方法的应用、重视社会倡导的应用，对农村社区不公平、不合理、服务不到位的社会现象进行干预。例如，针对农村社区职业病患者缺乏康复资源，农村社会工作者可通过社会倡导、提案等形式呼吁政府相关部门予以解决。

2. 预防和解决农村社会问题

（1）关于社会问题的界定

社会问题是社会学专门术语之一，是社会学研究的重要的课题之一。早期中国著名的社会学家孙本文认为：“社会问题是社会全体或一部分人的共同生活或

---

① J. Rawls. A Theory of Justice. Oxford：Oxford University Press，1973：4.

② J. Rawls. A Theory of Justice. Oxford：Oxford University Press，1973：83.

进步发生障碍的问题”和“共同生活或社会进步发生障碍的问题”。[①]《中国大百科全书·社会学》一书条目中将社会问题定义为：“社会关系或社会环境失调，影响社会全体成员或部分成员的共同生活，破坏社会正常活动，妨碍社会协调发展的社会现象”。吴方桐在其编著的《社会学教程》一书将社会问题归纳为：“基于社会结构的重大失调，致使社会全体成员或相对一部分成员的生活乃至社会的正常发展发生障碍，需要动用社会力量加以解决的问题”。[②]笔者认为，这一界定对社会问题的普遍特征和实质概括得比较全面和确切。

（2）农村社会问题界定

根据第六次全国人口普查初步数据统计，我国有6.7亿农村人口。农业生产为我国现代化建设发挥了重要的作用，为我国工业化的崛起提供了物资和人力保障。近年来，随着我国加入WTO，市场经济体制不断健全，工业化程度的提高也引发了许多农村社会问题。农村社会问题是由于历史原因、农村社会变迁、生产力水平和生产关系不协调等因素导致。在我国社会转型时期，要根据农村社会问题的性质、表现、成因等方面分析，我国农村问题主要有人口问题、贫困问题、环境污染问题和社会建设滞后等问题，这些问题将制约我国农村社会建设工作。

（3）农村社会工作与农村社会问题

农村社会工作特质之一就是预防和解决农村社会问题。农村社会工作依据“社会生态系统理论”分析认为农村社会问题是因个体或群体所处的某个或多个社会系统出现不协调或被破坏而导致。为此，农村社会工作者在农村社会问题层面的工作包括预防和解决两个方面。预防工作主要包括社区教育、社区行动、社区活动等；解决农村问题要从系统视角出发，不仅关注个人和家庭问题，也要重视社区层面问题、社会问题的解决，即强调个体解决问题能力的建设，同时通过社会倡导，积极影响社会政策的改变。

---

① 李守经. 农村社会学［M］. 北京：高等教育出版社，2004：148.

② 吴方桐. 社会学教程（第二版）［M］. 武汉：华中师范大学出版社，2000：325.

3. 增进农村公民社会（civil society）[①] 建设

（1）国外关于公民社会的界定

公民社会早在 2 500 年前的希腊就已形成。当时希腊首都雅典就已经提出了“人民统治”的民主观念。但当时只有男子才拥有选举权，具有较高社会地位的成年男子可以投票选举自己城市，也就是雅典的领导人。古希腊先哲亚里士多德的《政治学》中指出公民社会是“城邦国家”或“自由和平等的公民在一个合法界定的法律体系之下结成的伦理——政治共同体”；古罗马政治理论家西塞罗将其转译为拉丁文，其认为公民社会“不仅指单个国家，而且指业已发达到出现城市的文明政治共同体的生活状况”，在保留“政治社会”含义的同时，更多地带有“文明社会”的含义；17—18 世纪期间，为适应近代资本主义生产方式发展的要求，洛克、孟德斯鸠、卢梭等资产阶级思想家提出了社会契约论以反对封建王权的君权神授思想。他们认为，人类最初是生活在无政府的自然状态之中的，但这种自然社会由于缺乏和平、安全、人身保障等，要通过权利让渡并订立社会契约的方式过渡到公民社会。于是，“公民社会”获得了与自然状态相对应的含义，与“政治国家”是同义语，指的是人们生活在政府之下的一种法治的、和平的政治秩序。

（2）国内关于公民社会的界定

公民社会这一概念进入中国社会是近几年的事情，但其理念在中国早已存在。在公民社会进入中国之初，有些学者也将其称为市民社会或民间社会，但实际上这三个概念存在很多差异（本节不做详细介绍，有意者请参阅俞可平《中国公民：概念、分类与制度环境》一文），学者俞可平在其新近的研究《中国公民：概念、分类与制度环境》中将中国公民社会归纳为：“公民社会是国家或政府系统，以及市场或企业系统之外的所有民间组织或民间关系的总和，它是官方政治领域和市场经济领域之外的民间公共领域。”[②] 公民社会是指非政府和非企业的

---

① 参阅：[英] 戈登·怀特. 公民社会、民主化和发展：廓清分析范围. 英国：民主化杂志，1994，秋季总 1（3）：375－390；

何增科. 公民社会与第三部门研究引论 [J]. 马克思主义与现实，2000（1）：27；

[英] 戈登·怀特，何增科. 公民社会、民主化和发展 [J]. 马克思主义与现实，2000（1）：33；

[美] 戈兰·海登. 公民社会、社会资本与发展 [J]. 周红云译. 马克思主义与现实，2000（1）：39；

高丙中，袁瑞军. 中国公民社会发展蓝皮书 [M]. 北京：北京大学出版社，2008；

北京大学公民社会研究中心. http://www.ccsspku.org

② 俞可平. 中国公民：概念、分类与制度环境 [J]. 中国社会科学，2006（1）：110.

公民组织，根据我国实际情况，这些公民组织包括各种公民维权组织、各种行业协会、各种公益组织、社区组织、互助组织、兴趣组织等由公民发起的各种组织或团体。公民社会已经发展成社会的重要组成部门，相对政府部门（第一部门）、市场系统（第二部门）成为社会第三部门。这一论述对公民社会的性质、特征概述得比较准确和全面。

(3) 农村社会工作实务与农村公民社会

农村社会工作无论是对农村社区居民公民社会意识的形成，还是对农村社区社会建设均能发挥积极的作用。具体内容包括：农村社区居民社区意识的培育；农村社区组织的培育和建设；农村社区自治能力建设；农村社区居民参政、议政能力建设等。所以，农村社会工作是农村公民社会建设的重要力量之一。

第三节　农村社会工作的功能

功能是指某一物品、知识或技术所产生的作用。农村社会工作的功能是指农村社会工作知识、方法和技能对农村社区、农村社区居民所发挥的作用。因农村社会的复杂多样，农村社会工作的功能也有所差异。本节主要介绍农村社会工作在服务对象和社会两个层面的具体功能。

一、农村社会工作实务对服务对象的功能

农村社会工作实务对服务对象的功能集中体现了社会工作专业的基本功能及“助人自助”理念，助人自助体现为个体或群体的社会生活、经济生活、文化生活和政治生活的适应力、发展力。下面从这四个方面，谈谈农村社会工作对服务对象的基本功能。

1. 促进农村社区居民有良好的生活

社会在不同历史发展时期会有不同社会政策、社会问题和突发事件。这些因素会导致某些个体或群体正常的生活被打破，陷入某种危机中。例如，大规模移民，移民群体到新的生活区后将面临如何适应新生活的问题；特大自然灾害如地震、洪灾等，受灾个体或群体将面临恢复生产、重建家园、创伤康复等问题。在农村社区居民面临这些危机时，农村社会工作者可提供必要的物质支持、技术培训、危机干预等服务。协助政府部门，帮助农村社区居民生活正常化，应用专业方法，修复因突变被破坏的各种功能，如家庭功能、角色能力重建等。例如，某农村社区居民到城市务工中因工伤导致肢体残疾，这样个体和其家庭正常的生活

就会受到影响，农村社会工作可以为他提供个案咨询服务，让其心理上慢慢接受这个结果。通过链接资源，给予必要的康复资源，让其恢复正常的生活自理能力。

另外，农村社会工作者通过自身努力，链接各种社会资源，不断改善农村社区环境、公共服务质量，提升家庭经济收入水平以及农村社区居民参与社区自治能力。让其各种需求得到满足，让农村社区居民有良好的生活。

2. 促进农村社区居民适应社会发展

随着生产力水平不断提高，科学技术不断进步，人类社会不断在进步发展。社会发展具有方向性、目的性、合理性、多样性和阶段性等特征。社会发展将会改变人与人的关系、沟通方式等，社会个体或群体为适应社会发展，必须加强自我学习。例如，我国农业生产进入现代农业后，农村社区居民必须掌握新的农业生产技术，如操作机械、田间管理、防治病虫害等。农村社会工作者可通过社区宣传、社区教育、社区培训等增强农村社区居民适应社会发展的能力。

结合当下农村社会工作实务经验，农村社会工作者促进农村社区居民适应社会发展的工作内容主要包括：进城务工知识培训、农业技术培训、社区管理、自治能力建设等。

3. 促进农村社区居民参与农村社区建设

“参与”是农村社会工作理念核心元素之一，是指除政治家及政府部门有关人员之外的个体或群体采取行动，参与到某些与其利益息息相关的社会事务中。农村社会工作实务中强调参与理念，具有四个方面的作用：一是参与是提升农村社区居民社区意识的重要途径；二是参与是建设农村社区民主政治的重要手段；三是参与是增强农村社区居民权能的重要方法；四是参与是农村社会工作完成助人自助目标的重要策略。综述之，农村社会工作实务必须坚持参与的理念。

农村社区建设指农村社区社会建设、文化建设、经济建设和政治建设，其主要的内容包括农村社区建设、领导组织的建设、制度建设、公共产品建设和社区居民能力建设。农村社会工作实务可利用社区组织培育、社区支持农业服务、社区教育等手段，帮助农村社区建设完成。

可见，农村社会工作实务有助于农村社区居民参与意识、参与能力的形成，这对农村社区建设具有很大的促进作用。

4. 促进农村社区居民发展本地特色的社区经济

在传统发展观影响下，长期来农村社区经济发展过分强调产业化、规模化、机械化，过度依赖农药化肥，导致农业生产生态严重受到破坏。食品安全成为影响人类身体健康的重大社会问题。

前文已讲过，农村生产因种植物自身的特质，具有自身的发展规律，这个规律是不能破坏。因此，农村社区经济发展在走产业化、规模化、机械化道路的同时，必须重视经济发展与生态保护的关系。国家必须加大对农业产业的扶持力度，才能有效解决目前食品安全问题。另外，要走多元化的农村社区经济发展模式，根据不同地域、不同自然环境等因素，采取不同的发展模式。农村社会工作实务经过几年的实践努力，已经成功探索了多种农村社区经济模式。比如社区支持农业的公平贸易经济模式、乡村之旅＋旅游农业的经济模式、社区资产为本的经济模式等。

二、农村社会工作的社会功能

农村社会工作是完善农村社会治理制度的重要组成部分，农村社会工作者通过专业服务，可改善农村社区居住环境、公共服务质量、居民生活水平，可有效地预防和解决农村社会问题，对农村社会稳定、农村和谐社会建设等均可发挥积极作用。

1. 维持良好的农村社会秩序

良好的农村社会秩序是农村社区安居乐业的重要保障，也是农村社会发展的基础。现今，我国农村社会不稳定已经积累了许多社会矛盾，农村社会问题越来越多。比如，农村社会贫富差距越来越大，农村社会分层越来越明显，如果不及时处理贫富差距悬殊、社会分层严重等农村社会问题，良好的农村社会秩序自然会受到破坏。而农村社会工作实务十分重视对农村社会边缘化人群的福祉改善服务、生存保障服务等，这有利于改善农村社会边缘人群与其他人群之间的矛盾，有利于农村社会稳定。

农村社会工作实务在维持良好的农村社会秩序过程中，采用自下而上的方式化解矛盾、解决问题。这不同于行政管理自上而下的模式。自下而上的模式具有具体问题具体分析、通过集体参与解决问题、行动过程中看重居民组织能力建设等特征。这种模式有助于农村社区居民主体意识的形成，以及解决问题能力的提升。农民社区居民主体意识的形成和解决问题能力的提升又有助于良好的农村社会秩序形成。

2. 推动社会主义新农村建设

社会主义新农村建设是我国农村和谐社会建设的重要内容。农村社会和谐特点是：（1）人与人之间的关系即社会关系是一种利他性的社会关系，利他性的社会关系中，人与人之间彼此宽容、彼此互信和互帮互助；（2）农村社会治理模式是一种共和式的治理模式，即重视农村社区居民参与、民主议事和群策群力；（3）农村社会发展模式是一种多元化的发展模式，即强调经济发展、社会发展、文化发展、政治发展和生态发展的综合发展模式。可见，农村社会和谐是农村社区居民安居乐业的保障，也是农村社区居民福祉的重要表征。

农村社会工作专业目标之一就是促进利他性社会关系的形成，其价值观即相信人的潜能和个人尊严，更体现了农村社会工作者在服务过程中强调“全人类共同发展”的专业精神。农村社会工作实务可推动社会主义新农村建设。例如，湖南省社会工作协会在湖南湘西州开展的农村社会工作服务项目，从民族文化建设视角出发，依托农村社区综合服务中心，为当地留守老人、妇女、儿童等人群提供各种社区服务，开展各种社区活动，极大地改善了当地社区居民的生活水平，促进了民族团结。

3. 探索适合农村社区发展的可持续道路

可持续发展是当今全世界各个国家的共同目标。随着全球化时代的到来，农村社区生产和生活受全球化的影响越来越明显。消费主义、物质主义和拜金主义等思想对农村社区居民影响越来越大。例如，在农村开展工作时，我们经常面临这样的困境，即组织农村社区共同参与社区公共事务越来越难，尤其在沿海农村地区，如果没有适当的经济补助，让当地居民参与到改善公共卫生、公共环境等工作，是十分不易的。从全世界发展来看，过分的消费主义、物质主义和拜金主义，带给人类更多的是伤害，比如地区发展不平衡、贫富悬殊、环境污染、人情冷漠等。我们相信，这不是人们所希望看到的结果，也有违工业文明所倡导的“自由、平等、民主”精神。

农村社会工作吸收后现代主义部分理念，在实务中强调批判反思精神。用质疑的眼光看待现代化理论、传统发展观、自由市场等。从能力建设和优势视角出发，积极探索有利于“全人类全面发展”的可持续发展之路。例如，云南大学农村社会工作研究中心在云南平寨的实践，积极实践社区支持农业的经济发展模式，走出了一条城乡共同发展的公平贸易路径。

第四节　农村社会工作的构成要素及类型

作为一门服务人的专业，农村社会工作实务很看重与服务对象同行的实务取向。在服务初期，与服务对象一同评估面临的问题、需求和拥有的资源，共同制订服务计划；服务中期，通过保障服务对象充分参与，增强服务对象执行力、决策力、获取资源等能力建设，在过程中实现“助人自助”的专业目标，服务后期，通过农村社区居民组织建设和支持网络建设等工作，实现“他助”到“自助”，最终实现“助人”的专业目标。所以农村社会工作由农村社会工作者、服务对象、当地政府部门、价值观念和专业方法等要素构成。农村社会工作服务类型根据不同的划分标准有不同的分类，下文将逐一介绍。

一、农村社会工作的构成要素

农村社会工作构成要素包含农村社会工作实务过程、农村社会专业性元素和农村社会工作组成要素等三个方面，是农村社会工作目的得以实现的基础，农村社会工作区别于其他专业的专业性保障，是农村社会工作实务推行的主要架构。

1. 农村社会工作的过程

按照韦伯的理论，农村社会工作实践的过程可以理解为一种社会行动，即它是农村社会工作者有意识、有目的地服务当地人的活动。农村社会工作者作为行动者，有自己的价值理念和理想，同时应用专业的方法开展服务活动。在服务过程中时刻强调服务对象的参与性和自主性。引导服务对象自发、自觉地参与这一过程，在倡导、鼓励、支持等方式下相互配合与协助，从而学会帮助他人和获得帮助的能力。在这个互动过程中，农村社会工作者不是完全意义上的主体，因为我们的服务对象是人，农村社会工作者、服务对象、当地政府相关人员互为主体。所以对农村社会工作者来讲，对尊重、权利、平等、公平等服务理念等要有高度的敏感性，对服务对象的需求、心理等均要有极高的分析能力和洞察力。

在农村社会工作服务过程中，农村社会工作者极容易忽视服务对象的主体性位置，这将影响农村社会工作助人目标的实现。所以，农村社会工作者要养成反思的习惯。

农村社会工作开展助人服务的过程可用图 2—2 表示。

在农村社会工作助人服务过程中，农村社会工作者是这一行动的启动者，服务对象希望改变的意愿和真实的需求使农村社会工作实务形成。在服务过程中农村社会工作者和服务对象发扬同行、彼此信任、共同承担的精神，采取行动，共同解决面临的问题，满足个体或群体的需求。

2. 农村社会工作专业性元素

专业性指某门学科区别于其他学科的独特特质。农村社会工作专业性即社会工作专业的特质，即社会工作专业知识、方法和技能。由此可以将农村社会工作

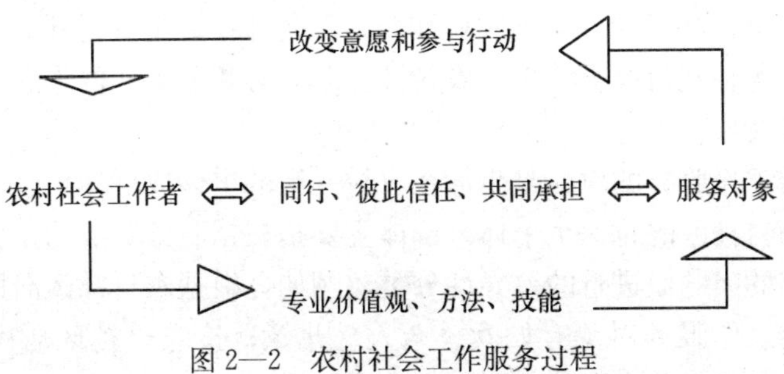

图 2—2　农村社会工作服务过程

专业性元素解构如下：

（1）农村社会工作知识基础

要开展农村社会工作实务，除了学习社会工作知识即社会科学与人文科学知识、人类行为知识、理论知识、特殊人群知识、价值观知识等，还要学习和了解与农村社区相关的社会科学和人文知识，包括农村社会学、发展学、人类学、民族学等。社会工作知识与农村社会相关学科知识共同构成了农村社会工作知识基础。

（2）农村社会工作方法

农村社会工作方法由社会工作专业方法和实务工作模式构成。社会工作专业方法主要指社区工作、小组工作、个案工作和社会行政；实务工作模式主要指参与式发展模式、资产为本服务模式、优势视角和能力建设为本的服务模式、团结经济发展模式。这两者共同构成了农村社会工作方法。

（3）农村社会工作技能

社会工作专业技能因服务对象特征不同或因服务领域的差异而有所侧重。农村社会工作实务技能主要包括社区组织培育技能，分析问题和评估需求的技能，农村社会治理技能等。

3. 农村社会工作组成要素

结合农村社会工作服务过程和专业特质，农村社会工作由农村社会工作者、服务对象、所在地政府相关部门、价值观和农村社会工作实务活动构成。

（1）农村社会工作者

农村社会工作者是农村社会工作服务的提供者，可以说没有农村社会工作者，农村社会工作就无从谈起。根据对社会工作者的理解，农村社会工作者可界定为接受过专业社会工作的训练，对农村历史、农村社会变迁、农村社会发展和农村社会治理等有深入了解，掌握行之有效的工作方法的人。在农村社会工作实务中，专业农村社会工作者与类农村社会工作者并存。类农村社会工作者主要是指在农村开展各种农村社会管理、农村社会服务等相关工作的人。

（2）服务对象

农村社会工作服务的对象是生活在农村社区的个体或群体。生活在农村社区的个体即指农村社区的每一个个体，群体主要是根据服务对象的年龄特征、需求差异性或面临的问题而进行的差异性分类。例如，根据农村社区居民的年龄特征分，农村社会工作服务对象有妇女、老人、儿童；按农村社区居民不同的需求分，农村社会工作对象有残障人群、家庭暴力受害者、职业病患者等。

（3）当地政府相关部门

当地政府相关部门之所以是农村社会工作组成要素之一，主要基于三点考虑：一是目前我国农村社会工作刚刚起步，农村社会工作实务得以展开，很多时候需要依托当地政府相关部门，如民政局、妇联、残联等；二是目前农村社区主要资源相对还是由当地政府部门控制，农村社会工作实务要链接资源给服务对象，需要当地政府相关部门的大力支持；三是农村社会工作实务核心之一是建立服务对象的社会支持网络，在民间力量相对薄弱的农村社区，当地政府相关部门是社会支持网络的主要组成部分。

（4）价值观

农村社会工作价值观是农村社会专业性特质之一。每一个农村社会工作者需要将专业价值观融入自己生命，在自己的一言一行中表现出一名专业社会工作者的形象。要无条件地尊重当地农村社区的风俗习惯，尊重每一个村民的需要、想法、权利和选择。农村社会工作的价值观是一个真正的农村社会工作者的灵魂，也是专业农村社会工作者区别于类农村社会工作者的特征之一。

（5）实务目标

能力建设和助人自助是农村社会工作的核心实务目标。农村社会工作者在服务中始终要以能力建设为目标，通过服务过程实现助人自助的目标。在农村社会工作实务工作中，农村社会工作者要用动态、发展、多元的眼光看待农村社区、社区居民所处的环境、文化、习俗、需求等。

二、农村社会工作的类型

农村社会工作的类型是多样的，根据不同的划分标准，可以将农村社会工作划分为不同的类型（如图 2—3 所示）。具体说来，主要有以下几种类型。

（1）根据农村社会工作主体的行政组织架构不同，可将农村社会工作分为体

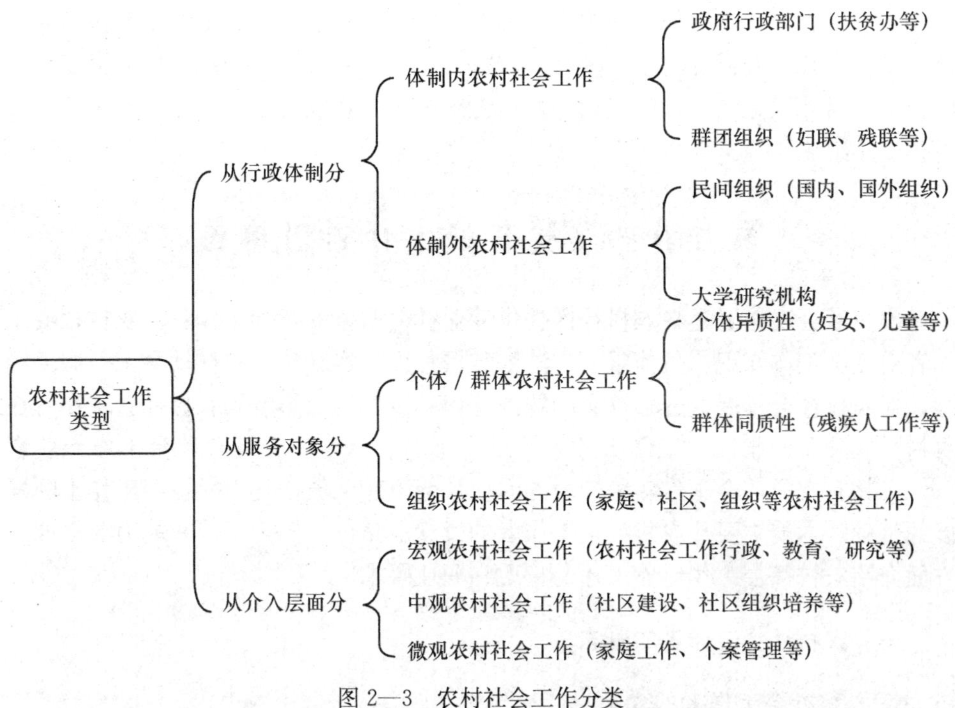

图 2—3　农村社会工作分类

制内农村社会工作和体制外农村社会工作。根据我国国家性质，体制内农村社会工作一类是以政府部门为核心的农村社会工作，如以中国扶贫开发办领导小组为核心的农村扶贫工作、以中国农业部为核心的农村经济、社会等工作；另一类是群体组织如以全国妇联、全国残联等为核心的农村工作。体制外农村社会工作一类是以民间组织为核心的农村社会工作，根据资金来源可分为国内农村社会工作（青少年基金会、法律援助基金会等）、国外农村社会工作（国际行动援助、国际小母牛、香港乐施会等）；另一类是以大学研究机构为核心的农村社会工作。

（2）根据农村社会工作服务对象不同，可将农村社会工作分为个体视角农村社会工作和组织视角农村社会工作。个体视角和组织视角是社会学的重要视角，个体视角农村社会工作，包括个体异质性如农村老年人、妇女、儿童等为主的农村社会工作，群体同质性如农村残疾人、辍学儿童、网络成瘾、家庭暴力等为主的农村社会工作。组织视角农村社会工作主要包括农村社区工作、农村组织培育等。

（3）根据农村社会工作介入层面不同，可将农村社会工作分为宏观农村社会工作、中观农村社会工作、微观农村社会工作。宏观农村社会工作主要包括农村社会工作行政、农村社会工作教育、农村社会工作政策等；中观农村社会工作主要包括农村社区工作、社区建设、社区组织等；微观农村社会工作主要包括个案工作、小组工作等。

第五节　农村社会工作者的角色

农村社会工作者是在农村社区提供专业社会服务的社会工作者。农村社会工作者对社会工作知识、价值观、方法的掌握程度，实际从事农村社会工作服务经验，对农村社会发展变迁、社会问题的认识程度，均会影响到农村社会工作者在农村社区开展专业社会工作服务的效果。所以，培育一支既有社会工作专业素质，又具有农村社会工作实务能力的农村社会工作队伍，是农村社会工作不断发展的基础。本节主要从农村社会工作者的概念、角色、知识基础和能力要素四个方面介绍农村社会工作专业人才的特质和职业要求。

一、农村社会工作者的概念

1. 农村社会工作者的含义

《中国社会工作百科全书》[①] 条目中将社会工作者界定为“从事社会工作的专业人员”，这一概念只是对社会工作者从职业特质进行了简要的定义。社会工作者国家职业标准将其界定为“遵循助人自助的价值理念，运用个案、小组、社区、行政等专业方法，以帮助机构和他人发挥自身潜能，协调社会关系，解决和预防社会问题，促进社会公正为职业的专业工作者”。[②] 这一概念从职业工作所应用的工作方法、目的等角度对社会工作者进行了界定。

结合社会工作者的定义，我们将农村社会工作者定义为社会工作者在农村社区，应用社会工作知识、方法和技能为农村社区个体或群体提供专业服务，以能力建设和助人自助为服务目标，致力于农村利他性社会关系建立，预防和解决农村社会问题，促进农村公民社会建设的专业工作者。

2. 农村社会工作者的特征

依据农村社会工作者的含义，农村社会工作者具有以下四点特征：

---

① 陈良瑾. 中国社会工作百科全书［M］. 北京：中国社会出版社，1994.

② 劳动和社会保障部办公厅. 社会工作者国家职业标准（劳社厅发［2004］7号）. 2004—06—15.

（1）农村社会工作者服务场域是农村社区

农村社会工作者是将社会工作专业应用到农村社区，在农村社区应用社会工作专业知识、方法和技能开展专业服务。为此，农村社区是农村社会工作者的工作场域。

（2）以能力建设和助人自助为工作目标

农村社会工作者要以能力建设和助人自助为工作目标。这就说明农村社会工作者必须重视过程目标。在服务前期要做好问题和需求调查评估；服务中期要促使服务对象积极参与，共同行动；服务后期要形成服务对象自己的组织，以期达到我管理、自我服务的目的。

（3）要促使农村社区利他性社会关系的建立

利他性社会关系的核心是居住在同一社区居民之间有团结合作、互帮互助、集体行动等精神。农村社会工作者应利用社会工作专业方法，通过服务设计、服务实施、服务评估等手法，借助社区照顾、社区活动、社区教育、社区宣传等载体，促使农村社区居民之间利他性社会关系形成。

（4）要促使农村公民社会建设

农村社区公民社会建设包含农村社区居民社区意识、民主意识的形成；农村社区自治制度、参政议政制度的完善；农村社区居民关心、关注社区事务，并具备参与其中的能力。农村社会工作可通过社会倡导、社区组织培育等形式，促进农村社区公民社会建设。

3. 农村社会工作与志愿者服务、公益服务的关系

志愿者服务和公益服务更多地强调志愿者、个人或团体利用自己的业余时间、能力、财富等，为社会需要帮助或社会困难个体、群体提供无偿服务的行为。农村社会工作由专业的农村社会工作者提供专业服务，其服务行为要符合专业伦理、专业规范的要求。可以说农村社会工作可以是志愿服务或公益服务，但公益服务和志愿服务不一定是农村社会工作实务。

二、农村社会工作者的角色

角色（role）主要是指社会成员在其日常生活中所从事的社会活动类型。农村社会工作者的角色实际上是指农村社会工作者的职业身份，这种职业身份规定了农村社会工作者所应该承担的责任、权力和义务，以及农村社会工作者职业规范和行为模式。参照社会工作者的角色定位，结合农村社会工作实务经验，我们将农村社会工作者的角色定位为六类：

1. 专业服务的提供者

农村社会工作者首先要为农村社区个体或群体提供专业社会工作服务。这种服务可以是心理、生理和社会层面，亦可以是物质形式或精神形式的。农村社会工作者作为服务提供者的角色具有三层含义：一是提供服务是农村社会工作者的首要责任；二是农村社会工作者与农村社区个体或群体关系是服务提供者和服务接受者的关系；三是农村社会工作者提供专业服务，服务包括心理、生理和社会等层面。

2. 专业服务的管理者

专业服务作为一种职业行为，有一整套的操作规范，农村社会工作者必须严格按专业规范开展服务，有效地控制专业行为，才能实现农村社会工作服务目的。所以，农村社会工作者是社会工作专业服务的管理者，通过定期评估、督导会议、机构例会、工作人员总结、服务计划等形式，有效的控制服务的专业性。

3. 支持者

农村社会工作者不仅要为服务对象提供直接的服务，同时要促进服务对象"自助"能力的提升。在农村社区"自助"能力主要有农村社区居民解决问题的能力、协商沟通决策的能力、组织动员的能力、自信心建立的能力等。农村社会工作者在实务过程中，要及时分析服务对象处境，及时给予必要的支持、鼓励。

4. 倡导者

由于生活环境、人生经历和知识面等不同，人们在处理社会问题、矛盾、危难时会采取不同行为模式。不同的行为模式对以上处境的改变带来的结果也是不同的。为此，农村社会工作者所扮演的倡导者的角色体现为提倡服务对象改变某种行为上，这种改变更有助于改善服务对象的生产生活现状。例如，在某农村社区，环境卫生很糟糕，影响了当地居民的正常生活，很多居民希望能改善这种状况。这时农村社会工作者可以扮演倡导者的角色，一是动员居民一起分析造成环境卫生糟糕的原因；二是根据分析结果倡导居民养成良好的卫生习惯，增加社区垃圾箱等公共设施。

5. 资源链接者

资源链接包含三层意思，即提供服务对象所需资源、建立服务对象获取资源的网络和争取服务对象所需要的资源。受生活环境和社会发展等因素的制约，农村社区居民获取资源的信息和途径十分有限，农村社会工作者可以协助服务对象建立资源网络，增强服务对象寻求资源的能力。

6. 行动研究者

社会工作作为一门应用型学科，其专业知识的建构、专业方法的发展均源自于对社会实践的经验总结。所有社会工作者既是服务提供者，也是专业建设者。农村社会工作实务在我国刚刚起步，农村社会工作者应积极总结服务成果和模式，不断壮大农村社会工作实务知识的建设。

三、农村社会工作者的知识基础

农村社会工作者要扮演好以上6种角色，必须掌握社会工作学科知识、农村社会政策知识、技术知识和基本的科学知识。

1. 社会工作学科知识

社会工作学科知识主要包括哲学知识、社会学知识、心理学知识、管理学知识、教育学知识等。农村社会工作者学习社会工作学科知识，对自身的系统能力、处境分析、心理分析、教学设计等能力提升均具有十分重要的意义。

2. 农村公共政策知识

公共政策是国家制定的，是关于社会财富分配和公共利益分配的制度性安排。同理，农村公共政策是由国家制定的，与农村社会财富分配和公共利益分配相关的各种政策、法规、条例等。结合我国农村社会现状，我国农村公共政策主要有农村土地政策、农村城镇化政策、取消农业税政策、“三农”政策及农村基础设施政策等。[①] 农村社会工作者通过学习有关农村公共政策知识，有助于农村社会工作支持者、资源链接者、倡导者等角色的实现。

3. 技术知识

农村社会工作者需要掌握的技术知识主要分三类：一是调查类技术，比如田野调查技术、问卷调查技术、参与式评估技术、文献查阅技术等；二是语言和文字表达技术；三是现代电子技术，比如投影仪、DV、照相机、电脑等电子产品的应用技术。

4. 基本的科学知识

科学知识主要包括自然科学知识、社会科学知识和人文知识。如农村社会工作可以多了解一些植物学、动物学、地理学等自然知识，农村社会学、政治学、经济学等社会科学知识，人类学、民俗学等人文知识，这对开阔农村社会工作者的视野、提升分析问题的能力均具有十分重要的意义。

---

① 参阅：张军琪. 中国农村公共政策浅析［J］. 武汉市经济管理干部学院学报，2004（S1）；左停，徐秀丽等. 农村公共政策与分析［M］. 北京：中国农业大学出版社，2009.

四、农村社会工作者的能力要求

能力是某种角色得以实现的保障。比如，农村社会工作者要扮演好资源链接者的角色，必须具有争取资源的能力。所以，掌握某种能力是农村社会工作者素质之一。根据实际情况，农村社会工作者必须掌握的能力有四类。

1. 要具有熟练应用社会工作技能的能力

社会工作技能主要包括社会工作服务方法和实务策略，即社会工作者动手能力。对农村社会工作者来讲，不仅要能熟悉应用社会工作个案工作、小组工作、社区工作和社会行政的方法，还要融会贯通，将其与农村社会实际相结合，做到人性化服务。

2. 要具备较强文化敏锐性能力

文化敏锐性体现了农村社会工作者对处境化、同理心、个别化等服务原则具体化操作的能力。我们知道，每一个人都是独特的，每一个社群或地区均具有独特的文化。文化是个体或群体在长期生产生活中不断形成的某种价值观念、行为习惯或习俗。所以，农村社会工作者必须培养自身的文化敏锐性，学会对不同地区、社群不同文化的理解和尊重，才能更好理解服务对象，制定最佳的服务方案。例如，在许多少数民族地区，都有自然崇拜的习俗，如神山、神树、神水等，会定期组织当地人举行各种祭祀活动，农村社会工作者不能简单地将这些行为看作是封建迷信行为，它还是具有一定的积极意义，比如增加当地居民联系、保护当地自然环境等。

3. 要具有良好的心理素质

有人将当今社会形象地比喻成“信息大爆炸”的时代，这个时代具有信息传播快、信息更替快等特征。对人类而言，我们要更好地生活在这个时代，必须具备良好的综合素质，即智商（IQ）、情商（EQ）、体能（PQ），其中心理素质尤为重要。心理素质主要是个体在面临外界事物刺激后所做出反应的能力和特征。农村社会工作者开展一线服务，经常会遭遇突发事件，比如山体滑坡导致所服务农村社区人员遇难，服务对象自杀等。这就要求农村社会工作者必须具备良好的心理素质，要有处事不惊、沉着冷静的应对能力。

4. 要具有很强的自学能力

农村社会工作实务是一门应用性学科，这就要求农村社会工作者具备解决因人、因时、因地不同而各异的问题、需求的能力。农村社会工作者仅靠专业学习和训练是远远跟不上实际需要变化的，这就要求农村社会工作者必须不断学习，不断开拓自己的知识面。唯有这样，才能适应农村社会工作服务的需要。

第六节　农村社会工作工作领域及工作机制

随着农村社会工作实务的不断推进，农村社会工作在农村社区服务、农村社区建设、农村社区治理等领域发挥了独特的作用。本节结合现阶段我国农村社会工作实务现状，介绍两种类型共十种农村社会工作的实务领域。

一、农村社会工作的主要服务领域

1. 农村青少年及儿童服务

联合国《儿童权利公约》[①] 将儿童年龄界定为18岁以下任何人，其指出："儿童系指18岁以下的任何人，除非对其适用之法律规定成年年龄低于18岁。"并规定了儿童最基本的人权为生存权；全面发展的权利；免遭有害影响、虐待和剥削的受保护权；全面参与家庭生活、文化生活和社会生活的权利。在我国相当于"未成年"。为保护未成年人健康成长，我国制定了《中华人民共和国未成年人保护法》[②]，规定青少年保护包括家庭保护、学校保护、社会保护、司法保护。此外，也规定了儿童保护的内容。

心理学根据个体心理特征不同又将"未成年人"细分为儿童、少年和青年。农村社会工作实务中青少年及儿童服务主要指为农村社区儿童、少年和青年提供专业服务。其主要的服务有为特殊青少年儿童提供援助服务、支持服务和发展服务。结合我国农村实际，农村社会工作者在开展农村青少年儿童服务中，要特别关注留守儿童、遭受家庭暴力的儿童、家庭经济困难的儿童，为他们提供专业支持。

2. 农村老年人服务

据第六次全国人口普查主要数据显示，我国老年人口达1.78亿，据预测，"十二五"期间，我国每年平均增加的老年人将从"十一五"的500多万提高到800多万。联合国预测，到2049年，中国60岁以上的老人将占总人口的31%。

---

① 《儿童权利公约》(Convention on the Rights of the Child) 由1989年11月20日第44届联合国大会第25号决议通过，1990年9月2日生效。该公约旨在保护儿童权益，为世界各国儿童创建良好的成长环境。

② 《中华人民共和国未成年人保护法》于1991年9月4日第七届全国人民代表大会常务委员会第二十一次会议通过，2006年12月29日第十届全国人民代表大会常务委员会第二十五次会议修订，自2007年6月1日起施行。

可见，我国老龄化问题越来越严峻。

有人形象地将老龄化问题比喻为“老人潮”，我国农村“老人潮”日渐严峻，开展农村老年人服务十分重要。农村社会工作者可以为农村老年人提供的服务主要包括社会支持和老年人照顾服务；老年人心理援助服务；为受虐待老人提供支持服务；临终关怀服务。

3. 农村妇女服务

中华全国妇女联合会（简称妇联）是我国妇女群体最基本的群团组织，其在我国农村妇女参政议政、参与社会建设、追求个体发展等方面发挥了积极的作用。结合我国农村社区妇女现状，农村社会工作者可为农村妇女提供的服务主要有：性别意识再教育、妇女组织建设工作、妇女为主农村经济新模式等。

4. 外出务工人员服务

外出务工人员，也有人称其为“农民工”或“新市民”。在这里主要指农村社区居民到城市社区从事工业、服务业等相关行业的个体。据国家统计局2011年《我国农民工调查》监测报告显示，2011年，全国农民工总量达到25 278万人，比上年增加1 055万人，增长4.4%。其中，外出农民工15 863万人，增加528万人，增长3.4%。可见，农村社区外出务工人员的数量相当惊人。外出务工人员目前面临的问题主要有：生产安全、劳动权益、社会保险等均得不到有效的保障。结合这些问题，农村社会工作者可为外出务工人员提供的服务有：外出务工知识宣传培训、城市生活知识宣传培训、务工人员自助小组、务工人员社区活动、务工人员城市融合服务、政策倡导等。

5. 社区康复服务

社区康复主要是农村社区残障人士、长期病患、职业病患者等人员在医务人员的指导下在社区内享受的服务，是社会福利的重要组成部门。但目前，我国农村社区康复资源、人才等十分匮乏，远远满足不了农村社区康复的需要。为此，农村社会工作者要在农村社区积极开展社区康复工作，如从社区康复资源引进、社区康复意识的提升、社区康复自助小组的建设等工作。

6. 社区照顾服务

社区照顾是社会服务发展到某阶段的产物，其主要是依托社区内的资源为社区有需要的个体或群体提供照顾服务，比如老年人照顾、孤残儿童照顾等。但在农村社区开展社区照顾服务的前提是需要政府购买服务，因为我国绝大多数的农村社区还没有足够的资源，无法依托社区内的资源实现社区照顾的目标。所以农村社会工作者在农村社区开展社区照顾服务，可从以下几方面展开：一是通过政策影响和社会倡导，促使政府加大对农村社区照顾资源的投入；二是积极培育农村社区居民互助组织，发扬团结互助精神，增强社区照顾的力量；三是开展各种社区照顾技术培训，提高农村社区自我照顾的能力。

7. 农村社区建设

农村社区建设在某种意义上是我国城镇化建设的一部分，也是社会主义新农村建设的核心工作之一。其主要的工作包括农村社会建设、文化建设、经济建设和政治建设。农村社会工作者可利用专业优势，从农村社区组织建设、农村公共服务、农村社区经济发展等角度为我国农村社区建设贡献力量。

二、农村社会工作新增的服务领域

1. 灾难救助社会工作服务

自 2008 年“5·12”汶川地震以来，灾变成为人们十分关注的话题。灾害事件接连不断发生，如青海玉树遭遇强震，西南干旱持续大半年，甘肃舟曲、四川映秀、广东茂名等地接连遭遇特大泥石流侵害，南方凝冻与北方干旱又使国人祸不单行，日本大地震海啸引发全球核危机……这些事件牵动着每一个关注个体生命的知识分子，尤其是以人为服务对象的社会工作者，必须深入灾区，开展社会工作服务。灾害社会工作成为社会工作实践的重要领域。张和清在其文《灾难的社会根源与灾害社会工作》中总结了灾变社会工作的几种策略和路径，包括话语（知识）生产、社区为本的社会工作、能力建设的自助与互助。① 这为农村社会工作者开展灾变救助服务提供了具体路径。笔者认为，在还没有形成灾变救助农村社会工作实务模式之前，农村社会工作者在农村灾变救助服务中可以开展哀伤辅导、危机干预和个案管理服务。

2. 性别社会工作服务

性别社会工作早在 20 世纪六七十年代西方社会工作领域中已经出现，20 世纪八九十年代性别社会工作在我国香港开始出现并发展。本土社会工作实践中，各类服务虽十分看重性别视角，但以性别为核心的社会工作实践还未真正发展起来。当下我国农村社会发生着翻天覆地的变化，尤其是随着户籍制度改革的深入，人口流动开始加剧，农村社会劳动分工也发生了变化。很多农村社区大量年轻力壮的男性开始外出务工，男性在外出务工中面临的许多困境，妇女不同程度成为农业生产的主力，等等。这些新的情况，都要求农村社会工作者必须开展性

---

① 张和清. 灾难的社会根源与灾害社会工作 [J]. 开放时代，2011 (10).

别为核心的农村社会工作实务。其主要的工作领域包括性别教育、家庭暴力中女性施暴者与男性施暴者工作、城市务工男性工作等。

3. 农村公民社会建设

公民社会是在国家、市场概念之后又一影响全世界人们生活方式的重要概念。前文也提到，公民社会又称为“第三部门”。农村社会工作者在农村公民社会建设中可以开展的工作包括：通过倡导，提供农村社区公民社会意识；通过农村社区组织培育，逐渐加大农村社区民间组织数量等。

三、农村社会工作工作机制

农村社会工作工作机制是农村社会工作重要组成部分，其对农村社会工作实务顺利展开，激发工作者创造性和良好的工作激情均具有十分重要的意义。农村社会工作的工作机制主要由学习制度、退休制度、分享制度三部分组成。

1. 学习制度

农村社会工作作为一门应用型专业，这要求农村社会工作者在完成工作的同时，需及时掌握和了解与其工作领域相关的最新社会政策、研究结果等知识。主要有三方面：其一是学习与农村社会相关的社会政策知识；其二是学习与农村社会工作实务相关的最新理论研究文章、实务模式；其三是学习与农村社会工作相关联的其他学科知识，如经济学、社会学、政治经济学、生态学等。

2. 退休制度

农村社会工作退休制度是指定期让一线农村社会工作者抽离工作环境，到其比较熟悉、喜欢的环境中调节一段时间，恢复因工作环境造成的身心疲惫的状态。因现阶段，我国农村社会工作刚刚起步，农村社会实务经验模式和农村社会工作者的保障机制均处于探索阶段。这一处境易造成农村社会工作者陷入迷茫、失去工作信心、丧失工作激情。而农村社会工作退休制度引入，对农村社会工作者无论是心理层面，还是身体方面均可发挥积极的支持作用，为激发农村社会工作者持久的工作动力和工作创新奠定了基础。

3. 分享制度

分享是社会工作实务的核心内容，社会工作者通过分享可聆听不同的意见、分享自己的经验、协商合作制定工作计划，分享过程是社会工作者专业成长和实务能力提升的有效平台。农村社会工作分享制度包括三个方面：一是工作同事之间定期分享制度；二是一线工作者与督导等同仁之间定期的分享制度；三是一线工作者与其他地方同类型或同行业的社会工作者之间交流分享制度。

第七节　农村社会工作与其他学科的关系

农村社区和农村社区居民是农村社会工作实务场域和服务对象。农村社区和农村社区居民在其历史发展过程中呈现出不同的特征，比如差异性大、地域特征明显等。为此，作为新兴农村社会工作专业，要更好地在农村社区为农村社区居民提供专业服务，除学习好社会工作学科知识外，还需要掌握和了解农村社会学、发展社会学、发展学、环境学、农学、民俗学、人类学等多门学科，认识这些学科与农村社会工作之间的关系，才能更好地开展专业服务。本节主要谈谈农村社会工作与农村社会学、发展社会学、政治经济学、人类学及民族学的关系。

一、农村社会工作同农村社会学的关系

1. 农村社会学的研究范围与基本问题

农村社会学是社会学的分支之一，主要研究农村个体与社会关系。学者刘豪兴在其主编的《农村社会学》[①] 一书中将农村社会工作研究范围归纳为两个方面19类。一是从农村社会结构层面的研究，比如"三农"研究、农村经济研究、农村文化研究、农村社会分层研究、城乡关系研究、农村社会保障研究等；二是从农村社会变迁研究，如农村社会流动研究、农村社会问题研究、农村社会管理研究、农村变迁动力研究、农村社会变迁动力研究等。可见农村社会学研究的基本问题和研究范围与农村社会工作实务领域、服务内容和服务目标均有直接的关系。

2. 农村社会工作实务与农村社会学的关系

农村社会学研究结果对农村社会工作者分析农村社会问题、农村社会变迁、农村社会分层等提供了理论基础。与其具有密切关系的方面主要有：与农村家庭关系、婚姻关系、劳动分工等相关的农村婚姻家庭问题；与农村社区服务、社区关怀、社区建设相关的社区问题；与农村贫富分化、资源分配不均、利益分配不等相关的社会分层问题及社会制度问题。农村社会学通过对这些问题研究，为党和政府提供制定农村社会政策依据。换言之，农村社会学不同领域的研究结果将直接影响到农村社会政策的方向。为此，农村社会工作者要进行有效的政策影响，必须了解相关农村社会学研究结果，才能有的放矢。

① 刘豪兴. 农村社会学 [M]. 北京：中国人民大学出版社，2004：8.

二、农村社会工作同发展社会学的关系

1. 发展社会学的研究范围与基本问题

发展社会学是一门新兴的边缘性学科，是由发展学与社会学交叉形成，其研究对象是社会发展。学者张琢等人在其书《发展社会学》中认为："发展社会学是立足于当今发展中国家的具体实践，在总结发达国家现代化经验教训基础上，综合研究广大发展中国家现代发展的理论、途径、模式和过程等问题的科学。"① 显而易见，发展社会学研究的基本问题是社会发展，而农村社会发展是社会发展不可分割的一部分，发展社会学自然要研究农村社会发展。现代化发展理论、途径、模式和过程等问题研究，对农村社会工作者开展农村社区发展工作、农村社区经济工作等均有借鉴意义。

2. 农村社会工作实务与发展社会学的关系

发展社会学研究结果是农村社会工作者在农村社区服务中推广可持续发展观念、公平贸易观念、推动另类市场模式等的理论基础。比如学者田毅鹏在其书《东亚"新发展主义"研究》② 一书将"空间""文化自觉""新公共性"等概念重新引入到发展社会学研究视野中，提出了不同于传统发展主义的新发展主义，新发展主义的观点坚定了农村社会工作者在农村社区开展另类发展模式信心。空间、文化自觉和新公共性等概念对农村社会工作实务也具有意义，比如，在农村社会工作实务中要重视农村社区空间塑造、强调文化在农村社区发展中的重要性等。

三、农村社会工作同政治经济学的关系

1. 政治经济学的研究范围与基本问题

政治经济学是研究一定社会生产、资本、流通、交换、分配和消费等经济活动、经济关系和经济规律的学科。法国学者 A. De. Montchretien 在其 1615 年出版了《献给国王和王太后的政治经济学》一书中首次使用"政治经济学"这个词语，后来亚当·斯密认为政治经济学是研究"国民财富的产生和分配"的科学。

政治经济学主要的研究分两类即分配方式和生产方式。各种主义对生产方式

① 张琢，马福云. 发展社会学［M］. 北京：中国社会科学出版社，2005：23.

② 田毅鹏. 东亚"新发展主义"研究［M］. 北京：中国社会科学出版社，2009.

和分配方式有不同的界定。比如关于分配方式，自由主义者认为，资本剩余价值应归个人积累；社会主义者认为，资本剩余价值在社会剩余价值中所占比例很低，人类生产的大部分剩余价值是可预测的，因此，社会应当控制生产手段，并且为了全社会成员的共同利益，平均分配社会财富等。关于生产方式方面，共同体主义认为由独特的个人组成的共同体是生产的基本形式；集体主义则认为，个人对生产的贡献难以衡量，一切成果是集体努力的结果。

可见政治经济学对生产方式和分配方式研究对农村社会工作者在农村社区推动团结经济生产模式、集体互助精神、共同富裕等均具有十分重要的启发作用。

2. 农村社会工作实务与政治经济学的关系

政治经济学研究，尤其是新政治经济研究对农村社会工作实务具有很大帮助。比如学者汪丁丁从新政治经济学研究视野出发，总结认为20世纪80年代以后我国社会变迁的三大特征是：中国经济是一个发展中经济；中国政治体制是正在从传统的重要计划经济体制向未来市场经济体制转型的某种体制；中国的传统文化，经历着从“传统”向“现代”转型。了解当下我国社会变迁的特点，有助于农村社会工作者更好地把握农村社会变迁可能给农村社区带来的问题，比如农村社会传统文化向现代文化转型是必然的趋势，在如此形势下，如何将农村社区，尤其是少数民族农村社区优秀的、有用的传统更好地保护和传承，是农村社会工作的核心。

四、农村社会工作同人类学、民族学的关系

1. 人类学、民族学的研究范围与基本问题

“人类学”源于古希腊文，是一门研究“人”本身及其文化的，横跨自然科学和社会科学之间的综合性学科。根据研究对象不同，可分为体质人类学和文化人类学，广义的文化人类学包括考古学、语言学和民族学，狭义的文化人类学单指民族学。文化人类学主要研究范围是人类婚姻家庭、亲属关系、宗教巫术、原始艺术等方面。

2. 农村社会工作实务与人类学、民族学的关系

我国农村社区因地域差异、民族文化差异等不同，具有不同的农村社区文化。比如西部地区的新疆荒漠文化、绿洲文化、青藏高原文化；中部地区内蒙古草原文化、黄土高原文化、四川盆地文化、云贵高原文化；东部地区东北黑土地文化、华北平原文化、江南水乡文化、华南妈祖文化等。农村社会工作者要在不同的农村社区开展专业服务，必须结合文化人类学（民族学）理论及知识为基

础，认识不同农村社区文化差异性，以及因此而形成的不同生产和生活方式，据此开展农村社会工作服务。而我国也是一个多民族国家，不同的民族有不同的文化习俗，农村社会工作者在少数民族地区开展服务，需要了解民族学的理论、知识和方法，深入了解民族习俗、自然崇拜等的意义，结合这些特质，而开展不同的农村社会工作实务工作。

除以上讲述的四门学科外，政治学、经济学、法学、生态学等学科也与农村社会工作有着很大关系，农村社会工作者要坚持学习，不断提升自己的知识储备、开阔视角，才能开展好农村社会工作服务。

【案例分析】

珠海市民政局农村社会工作服务采购

受珠海市民政局（以下简称“采购人”）委托，珠海市物资招标有限公司（以下简称“采购代理机构”）就“珠海市民政局农村社会工作服务采购”项目（招标编号：ZHWZ2014－142FW；采购申请计划编号：珠财采计X［20140404］－0668号）组织公开招标，欢迎合格的供应商前来参加密封投标。

一、项目名称、内容、数量及服务期

1. 项目名称：珠海市民政局农村社会工作服务采购。

2. 项目内容及预算：

(1) A包组：斗门区斗门镇南门村社会工作服务项目（￥300 000.00元）；

(2) B包组：斗门区莲洲镇南青村社会工作服务项目（￥300 000.00元）；

(3) C包组：斗门区白蕉镇南澳村社会工作服务项目（￥300 000.00元）；

(4) D包组：金湾区三灶镇海澄村社会工作服务项目（￥300 000.00元）；

(5) E包组：高栏港经济区平沙镇平塘社区社会工作服务项目（￥300 000.00元）。

注：包组投标报价超出上述各包组预算视为无效投标。

3. 各包组服务期：2014年6月18至2015年6月17日。

二、投标人资格要求

1. 投标人为在中华人民共和国境内注册、已购买本项目招标文件的机构，持有合法有效的企业法人营业执照或事业单位法人证书或民办非企业单位证书或社会团体法人登记证书（前述单位业务范围需包含社会工作相关服务，营业执照不能体现业务经营范围的，须提供换发营业执照申请书或工商部门网站该信息的查询网页截图)。

2. 企业法人的投标人须为中小企业。

3. 近3年以来(公告发出之日开始计算)在经营活动中没有重大违法记录(提供保证书)。

注：本项目不接受联合体投标。满足上述条件的各包组投标人，可同时参与五个包组投标，但最多只能作为其中2个包组的中标人，评标顺序依次为A→B→C→D→E；只有符合上述资格要求的供应商方可参加本项目的报价。本项目专门面向中小企业(含中型、小型、微型企业)采购，中小企业的划型标准见“工信部联企业[2011]300号”文件；事业单位、民办非企业单位、社会团体可参加本项目，不受限制；其中，“从业人员”指最近三个月月平均人数，“营业收入”“资产总额”以上财务年度的指标为准；供应商对声明真实性负责，如有虚假，将依法承担相应法律责任。

三、购买招标文件的时间、地点、方式及招标文件售价

1. 购买招标文件时间：2014年5月14日—5月20日，每天08:30—12:00，14:30—17:30(节假日除外)。

2. 购买招标文件地点：珠海市物资招标有限公司(珠海市吉大石花西路林海大厦2楼)。

3. 购买招标文件方式：供应商可自行前往以上地点购买或采用邮寄的方式购买，购买招标文件时须携带以下资料(复印件加盖公章或其传真件)：

(1)“投标人资格要求”中要求的第1或1～2项资料。

(2)法定代表人证明书或法定代表人授权委托书。

(3)购买人身份证复印件。

4. 招标文件售价：人民币300元，邮寄另加人民币50元；招标文件售后不退。

四、投标截止时间、开标时间及地点

1. 递交投标文件时间：2014年6月4日14：30—15：00。

2. 投标截止时间/开标时间：2014年6月4日15：00。

3. 投标/开标地点：珠海市香洲区红山路288号(国际科技大厦)二楼2号开标厅(体育中心东北侧，原红山路珠海市行政服务中心旁)。

五、采购人、采购代理机构的名称、地址和联系方式

1. 采购人联系方式。

采购人名称：珠海市民政局

联系人：周先生　联系电话：0756—*******

2. 采购代理机构联系方式。

机构名称：珠海市物资招标有限公司

联系人：周先生　0756—*******（项目咨询）

邱会芳　0756—*******（标书售卖）　钱小姐：0756—*******保证金事项

联系地址：珠海市吉大石花西路林海大厦　传真：0756—*******

投标保证金专用账号：

开户银行：中国工商银行珠海分行　户名：珠海市物资招标有限公司

银行账号：*******************

其他资金来往账号（投标保证金除外）：

开户银行：珠海市工商银行东风支行　户名：珠海市物资招标有限公司

银行账号：*******************

珠海市民政局

珠海市物资招标有限公司

二〇一四年五月十四日

资料来源：http://www.chinabidding.com/zbzx—detail—222629031.html

案例思考：1. 谈谈你对政府购买服务的看法。

2. 以小组为单位，分析政府购买服务招标的流程。

【本章小结】

本章是学习农村社会工作的核心，全章从农村社会工作的含义、目标、功能、构成要素、类型、角色、实务领域和其他学科之间的关系等七个方面对农村社会工作做了全面的介绍。

首先，第一节根据国内外关于农村社会工作研究的结果，总结认为农村社会工作是农村社会工作者秉持社会工作理念和文化敏感性，运用社会工作方法和原则，以农村社区为中心，根据农村社区人群的需求和问题，村民和社会工作者、政府工作者以及其他人员一起，通过参与、讨论、合作去解决和回应农村社区的需求和问题，从而促进农村社区的成长、改善生活的品质、增强社区凝聚力、提高村民的发展能力，达到农村社区的公平、公正、和谐稳定和可持续发展。另外分别介绍了与农村社会工作相关的几个概念，如农村社会福利、农村社会保障、农村社会服务和农村社会组织。通过本节学习，希望学习者能对农村社会工作有初步的认识。

第二节主要讲述了农村社会工作的目标。农村社会工作的目标主要体现为在服务对象层面的目标和社会层面的目标。农村社会工作在服务对象层面的目标主要有为农村社区居民排忧解难、协助农村社区居民提升解决危难的能力、共建多元发展模式、促进城乡融合等四点；社会层面的目标主要有构建充满公平、正义的和谐农村社会环境；预防和解决农村社会问题、增进农村公民社会建设等三点。农村社会工作目标说明了农村社会工作者的专业责任和职业诉求。

第三节主要介绍了农村社会工作的功能。主要有促进农村社区居民有良好的生活，促进农村社区居民适应社会发展，促进农村社区居民参与农村社区建设，促进农村社区居民发展本土特色的社区经济，维持良好的农村社会秩序，推动社会主义新农村建设，探索适合农村社区发展的可持续道路等七项。

第四节主要介绍了农村社会工作的构成要素及类型。农村社会工作的构成要素从农村社会工作过程、农村社会工作专业性元素、农村社会工作组成要素三个维度进行了介绍。依据不同的划分标准，农村社会工作有不同的类型（见图 2—3）。

第五节首先介绍了农村社会工作者的含义、特征等，然后讲述了农村社会工作者的 6 种基本的专业角色，即专业服务提供者、专业服务管理者、倡导者、支持者、资源链接者和行动研究者。最后提出要做一名合格的农村社会工作者，必须掌握多门知识，如专业知识、农村公共政策知识、技术知识等。

第六节主要结合当前我国农村社会工作实务情况和新的农村需求，农村社会工作服务领域包括 10 个方面：农村青少年及儿童服务、农村妇女服务、农村老年人服务、外出务工人员服务、社区康复服务、社区照顾服务、社区建设服务、灾难救助社会工作服务、性别社会工作服务、农村公民社会建设服务。

最后讲述了农村社会工作与其他学科的关系，尤其是与农村社会学、发展社会学、政治经济学、人类学、民族学的关系。（注：因篇幅限制，对以上学科不能做全面的介绍，有意者可以自学本章推荐的参考书目。）

【思考题】

1. 您如何理解农村社会工作与社会工作之间的关系？
2. 请谈谈您对公民社会的认识。
3. 请谈谈学习农村社会学对农村社会工作有什么意义。
4. 社区建设内容是什么？

【讨论题】

1. 3～6人一组，谈谈你们对传统发展主义的认识。

2. 请查阅民族学相关资料，谈谈农村社会工作者在民族地区开展工作需要注意什么。

【推荐阅读】

1. ［英］B. 马林诺斯基. 科学的文化理论［M］. 北京：中央民族大学出版社，1999.

2. 费孝通. 师承·补课·治学［M］. 北京：三联书店，2002.

3. ［美］鲁思·本尼迪克特. 菊与刀［M］. 吕万和等译. 北京：商务印书馆，1990.

4. 费孝通. 乡土中国，生育制度［M］. 北京：北京大学出版社，1997.

5. 邱泽奇. 社会学是什么［M］. 北京：北京大学出版社，2002.

6. 汪晖. 去政治化的政治：短20世纪的终结与90年代［M］. 北京：三联书店，2008.

7. 朱宏国. 可持续发展：中国现代化的抉择［M］. 福州：福建人民出版社，1997.

8. Charles Zastrow. 社会福利与社会工作［M］. 张英阵等译. 台北：洪叶文化事业有限公司，1997.

9. ［印］范达娜·席瓦. 失窃的收成［M］. 唐均译. 上海：上海人民出版社，2006.

第三章　农村社会工作发展历史

今日我国的问题，这样的复杂，非从根本上求一个解决方法，只顾头痛医头、脚痛医脚，终究是剪不断、理还乱的状态。所谓根本的解决法，在将欲从各种问题的事上去求的时节，先从发生问题的“人”上去求，因为社会的各种问题，不自发生，自“人”而生，发生问题的是“人”，解决问题的也是“人”，故有遇着有问题不能解决的时候，其障碍不在问题的自身，而在惹出此问题的人。①

——晏阳初

本章将介绍国内外农村社会工作发展的历史，通过学习农村社会工作发展历史，希望学习者能对农村社会工作有进一步的把握和了解。学习农村社会工作发展历史具有四点重要意义：一是西方社会工作发展过程，乡村社会工作曾在一时期内有比较好的发展，这一时期西方出现的乡村社会工作实务对我国农村社会工作建构具有借鉴意义；二是了解晚清以前农村工作内容，有利于农村社会工作者对我国农村社会现状有更深地理解；三是民国时期乡村建设运动，为我国农村社会工作从工作方法、工作策略等方面积累了大量宝贵的经验；四是我党在不同历史时期制定了不同的农村工作政策，为当时农村社会发展发挥了积极作用，了解这段历史，可以增强农村社会工作者对农村社会问题、农村社会变迁的分析能力。

吸收国内外农村社会工作经验，有利于打造符合我国农村社区特征、农村社区居民需求的专业农村社会工作。

---

① 晏阳初. 平民教育的宗旨目的和最后的使命［G］. //宋恩荣. 晏阳初全集（第一卷）. 长沙：湖南教育出版社，1989：114－115.

第一节 国外农村社会工作

社会工作是西方社会现代化建设中重要的应用性学科，其为解决因工业化、城市化导致的各种社会问题、心理问题等发挥了积极的作用。社会工作者也成为促使西方公民社会建设的重要社会人才。所以，西方社会工作建构主要基于城市社区问题、社区居民需要而产生的，基于农村社区问题和居民需求的社会工作理论、知识和方法相对比较少，张和清等人将其原因归结为：一是西方国家将农村视之为城市的附庸；二是社会工作的城市本质；三是社会政策保障了农民的基本利益；四是西方国家农村社会工作主要集中在发展中国家。但这并不是说西方发达国家没有农村社会工作。曾在一段历史时期，尤其是在两次世界大战影响下，西方农村社区遭受了极大的破坏，为恢复农村社区经济和社会发展，在政府部门的推动下，专业社会工作者进入农村社区，应用专业方法开展了许多服务，为解决农业危机、社区发展等发挥了积极作用。

一、国外农村社会工作产生的背景

国外农村社会工作产生的重要历史背景是第二次世界大战，第二次世界大战是一场规模空前的战争，它给世界人民带来的影响是双重的。一是破坏，据估计，死亡人数约6 000万，物质损失超过40 000亿美元；二是改变，在这场维系人类命运和前途的搏斗中，人民最终赢得了战争，人类文明得到拯救，世界和平得以恢复，通过反法西斯战争，占世界人口大多数的殖民地、半殖民地的亚非拉民族摆脱殖民统治，获得国家独立，这促使了世界殖民体系迅速瓦解，帝国主义的统治范围大大缩小，世界体系逐步形成。

在第二次世界大战影响下，发生了以原子能、电子计算机、空间技术和生物工程的发明和应用为主要标志，涉及信息技术、新能源技术、新材料技术、生物技术、空间技术和海洋技术等诸多领域的信息控制技术革命，被称为第三次科技革命。第三次科技革命极大地推动了人类社会经济、政治、文化领域的变革，也改变了人类生活方式和思维方式，使人类社会生活和人的现代化向更高境界发展。同时产生了新的社会思潮，诸如新自由主义、新保守主义、民主社会主义、人权理论与思潮、法西斯主义、多元主义、精英主义、社团主义以及政治学中的行为主义思潮等。第三次科技革命和新的社会思潮极大地促进人类社会进步，以美国为代表的西方国家迅速摆脱了战争带来的破坏，成为新的世界“霸主”。

在新思潮和第三次科技革命的带动下，欧美国家类农村社会工作开始出现并有所发展，主要体现在三个方面：第一方面，“发达”国家为解决本国农业危机、乡村萧条现状，将社会工作应用到乡村发展中，产生了西方本土的乡村社会工作。第二方面，在发展主义的影响下，以美国为代表的西方资本主义国家在发展中国家开展了许多类农村社会工作实践，如世界发展银行、美国乐施会、世界宣明会等国际NGO机构，通过提供资金援助、技术援助等方式，旨在解决发展中国家贫困问题、工业化发展缓慢等问题。第三方面，是发展中国家为发展本土农村社会、经济而开展的各种类农村社会工作，如第二次世界大战后，日本为恢复本国农业，而推动的农业协会（简称“农协”）、印度的“民主科学运动”等。

二、国外具有较大影响力的农村社会工作实践

1. 美国乡村社会工作实践

美国乡村社会工作实践很大程度上受美国不同时期时代特征的影响。最早可以追溯到美国“罗斯福新政时期”，为解决1929年爆发的美国经济危机和经济萧条，时任美国总统的罗斯福推动了美国农业计划方案，其中包括《农业调整法案》(1933) 和《土壤保护和国内分配法案》(1936) 两个重要农村政策法案。加之这一时期，专业社会工作在美国已经被广泛应用到解决社会问题中（主要指个案工作方法），社会工作者广泛地参与到这时期农业计划方案实施中，这是美国乡村社会工作的第一次实践。随后，随着经济危机的解除，美国社会工作界在乡村社会的实践又开始减弱。直到第二次世界大战后，美国社会也面临许多社会问题，同时，社区工作作为社会工作专业方法之一，开始逐步成熟。社区工作者积极参与到美国各种社区发展计划中，加之美国社会工作界莱恩·金斯伯格等人大力推动社会工作在乡村社会的发展，他们专门创建了乡村工作小组和乡村社会工作年度研讨会，并于1979年出版了美国第一本乡村社会工作教科书。①

美国乡村社会工作的内容主要包括两大部分：(1) 乡村社会专业服务。通过社会工作专业手法，为农村社区有需要的居民提供诸如社区精神康复、职业康复、矫治等。(2) 乡村社会工作专业教育。利用远程教育方式，为有需要的个体提供社会工作硕士网络课题教育。通过这些服务，极大地推动了美国乡村社会工

① 请参阅：[美] 法利等. 社会工作概论（第九版）[M]. 隋玉杰等译. 北京：中国人民大学出版社，2005；

张和清，杨锡聪，古学斌. 优势视角下的农村社会工作——以能力建设和资产建立为核心的中国农村社会工作实践模式 [J]. 社会研究，2008 (6).

作的发展。

在美国从事乡村社会工作，乡村社会工作者必须具有社区工作的能力、资源链接的能力、社区组织发育和社会工作行政的能力及社区建设的能力。

2. 日本“农协”类农村社会工作实践①

日本农协全称日本农业协同工会，在日本通常称JA。日本农协是日本最早的农业协同组合，成立于1839年日本千叶县，历经一个世纪，伴随着日本战败、农地改革，日本政府为更有效地发挥农协的辅助作用，依据日本的《农业协同组合法》《水产业协同组合法》《森林组合法》《中小企业等协同组合法》《消费生活协同组合法》，于1947年在国会通过了《农业协同组合法》。

日本农协主要的工作是致力于农业教育、农业经营、农村生活等多方面的指导，其次是为会员提供必要的进修机会和技术进步指导。主要的工作内容有：(1) 经济方面事业，即“贩卖事业”和“购买事业”。(2) 农协信用事业，即从会员等吸纳储金，作为原始资金，再出借给会员等，通过农协—农协信联—农林中央金库（简称农林中金）进行各种金融服务。(3) 厚生事业，日本农协的厚生事业是指为了保障会员的健康而开展的医疗、保健事业。除设立健康诊断和健康教室外，许多地方的农协还建立了农协厚生联合会，经营综合性医院。(4) 老年人福利事业，日本农协老年人福利政策主要包括两个方面，一是健康老年人的生活充实活动；二是需要护理的老年人的生活支援活动。对于需要护理的老年人，在根据《农协福利事业》支付护理保险金的同时，还组织志愿者开展献爱心的救助活动。(5) 乡村建设及资产管理事业，其目的是为了切实保护良田良地，对会员的耕地等资产的管理和有效利用予以指导、支持，为了使会员有计划、高效地利用土地，农协致力于资产管理事业，以受委托的方式接受会员的土地，再以宅基地等形式供给需要的人。(6) 共济事业，共济事业是农协开展的保险事业，本着相互扶助的精神，以特定人群为对象的非营利事业。(7) 设施共用事业，为了满足会员生产和生活的需要，而共同设置会员个人所没有的设施，共同利用，称之为共用事业，如农业生产必要的设施有大型联合收割机、组合稻谷脱壳中心、乡村电梯（大型干燥设备）、农业仓库、选果场、保鲜冷藏库、农业机械修理工厂、肥料配制设施、共同育苗设施、肉食品中心等。此外，还有诸如加工事业、

---

① 请参阅：魏晓明，张晓军. 日本农协简介 [J]. 吉林农业，1995 (4)；
“株式会社 农协观光”，http://www.ntour-china.com/；
中国农民合作社研究网，http://www.ccfc.zju.edu.cn/

土地概论事业等。

日本农协经验对我国现如今开展的“新型农村经济合作社”具有重要的借鉴意义，也成为国内许多农村社会工作服务机构在推动农村社区经费筹集过程中所采取的探索模式之一。

另外，国外还有许多国家和地区为发展本国农村社会，进行了大量探索和实践。如古巴为走出美国经济封锁，积极探索“都市生态农业”，形成了独具特色的可持续发展农业模式；印度许多科学家积极投身到社会改造中，在克拉拉邦掀起了影响全球的“人民科学运动”，成功探索了科学技术与社会改造相结合的实践模式等。

国外农村社会工作经验为我国农村社会工作提供了参考，有选择地将这些经验与我国农村社区实际情况相结合，定能走出一条具有中国特色的农村社会工作实务道路。

第二节　晚清以前及民国时期农村工作

晚清以前我国长期处于封建帝制统治中，地主阶级是当时社会的统治阶级，在社会中占极少部分。农民是被统治阶级，人口数量众多。封建统治阶级在农村社区开展各项工作主要原因一是受儒家“仁政”思想影响较深，二是为了巩固自己的统治地位、维持社会秩序稳定。在这一时期，封建政权只延伸至县级，乡村社会主要依靠族长、绅士、大地主进行管理。统治阶级所开展的农村工作主要集中在重大自然灾害治理上。经过漫长的发展，封建社会出现了形式较低的社会福利服务。比如赈灾制度、敬老工作、善举、义养等。

一、晚清以前的农村工作

1. 赈灾制度

在我国封建社会，由于生产力水平较低、科学技术水平有限，人类预测自然灾害的能力十分低下，加之战争连连，农民生活十分困苦。为恢复天灾人祸造成的损害，恢复社会再生产的能力，封建统治阶级也积极开展各种形式的社会救济工作，形成了具有时代特征的赈灾制度[①]。

（1）赈济。通过赈物和赈资两种形式无偿给受助者提供支持。赈济主要包括

① 请参读：李明顺. 中国古代赈灾：措施、动因与经验探论 [J]. 理论学刊，2008（10）：102.

赈粮、赈物和赈款。如《周礼·地官》中规定："仓人掌邦国之仓廪，有余，则藏之，以待凶而颁之"。《晏子春秋》载齐景公时，连日霖雨成灾，"百姓老弱，冻寒不得短褐，饥馁不得糟糠，里穷而无告"。晏子遂请于景公，以齐国之粟米"委之百姓"。唐太和四年（830），"湖南等道，大水害稼。诏本道节度使官米赈灾"①。

（2）仓储制度。仓储被视为"天下之大命"，历朝历代都十分重视，是我国封建社会赈灾制度的重要组成部分，主要包括仓储设施兴建和筹粮两种形式。例如汉代，汉高祖七年（公元前200年）开始营建新都长安，首批重点建设工程就包括了太仓。除太仓外，中央直接管理的粮仓还有位于甘泉的甘泉仓、华县的华仓、左缴附近的细柳仓和嘉仓等。此外，郡、县两级另有常设之仓，各诸侯国、军队特别是边防兵系统也建立了粮仓。而汉宣帝时耿寿昌倡立的常平仓制度，更成为后世封建王朝沿用的主要仓储制度。《魏书·李彪传》说："国无三年之储，谓国非其国"。可见筹粮在当时社会的重要性。②

（3）以工代赈。以工代赈主要是通过救济对象参加必要的公共工程的建设而获得赈济物或资金的一种特殊的救济方式，如社会流动人口参与兴修水利和修筑城寨等工程。这种模式在我国宋代开始广泛应用。例如，《宋史·食货志》在"振恤"总论中记载："（流民）可归业者，计日并给遣归。无可归者，或赋以闲田，或听隶军籍，或募少壮兴修工役。"古代以工代赈思想在当今我国扶贫工作中经常应用。

2. 敬老爱幼工作

敬老爱幼是中华民族优良传承文化之一。孔子说："是知孝者，德之本也"。在我国古代，社会生活是家庭式的生活方式，育儿养老的工作主要是靠家庭完成。但对于一些特殊人群，当时的统治阶级在一定程度上参与其中，承担起育养的工作。如孤寡老人、孤儿的育养工作。

（1）敬老工作

在儒家思想的影响下，我国历朝历代的统治者均十分重视敬老工作，将敬老作为仁政的重要工作之一，颁布了许多有关敬老的法令。如1959年在甘肃省武威县出土的《王杖诏书令》，集中记载在当时社会持有"王杖"者享受各种社会优待；明洪武十九年颁布的《养老令》，规定"对于80岁以上、贫穷无产业的老

---

① 卞宝第. 湖南通志［M］. 北京：商务印书馆，1934：786.

② 请参读：王军. 古代粮食仓储制度考析及启示［N］. 人民日报，2002—07—13.

人，每月发给米5斗、肉5斤、酒3斗；90岁以上的，每月加给帛一匹、絮一斤。凡绅士年满80者赐爵里士，90岁以上者赐爵社士、免除一切徭役、享受与县官均礼的政治待遇。”“孝行”和“孝道”是古代敬老工作核心，在当时生产力水平极低的情况下，为保障老人的基本权益和基本生存发挥了积极作用。其中某些思想如尊老、敬老、养老等对于老龄化问题严峻的今天仍有借鉴意义。

（2）幼儿工作

古代社会也十分重视幼儿工作。在长期发展过程中形成了政府和民间共同参与的幼儿工作模式。如宋代的慈婴局、举子仓、慈幼庄、婴儿局等是当时社会收养弃婴的重要机构。《宋史·理宗本纪》记载：“癸亥，诏给官田五百亩，命临安府创慈幼局，收养道路遗弃初生婴儿，仍置药局疗贫民疾病。”到了清代，为解决愈演愈烈的溺女陋俗，维护社会稳定，清政府大力推动推行“慈幼”“保赤”的仁政政策，在各地士绅积极响应下，兴办了许多育婴堂，成立了育婴基金会，为拯救众多女婴的性命发挥了积极作用①。

3. 慈善行为

“慈”和“善”是儒家思想的重要组成部分。孔子曰：“不义富且贵，于我如浮云”；孟子也谈到“义，理也，故行”。可见，古代也十分看重个人积极参与社会慈善事业。古代社会的个体慈善行为也是晚清以前类农村社会工作的重要组成部分。

在中国的传统文化典籍中，最初是用“慈”来代表“爱”。孔颖达疏《左传》有云：“慈者爱，出于心，恩被于物也”；又曰：“慈谓爱之深也”。许慎的《说文解字》也解释道：“慈，爱也”。它尤指长辈对晚辈的爱抚，即所谓的“上爱下曰慈”。《国语·吴》中“老其老，慈其幼，长其孤”的“慈”即是此意。“慈”亦可用作子女对父母的孝敬供养。如《礼记·内则》中说：“父母皆异宫，昧爽而朝，慈以旨甘”，此处的“慈”即是爱敬进之。

“善”的本义是“吉祥、美好”，即《说文解字》中所解释的“善，吉也”。后引申为和善、亲善、友好，如《管子·心术下》中所说：“善气迎人，亲如弟兄；恶气迎人，害于戈兵”即是此意。“慈善”二字合用，则是“仁慈”“善良”“富于同情心”的意思，如《北史·崔光传》中所讲：“光宽和慈善”。

晚清以前我国慈善行为经历了三个不同发展阶段：第一阶段为汉唐时期的寺院慈善活动；第二阶段是宋元时期朝廷推动的慈善救济事业，范仲淹的“义田”，

① 请参阅：赵建群. 试述清代拯救女婴的社会措施来源［J］. 中国社会经济史研究，1995（4）.

刘宰的“粥局”，朱熹的社仓等；第三阶段是明清时期民间慈善事业的兴起，如明万历18年（1590），杨东明组织父老在河南虞城创立的同善会组织。

总之，晚清以前的农村工作是一种较低形式的社会福利和社会保障，在当时的历史时期，为保护“老、弱、病、残”群体发挥了一定的作用，其做法和模式对专业农村社会工作实践还是具有借鉴意义。

二、民国时期的农村工作

民国时期，我国社会面临着外忧内患，各种社会思潮涌入，带来社会结构发生很大变化。中国经济社会处于崩溃的边缘，尤其是农村经济社会矛盾突出。面对这一处境，国民政府开展了许多农村工作。这一时期我国类农村社会工作实践主要体现为以国民政府为核心的农村工作和知识分子为核心的乡村建设运动。本节主要讲述知识分子为核心的乡村建设运动。

民国时期乡村建设运动兴起于20世纪二三十年代，以乡村教育为起点，以复兴乡村社会为宗旨，由一批从海外学成归国的学者和国内一些有识之士。他们纷纷为拯救破败的农村积极奔走，轰轰烈烈地掀起了“乡村建设运动”，[①] 据南京国民政府实业部的统计，先后有团体和机构600多个，在各地设立的实验区有1 000余处，而且历时十几年之久。这一运动在当时形成了深远的影响。其中代表人物有晏阳初、梁漱溟、卢作孚、陶行知等，他们在河北定县、山东邹平、四川北碚、晓庄学校等进行乡村建设实验。

1. 河北定县实验

晏阳初被誉为“国际平民教育之父”，1943年被联合国评为世界十大名人，他本着“解除苦力之力、开发苦力之苦”的精神，率领一批有志之士及其家属来到河北定县农村安家落户，推行平民教育，启发民智为主，以带动整个乡村建设。这批人中，不少是留学美国的博士、硕士，或国内大学的校长、教授。他们来到农村，进行乡村建设实验，在社会上引起极大反响，被誉为“博士下乡”。

晏阳初认为中国农民普遍存在“愚、贫、弱、私”四大病害。他提出要以学校、社会、家庭三位一体连环教育的三种方式，实施四大教育：即以文艺教育治愚，以生计教育治穷，以卫生教育治弱，以公民教育治私，以此达到政治、经

① “乡村建设运动”可参阅：
郑大华. 民国时期的乡村建设［M］. 北京：社会科学文献出版社，1999；
梁漱溟. 中国民族之前途［M］. 邹平：山东邹平乡村书店，1937；
晏阳初，赛珍珠. 告语人民［M］. 南宁：广西师范大学出版社，2003.

济、文化、自卫、卫生、礼俗“六大建设”。在他的主持和带动下，“博士”们把定县作为“社会实验室”，认真进行社会调查，扫除文盲，开办平民学校，推广合作组织，创建实验农场，传授农业科技，改良动植物品种，倡办手工业和其他副业，建立医疗卫生保健制度，还开展了农民戏剧，诗歌民谣演唱等文艺活动，受到农民的欢迎。遗憾的是，日本帝国主义侵华，中断了他们的实验。晏阳初毫不气馁，又在重庆北碚创办了中国乡村建设学院，继续为乡村建设培养人才。1952 年在菲律宾创办了国际乡村学院至今。

晏阳初先生从事乡村建设事业告诉我们，从事乡村建设事业的同志必须具备奉献精神，具备这种无私无我的奉献精神。就如他在法国教华工时便立下誓言：不当官，不发财，一辈子为劳苦大众服务。在当时那留学生鲜如凤毛麟角的时代，他能到乡村中去做长期的、艰苦的工作。他的这种精神影响了当时一大批同时代的高级知识分子，也成为当今许多国家的乡村工作者的楷模，这种精神也是我们每一位从事农村社会工作的人们值得追寻的目标。

2. 山东邹平实验

梁漱溟①所主持的山东乡村建设实验，一度成为全国乡村建设的中心之一。他认为“中国是农村大国，要改造中国，必须针对其‘伦理本位，职业分途’的特殊社会形态，从乡村着手，以教育为手段来改造社会”。为此，他撰写了《乡村建设大意》《乡村建设理论》《答乡村建设批判》等一系列著作，阐明他的乡村建设理论。他的乡村建设方案是：把乡村组织起来，建立乡农学校作为政教合一的机关，向农民进行安分守法的伦理道德教育，达到社会安定的目的；组织乡村自卫团体，以维护治安；在经济上组织农村合作社，以谋取乡村的发达，即“乡村文明”“乡村都市化”，并达到全国乡村建设运动的大联合，以期改造中国。

3. 四川北碚乡村现代化实验

卢作孚②是我国著名的爱国实业家、教育家和社会活动家。他创办的民生实业股份有限公司，“崛起于长江，争雄于列强”，成为新中国成立之前最大的民族资本航运企业，被毛泽东赞誉为发展我国民族工业不能忘记的四位实业界人士之一。卢作孚还是我国著名的乡村建设理论家和实干家。抗战时期，北碚被称为“陪都的陪都”。然而在 20 世纪 20 年代，这里还是一个贫穷落后、交通闭塞、盗匪横行的偏僻乡村。1927 年，卢作孚出任峡防局局长，开始着手他的以北碚为

① 郑大华．梁漱溟传［M］．北京：人民出版社，2001.

② 凌耀伦，熊甫．卢作孚文集［M］．北京：北京大学出版社，1999.

中心的乡村建设实验。卢作孚乡村建设实验的宗旨十分明确："目的不只是乡村教育方面，如何去改善或推进这乡村的教育事业；也不只是在救济方面，如何去救济这乡村里的穷困或灾变"，而是要"赶快将这一个乡村现代化起来"以供中国"小至乡村，大至国家的经营参考"。

可以说，"乡村现代化"是卢作孚乡村建设的最高目标。为此，他以经济建设为中心，以交通运输为龙头，在北碚开展了大规模的经济建设。如修建铁路、治理河滩、疏浚河道、开发矿业、兴建工厂、开办银行、建设电站、开通邮电、建立农场、发展贸易、组织科技服务等。在北碚的综合经济实力迅速增长的同时，又很重视文化、教育、卫生、市容市貌的建设，致使北碚很快就发生了巨大变化。在乡村经济建设上，修建了四川第一条铁路——北川铁路，使日运量由200吨迅速提高到2 000吨，煤矿得到大发展，成为抗战时期陪都的主要燃料供应基地，有力地支援了抗日战争。卢作孚以交通运输为龙头的模式进行乡村建设，使北碚在短短的20年间，就从一个穷乡僻壤变成了一个"具有现代化雏形"的城市。

4. 晓庄学校

陶行知[①]，中国人民教育家，是中国人民救国会和中国民主同盟的主要领导人之一，曾任南京高等师范学校教务主任，继任中华教育改进社总干事。先后创办晓庄学校、生活教育社、山海工学团、育才学校和社会大学。提出了"生活即教育""社会即学校""教学做合一"三大主张，生活教育理论是陶行知教育思想的理论核心。

1927年晓庄学校成立后，陶行知首先成立民众学校，对农民进行识字教育；其次是设立中心菜园，对农民进行休闲教育（挂浅显的图表、娱乐、演讲、下棋、乒乓球等）；再次是创办晓庄医院，除了免费看病，开展普种牛痘、预防天花等；第四是成立"晓庄剧社"，组织农民自编自演好节目，丰富农民文化生活，寓教于乐。

综述之，民国时期的乡村建设运动，晏阳初、梁漱溟、卢作孚、陶行知等人虽在改变乡村社会时采用的方法不同，但都始终坚持经济在乡村建设中的重要地位，并在此基础上开展乡村公共事业。这一时期他们对农村社会工作的探索，对于当今解决"三农"问题，开展专业农村社会工作实务依然具有很重要的借鉴意义。

---

① 童富勇，胡国枢. 陶行知传［M］. 北京：教育科学出版社，1991.

第三节　中国共产党在不同历史时期开展的农村工作

1927年国共合作破裂后，中国共产党转移至农村，继续开展新民主主义革命。这一时期，毛泽东撰写了著名的《中国社会各阶级的分析》和《湖南农民运动考察报告》，行文中他指出："农民问题是中国革命的基本问题，土地问题是农民问题的核心内容。"① 在这一指导思想的指引下，中国共产党和人民政府在根据地和解放区开展了极富农村社会工作专业精神的工作，如土地运动、发展农业等工作，领域涉及农村基层教育、卫生等。

一、根据地和解放区农村工作

1. 土地改革为核心的农村工作

根据解放区不同历史时期的特征，中国共产党和人民政府及时总结，及时调整，实施了不同形式的土地改革，1946年5月4日，中共中央发出《关于土地问题指示》（即五四指示），宣布"坚决拥护群众在反奸、清算、减租、退租、退息等斗争中从地主手中获得土地，实现耕者有其田"，"五四指示"揭开了解放区土地改革的序幕。1947年10月颁布了《中国土地法大纲》，《中国土地法大纲》规定："废除封建性及半封建性剥削的土地制度"；"乡村中一切地主的土地及公地，由乡村农会接收，连同乡村中一切土地，按乡村全部人口，不分男女老幼，统一平均分配"。1948年2月，中共中央在《关于在老区半老区进行改革工作与整党工作的指示》中规定："在一切封建制度已被推翻的老区半老区，不再平分土地，而只在必要时采取抽多补少，抽肥补瘦的方法，调剂一部分土地和生产资料给尚未彻底翻身的贫雇农，并容许中农保有比一般贫农所得土地的平均水平微高的土地数量。"这一规定对《中国土地法大纲》所规定的平分土地的办法做了相应完善。1949年3月，中共七届二中全会对解放区的土地改革进行了部署并指出，将来在南方解放区，必须"首先有步骤地开展清剿土匪和反恶霸即地主阶级当权派的斗争，完成减租减息的准备工作"，以便在一两年后"实现减租减息的任务，创造分配土地的先决条件"。

土地革命能够顺利完成，得益于当时中国共产党人用矛盾和发展的眼光看问题，根据阶级矛盾和阶层矛盾差异性，而采取不同的工作方法，这一思想对如今

① 毛泽东．毛泽东选集（第1卷）[M]．北京：人民出版社，1991：3—11.

我们开展农村社会工作实践还是具有借鉴意义。

2. 生产发展为核心的农村工作

此时期，中国共产党人在根据地和解放区十分重视农村生产发展，毛泽东多次在党的会议上强调农村生产的重要性，当时负责陕甘宁边区和解放区农村经济建设的领导任弼时就农村经济发展开展了积极的探索，并提出关于农村生产发展的指导思想，[①] 具体概括为三个方面：第一，关于农村经济在国民经济中的地位问题，任弼时强调发展工业不能忘记农业，农业生产是经济建设的主要环节；第二，强调农民在农业生产的生产、流动、分配等方面制度变革中的核心地位，鼓励农民积极参与这一系列环节，保障农民参与农业生产的积极性；第三，强调农村技术人才培养、农业技术改进、农业基础设施建设在农业生产中的地位，为加大农业扩大再生产，指出要积极领导发展农业商品经济。

3. 农村教育为核心的农村工作

中国共产党在大力发展根据地农业生产的同时，积极开展农村文化教育工作，期间成功尝试了学校教育、社会教育为核心的农村教育模式，为新中国农村教育积累了大量宝贵的经验。

韩振国在其文章《山西抗日根据地农村基层文教工作述略》[②] 谈到，学校教育主要是针对农村学龄儿童的教育，主要有公办和民办公助两种形式。公办学校的教学设施（主要是教室、桌椅等）、教员聘任、薪金等由区、村公所负责，民办公助是由各村自行负责教室、教员薪金，政府提供教材并指导监督教学工作。学校教员一般是由本村或邻村较有文化的人担任，教员薪金支付主要有货币和实物两种形式。

社会教育主要结合农村社会实际，针对成年男女，采取冬学运动、夜校、黑板报、秧歌戏剧等形式。这些实践模式，在当今农村社会工作开展农村社区教育中，仍然是很有效的教育形式。

4. 医疗卫生为核心的农村工作

农村卫生实践也是根据地和解放区农村社会工作实践的重要组成部分，毛泽东在其文章《中国的红色政权为什么能够存在》《井冈山的斗争》多次谈到农村卫生改善和建设工作，尤其在 1933 年撰写的《长岗乡调查》一文中，全面总结开展卫生工作的经验：“疾病是苏区中一大仇敌，因为它减弱我们的革命力量。

① 李家祥，呼世忠. 任弼时发展农业生产的思想及其意义 [J]. 当代经济研究，2004 (7)：48—51.

② 韩振国. 山西抗日根据地农村基层文教工作述略 [J]. 沧桑，2003 (5)：48.

如长冈乡一样，发动广大群众的卫生运动，减少疾病以至消灭疾病，是每个乡苏维埃的责任。”[①] 同年，中华苏维埃和中央政府颁布了《卫生运动纲要》。[②] 此《纲要》为改善解放区卫生设施简陋、卫生条件差、农村卫生意识不强等问题发挥了积极作用，也为新中国农村卫生建设奠定了经验基础。

派遣医疗队到农村开展巡回医疗、培训农村基层卫生人员等农村卫生工作模式都是十分有效的农村卫生工作方法，每一个开展农村社会工作的人都要认真学习，结合实际创新应用。

5. 乡村妇女工作为核心的农村工作

根据地和解放区乡村妇女工作立足于新民主主义革命男女平等的理念，十分重视妇女组织工作、妇女干部培养工作。党的文件中最早提到要注意农村妇女运动是中共四大的《对于妇女运动之决议案》，《决议案》指出：“此后凡本党开始农民运动之地方，即宜注意做农村妇女运动的准备工作。”1932 年 6 月毛泽东签署了苏维埃中央政府《关于保护妇女权利与建立妇女生活改善委员会的组织和工作》的训令中再次重申“劳动妇女的解放与整个阶级的胜利是分不开的，只有阶级的胜利，妇女才能得真正的解放。”1934 年毛泽东在江西瑞金召开的第二次全国苏维埃代表大会的报告中讲到苏维埃的婚姻制度，认为“工农劳苦群众婚姻制度的解放，必须首先推翻地方资产阶级的专政，实行土地革命男女劳动群众尤其是妇女第一有政治上的自由，第二也有了经济上的自由，然后婚姻自由才有最后的保障”。[③]

通过这一时期的努力，在政治上妇女获得选举权和被选举权，经济上妇女积极参与边区经济建设，生活上传统社会压迫妇女陋习得以改善，教育上拥有了学习文化知识机会和平台。

男女平等的理念不仅是此时期农村妇女工作的核心，也是当今我们开展农村社会工作的核心理念之一。

二、新中国成立以后的农村社会工作概况

1949 年 10 月 1 日，新中国成立以后，我国农村社会工作有了长足的发展，根据参与主体的不同，下面分三个阶段阐述这一时期的农村社会工作探索。

---

① 毛泽东. 毛泽东农村调查文集［M］. 北京：人民出版社，1982：321.

② 高恩显. 新中国预防医学历史资料选编（一）［M］. 北京：人民军医出版社，1986：136.

③ 宋少鹏，周蕾. 土地革命时期中国共产党对农村妇女解放理论的开创与发展［J］. 浙江学刊，2008（6）：192.

1. 计划经济时期的农村社会工作

1954年颁布《中华人民共和国宪法》指出，从中华人民共和国成立到社会主义社会建成，这是一个过渡时期。国家在过渡时期的总任务是逐步实现国家的社会主义工业化，逐步完成对农业、手工业和资本主义工商业的社会主义改造。我国人民在过去几年内已经胜利地进行了改革土地制度、抗美援朝、镇压反革命分子、恢复国民经济等大规模的斗争，这就为有计划地进行经济建设、逐步过渡到社会主义社会准备了必要的条件。

这一时期，农村社会工作是党和政府部门的核心工作之一，主要的实践有农业生产之互助合作社运动、农村卫生之合作医疗运动、农村救济之“五保”供养、农村文化之移风易俗。

2. 农业生产之互助合作社运动①

1951年9月9日，中共中央在北京召开第一次农业互助合作会议。会议通过了《中共中央关于农业生产互助合作决议（草案)》。《草案》指出，农民在土地改革的基础上发扬起来的积极性表现为个体经济的积极性和劳动互助的积极性。激发这些积极性，是迅速恢复和发展国民经济和促进国家工业化的基本因素，而互助合作社是激发这种积极性的重要形式之一。《草案》将农村互助合作的主要形式归纳为三类：第一种形式是简单的、临时性的、季节性的劳动互助，第二种形式是常年的互助组，第三种形式是以土地入股为特点的农业生产合作社。《草案》也对领导干部推动互助合作社方法和策略做出了重要指示。

互助合作社运动，充分发挥了传统农村社会互助生产的生活方式，极大地解决了新中国成立初期农业生产工具、人力短缺的问题，在恢复农村生产秩序、改善农村生活方面发挥了积极的作用。

3. 农村卫生之合作医疗运动②

我国传统合作医疗实践萌芽于1955年农村合作化高潮时期，山西、河南等省农村出现了一批由农村生产合作社举办的保健站，采取由社员群众出“保健费”和生产合作公益金补助相结合的办法，解决看不上病的问题。政府对农村医

---

① 互助合作社请参阅：赵德馨，苏少之. 两种思路的碰撞与历史的沉思——1950—1952年关于农业合作化目标模式的选择［J］. 中国经济史研究，1992（4）.

高化民. 农业合作化运动始末［M］. 北京：中国青年出版社，1999.

杜润生. 中国农业合作化运动初期的几个问题［M］. //毛泽东与中国农业. 北京：新华出版社，1995.

② 农村合作医疗请参阅：汪时东，叶宜德. 农村合作医疗制度的回顾与发展研究［J］. 中国初级卫生保健，2004（4）.

疗保健公共问题采取行动的标志是卫生部于 1959 年 11 月在山西省稷山县召开了全国农村卫生工作会议之后，卫生部写给中共中央的报告及其附件《关于人民公社卫生工作几个问题的意见》中提出："关于人民公社的医疗制度，目前主要有两种形式，一种是谁看病谁出钱，一种是实行人民公社社员集体保健医疗制度。根据目前的生产力发展水平和群众觉悟等实际情况，以实行人民公社社员集体保健医疗制度为宜。"自此之后，合作医疗在我国有了极大的发展。1965 年 9 月，中共中央批转卫生部党委《关于把卫生工作重点放到农村的报告》，强调的加强农村基层卫生保健工作，推动了农村合作医疗制度的发展。农村合作医疗成为一项社会政策制度。

合作医疗制度进步发展的标志事件为 1964 年 4 月卫生部根据中央指示，下发了《关于继续加强农村不脱离生产的卫生员、接生员训练工作的意见》，提出"在 3～5 年内，争取做到每个生产大队都有接生员，每个生产队都有卫生员"。① 据 1977 年底的统计，全国有 85％的生产大队实行了合作医疗，人口覆盖率达 80％以上。全国赤脚医生达 150 多万人，生产队的卫生员、接生员共有 390 多万。最鼎盛时，农村从事医疗卫生工作的（不脱产）人员达 500 多万。②

合作医疗的推行，极大地改善了农村社会缺医少药的局面，在政府部门的大力推动下，农村公共卫生体系不健全的局面得到显著改善，农村合作医疗模式由农民创造、逐步成为一项社会制度的事实，说明农村社会工作中，我们需要重视农民的创造性，农民是农村社会工作的主体之一。

4. 农村救济之"五保"供养

"五保"供养制度形成于 1956 年 6 月 30 日，《全国农业发展纲要》（也称农业四十条）和《高级农业生产合作社示范章程》的颁布标志着农村五保供养制度的建立。这两份文件要求生产队或生产小组对农村中缺乏劳动能力、生活无着落的鳏寡孤独残疾社员提供保吃、保穿、保烧、保葬和未成年人保教等五方面的保障。这样我国自愿性的农村救助形式逐步转变为由政府部门参与的社会福利体制。1958 年以后，随着人民公社运动的到来，五保供养制度迅速在全国推开，有效地保障了鳏寡孤独残疾社员的基本生活需求。1958 年，全国农村享受五保的有 413 万户、519 万人；全国办起敬老院 15 万所，收养了 300 余万老人，集

① 昆明医学院健康研究所. 从赤脚医生到乡村医生［M］. 昆明：云南人民出版社，2002：4.

② 参见：卫生部基层卫生与妇幼保健司. 农村卫生改革与发展文件汇编（1951—2000）［G］.

中供养率接近60%。①

这一时期，“五保”供养制定的探索，极大地改善了我国农村地区弱势群体和边缘群体的生活质量和基本权益，这也为我国改革开放后建立五保制度积累了经验。

5. 农村文化之移风易俗

新中国成立初期，我国社会主义建设事业蓬勃发展，但农村地区发展受传统社会的陋风陋习严重阻碍，新民主主义革命关于民主与自由思想在农村地区推进十分缓慢。为了改变这一局面，我国政府部门十分重视农村文化建设工作，掀起了移风易俗的社会主义文化建设高潮。

主要包括改变旧时婚姻由父母之命、媒妁之言、门当户对的不平等、不自由的婚姻现状，积极推动婚姻自由、男女平等、一夫一妻、保护妇女和子女权益的新婚姻制度，于1950年4月30日，颁布了《中华人民共和国婚姻法》。在丧葬方面，积极改变丧葬中奢侈浪费的习俗，鼓励在自愿前提下，推动火葬改革。在公共卫生方面，发动大规模的“灭四害”运动，在一定程度上控制了传染病的流行，保障了农民群众的身体健康。在公共文化方面，消灭黄、赌、毒，积极倡导健康的生活方式。长期组织文艺队下乡演出，丰富农民文化生活。

计划经济时期的农村社会工作探索，充分展示了中国共产党在重建农村社会秩序，恢复农村社会功能方面的丰硕成果，为我国改革开放时期的农村社会工作积累了丰富经验，奠定了坚实的基础。

三、改革开放时期的农村社会工作

1978年12月18日至22日中共召开了十一届三中全会，拉开了改革开放的序幕，有步骤有计划地解决了新中国成立以来的许多历史遗留问题和实际生活中出现的新问题，进行了繁重的建设和改革工作，使国家在经济上和政治上都出现了很好的形势。这一时期，我国农村社会工作实践主要由三部分组成，一是由政府部门主导，以解决农村贫困问题的“扶贫”工作及以社会保障和社会福利为核心的民政工作；二是由专业的社会工作者为主体的专业农村社会工作探索；三是由研究农村社会为主体的知识分子开展的农村社会工作探索。

1. “扶贫”为主的农村社会工作

十一届三中全会后，扶贫工作成了我国政府部门农村社会工作核心工作之

① 肖林生. 农村五保供养制度变迁研究：制度嵌入性的视角［J］. 东南学术，2009（3）.

一。通过三十多年的实践探索，我国农村扶贫工作在扶贫组织建设、扶贫工作策略、农村贫困人口生活质量改善等方面都取得显著成效。

2011 年 11 月 16 日，国务院新闻办公室发表《中国农村扶贫开发的新进展》白皮书①，全面总结了我国三十多年来扶贫工作取得的效果。政策规划方面，我国先后制定实施《国家八七扶贫攻坚计划（1994—2000 年）》《中国农村扶贫开发纲要（2001—2010 年）》《中国农村扶贫开发纲要（2011—2020 年）》等减贫规划。扶贫策略方面，坚持开发式扶贫和社会保障相结合、坚持专项扶贫和行业扶贫、社会扶贫相结合、坚持外部支持与自力更生相结合。从扶贫成效来看，农村居民的生存和温饱问题基本解决。国家根据经济社会发展水平的提高和物价指数的变化，将全国农村扶贫标准从 2000 年的 865 元人民币逐步提高到 2010 年的 1 274 元人民币。以此标准衡量的农村贫困人口数量，从 2000 年底的 9 422 万人减少到 2010 年底的 2 688 万人；农村贫困人口占农村人口的比重从 2000 年的 10.2%下降到 2010 年的 2.8%。

白皮书全面梳理了我国扶贫工作沿革，总结了扶贫工作取得的重要成果的同时，归纳了扶贫工作的经验。这些经验对专业农村社会工作实践具有十分重要的借鉴意义。

2. 民政工作为主的农村社会工作

改革开放以来，党和政府继续推动农村社会保障和社会福利事业。具体包括：

（1）公共卫生方面

继续探索推进合作医疗制度，2002 年 10 月，《中共中央、国务院关于进一步加强农村卫生工作的决定》明确指出要“逐步建立以大病统筹为主的新型农村合作医疗制度，到 2010 年，新型农村合作医疗制度要基本覆盖农村居民”，新型合作医疗成为这一时期农村公共卫生建设的重要部分。

（2）农村教育方面

逐步实现免费农村义务教育，2005 年 12 月，国务院下发了《关于深化农村义务教育经费保障机制改革的通知》，逐步将农村义务教育全面纳入公共财政保障范围，建立中央和地方分项目、按比例分担的农村义务教育经费保障新机制。这为义务教育立法打下一个非常好的基础。2006 年 9 月 1 日起开始实施新的

① 国务院扶贫开发领导小组办公室. 中国农村扶贫开发的新进展（白皮书）. 国务院新闻办公室，2011—11—16.

《义务教育法》。新修订的义务教育法中最终明确“国家将义务教育全面纳入财政保障范围，义务教育经费由国务院和地方各级人民政府依照本法规定予以保障”，完成了“人民教育人民办”到“义务教育政府办”的真正转变。

（3）农村养老保险

在继续完善“五保”供养制度的基础上，2009 年 9 月，国务院办公厅下发了《国务院关于开展新型农村社会养老保险试点的指导意见》（国发［2009］32 号），意见指出“探索建立个人缴费、集体补助、政府补贴相结合的新农保制度，实行社会统筹与个人账户相结合，与家庭养老、土地保障、社会救助等其他社会保障政策措施相配套，保障农村居民老年基本生活。2009 年试点覆盖面为全国 10％的县（市、区、旗），以后逐步扩大试点，在全国普遍实施，2020 年之前基本实现对农村适龄居民的全覆盖”。①

（4）农村妇女儿童工作

这一时期，党和政府十分重视农村妇女儿童工作，力图针对这一时期农村妇女儿童面临的新问题如农村留守妇女问题、农村留守儿童问题。根据第六次全国人口普查结果，目前全国共有流动人口 2.6 亿。截至 2010 年年底，全国有留守妇女 4 800 万人，留守儿童 5 600 万人。农村留守妇女的主要困难包括：生产生活负担重；心理压力大；婚姻家庭不稳定；安全状况隐患多；在农村中处于弱势地位，权益易受侵害。农村留守儿童的主要困难包括：亲情关爱缺失；家庭教育缺乏；人身安全缺乏保障等。专业的农村社会工作者在今后的实践中，需加强农村留守妇女儿童工作力度以及模式探索。

第四节　专业农村社会工作

以专业农村社会工作为主的农村社会工作实践，是伴随着我国社会工作学科和实践的不断健全而逐步形成，2000 年香港理工大学和云南大学合作，招募专业社会工作人员到云南平寨进行了农村社会工作项目，2002 年长沙民政职业技术学院在湖南湘西建成第一家农村社会工作服务中心，标志着我国专业的农村社会工作形成。之后，专业农村社会工作开始逐步发展起来，尤其是 2008 年四川地震后，大批社会工作者深入地震灾害社区，开展农村社会工作服务，建立了许

① 中华人民共和国中央人民政府网. 国务院关于开展新型农村社会养老保险试点的指导意见（国发［2009］32 号）.

多灾后农村社会工作服务机构，如四川理县社会工作服务中心、映秀社会工作站、绵竹社会工作服务站等。

一、专业社会工作者为核心的农村社会工作

1. 云南大学绿寨农村社会工作实践

香港理工大学应用社会科学系与云南大学农村社会工作研究中心2000年在云南省师宗县绿寨村进行的社会工作实务探索，总结出一条优势视角为本的农村社会工作实践模式。[①] 通过支持当地农民通过互助合作的方式独立自主地实施各种生计、文化和性别平等项目，改善当地农民的生存状况，提升农村社区民众的能力和自信心。项目前期，采取口述历史的方法，了解社区基本情况，建立专业关系。项目中期，通过参与式评估和社工调查了解，在尊重农民的选择，制定农村社会工作服务计划，开展了旨在保护传统手工艺的壮绣小组，组建了社区公共基金，培养村民们的合作精神，当前，成功开展城乡公平贸易项目，该项目的开展极大地调动了村民参与村落建设的积极性，增强了村民的信心和能力，改善了村里的性别权利关系，促进了性别平等，推动了文化身份认同和自信心建设。

绿寨农村社会工作实践，为我国农村社会工作理论建构、方法选取、工作内容等方面探索出宝贵的经验（下文将具体介绍），是我国专业农村社会工作成功实践的表率。

2. 长沙民政职业技术学院湘西苗寨农村社会工作实践

2003年，湖南长沙民政职业技术学院社会工作系师生深入湘西自治州苗寨，设立了3个农村社会工作实习基地，进行农村社会工作实践探索。他们在整合资源、提供直接服务的同时，侧重从恢复农村文化、提升农民自信心入手，紧紧围绕民族团结和贫困地区脱贫致富奔小康的主题，充分发挥农民群众的主体作用，先后发动村民在村寨成立苗歌队、苗鼓队，修建村寨社区活动中心等，丰富了当地的农村生活，改善了农民的精神面貌，促进了村落社区的健康发展。总结探索出一条以社区综合服务中心为平台，社会工作方法为方法，整合体制内、体制外资源服务农村的农村社会工作实践模式。

湘西苗寨农村社会工作实践，从体制内积极探索了农村社会工作服务机构建设、资源渠道、工作岗位设置和农村社会工作教育模式经营。成为我国农村社会

---

① 张和清，杨锡聪，古学斌. 优势视角下的农村社会工作——以能力建设和资产建立为核心的农村社会工作实践模式［J］. 社会学研究，2008（6）.

工作教育模式的典范，培育了大批优秀的农村社会工作人才，投身到云南、四川、广西、河北、甘肃、青海等省农村社会工作中。

3. 中山大学广州农村社会工作实践

广州市中大社工服务中心是由广州市民政局支持，依托中山大学社会工作专业于2009年6月成立的专业社会工作服务机构，已承接多个社会工作试点项目并取得良好效果。绿耕城乡互助社（www.lvgeng.org）于2009年依托中大社工服务中心正式成立，是致力于中国农村社区发展和社会工作探索的社会工作服务、研究基地和社会企业创新平台。2001年以来已经相继在云南、四川、广东进行了10年的农村社会工作和灾害社会工作探索服务，在业内拥有良好的口碑。

中山大学研究生公益学习之“广州—从化：以城乡互助、公平贸易、生态文明为基础的农村可持续生计发展项目”，是广州市农村社会工作试点项目，由中大社工服务中心—绿耕城乡互助社实施运作。项目本着“优势视角”“能力建设”“社区为本”等基本价值理念，为广大学员提供一个深入农村，体验乡土生活，发挥专业特长，与其他专业同学互相交流和学习，参与项目各主题的具体运作与执行以及在实践中反思中国“三农”问题和自我成长的平台。

二、结合农村社会研究或农村服务，开展农村社会工作

这一时期，除了专业农村社会工作者为核心的农村社会工作实践外，还有一类为通过农村社会研究，推动农村社会工作服务。主要有中国人民大学乡村建设中心的新乡村建设运动、华中科技大学中国乡村治理研究中心的乡村治理工作等。

1. 中国人民大学乡村建设中心

中国人民大学乡村建设中心为中国人民大学直属的二级科研机构，于2005年7月16日成立，采取理事会和学术委员会制度。中心由北京梁漱溟乡村建设中心、国仁城乡（北京）科技发展中心、北京晏阳初平民教育发展中心、北京工友之家文化发展中心、乡村建筑工作室、国仁绿色联盟、国仁城乡互助合作社、乡村建设基地构成。从乡村建设理论出发，针对“三农”问题开展大型调查、推动新型农村经济合作社项目和乡村工作人员为主要内容的新乡村建设。①

新乡村建设运动是我国知识分子针对新时期“三农”问题而开展社会实践工作，为专业农村社会工作实践提供从社会建设出发开展农村工作的新视角。

① 温铁军. 中国新农村建设报告［R］. 福州：福建人民出版社，2010.

2. 华中科技大学中国乡村治理研究中心

该中心主要开展农村调查，调查内容涉及村民自治、乡镇财政、税费改革、土地制度、乡村水利、农民福利、乡村社会性质、乡镇选举、乡镇事业单位改革等。出版 20 多部著作，300 多篇学术论文在《中国社会科学》《社会学研究》《政治学研究》《管理世界》等权威刊物发表，在农村政治社会学和农村政治人类学研究方面，取得了较大成绩。中心办有学术季刊《三农中国》、学术年刊《乡村中国评论》和学术网站“三农中国”，在国内有较大影响，该中心是目前国内从事“三农”研究较有影响的机构之一，也是国内近年来驻村调查时间最多的“三农”研究机构之一。

乡村治理研究中心通过大量的调查研究，梳理了新中国成立以来我国农村社会结构、社会功能、社会变迁的相关资料，为专业农村社会工作开展服务提供了理论依据，为实践指明了路径。

3. 浙江大学农业现代化与农村发展研究中心

浙江大学农业现代化与农村发展研究中心暨浙江大学中国农村发展研究院（英文简称“CARD”）是国家教育部首批确定与建设，并受教育部指导的国家人文社科重点研究基地，是直属浙江大学的一个跨学科的、相对实体运作、开放性的研究机构。同时也是国家“985”第二期工程人文社会科学 A 类创新基地。本中心以面向农村、发展农业、造福农民为己任，以加快实现中国农业与农村现代化为宗旨，重点研究解决我国农业与农村现代化发展进程中所面临的重大理论和实际问题，为政府制定农业和农村发展战略、相关政策提供决策参考，为企业科学决策与管理提供咨询服务，为社会培养高质量的农业与农村经济管理人才。

本中心开展的研究项目主要涉及农业与农村发展、农村组织建设、土地制度、农产品贸易政策、农村金融与管理、农业结构与食品安全、城市化和农村劳动力转移、区域发展战略和模式、资源管理与环境分析、农村经济制度与技术创新、农村社会保障体系和公共政策、农村民主与法制等领域。

4. 贵州社区建设与乡村治理促进会

贵州社区建设与乡村治理促进会是 2008 年 7 月获民政厅注册登记的、全省性的、非营利性的、联合性的、自愿结成的独立社团法人。促进会愿景是通过推动城市社区建设和乡村组织化，推动和谐社会建设，促进和谐社会发展的民间回应机制。

该机构支持不同的成员在城市社区建设、人民艺术、社会工作本土化、反贫困、灾害管理、可持续农业等方面以及环境保护、教育、文化等领域开展工作。

工作核心是推动社会组织化、网络化建设。

5. 国外相关NGO机构在我国农村社区开展的农村社会工作服务

随着改革开放的深入，国外许多NGO组织到中国农村社区，以不同形式开展农村社会工作服务工作。结合这些机构不同的服务领域，我们将其归为3类：

（1）开展农村社区发展服务。以农村社区发展为主要服务目标的NGO组织有：米索尔团结友爱基金会（德国），于20世纪80年代进入中国，主要从事农村社区发展、社会福利、艾滋病预防工作以及对社会工作者的培训等工作；香港乐施会，于1987年进入中国，主要从事农村社区发展、教育、艾滋病预防、妇女和非政府组织能力建设等工作，主要工作地点遍布全国，重点在西南部；嘉道理慈善基金会（香港），于1997年进入中国，工作涉及小额信贷、残疾人救治、医疗保健、艾滋病预防和农村社区发展等领域，项目实施范围在中国中西部；世界宣明会（美国），于1992年进入中国，在27个国家有农村社区发展项目，通过“烛光工程”开展了资助农村的贫困教师以及城市贫困人口的小额信贷项目，项目开展范围在北京、陕西、云南、广西。

（2）开展农村妇女儿童工作。以农村妇女儿童为主要服务目标的NGO组织有：国际儿童计划组织（欧洲），1995年进入中国，目标群体是儿童，在中国的项目包括母婴健康培训、儿童免疫、教育支持、妇女小额信贷和饮用水；英国救助儿童会（英国），1998年进入中国，主要开展对残疾儿童的照顾和支持工作，包括儿童教育方法、孤儿收养、艾滋病患儿的救治以及反对儿童贩卖，工作范围遍及全国，重点在安徽、西藏、云南和新疆；行动救济会（英国），1998年进入中国，项目涉及食品安全、饮用水、家畜饲养、妇女健康和参与式扶贫项目、农村社区发展以及对农民工的培训等领域，项目开展范围在北京、河北和贵州。

（3）促进农村经济工作。如福特基金会（美国），1988年进入中国，主要支持法制改革、性健康和生殖健康、环境和发展、经济改革及其社会影响、教育和文化多样性等5个项目；国际小母牛项目（美国），1985年进入中国，通过捐赠高质量的牲畜、为农民培训先进技术的形式提供服务。

三、政府部门为主体的农村社会工作

1. 江西万载农村社会工作人才队伍建设

为适应新形势下农村工作的需要，党和政府十分重视农村人才培养工作，尤其是十七大以来，各级部门将农村社会工作人才队伍建设作为农村社会建设重要核心人才力量来抓。通过近年来的努力，各地区农村社会工作人才队伍建设取得显著成效，尤其是江西万载县——万载模式受到相关部门的关注和肯定。

万载县从2007年开始探索农村社会工作新路，经过5年努力，已形成了县有社会工作协会、乡镇（街道）有社会工作服务中心、村（居）委会有社会工作服务所、村落社区有社会工作服务站的机构网络，培养了由31名社工组成的专业化、职业化队伍，由近1 000人组成的本土化从业社工队伍，由1万余人组成的志愿者队伍。同时，建立了社会工作人才队伍建设机制、职责落实机制、职业管理机制，完善了社会工作者职业水平评价、教育培训、岗位设置、薪酬待遇等四大职业管理体系，并将社会工作经费纳入财政预算，确保此项工作顺利进行。在此基础上，该县形成了独具特色的“社工＋从工＋义工”模式，推动社会工作融入新农村建设、社区建设、民生工程、社会公共服务等领域，形成了一个个特色鲜明的社会服务平台。马步乡布城村、罗山村落社区，寨下村的王家、周家村落社区在社工的帮助下，建立了妇女互助会、春蕾爱心坊、农家艺苑等平台，推动了精神文明和农村经济建设。

万载模式解决农村社会工作薪酬、岗位设置方面的探索，对建立专业农村社会工作者工作平台、工作保障机制具有十分重要的启发意义。

2. 山东潍坊市农村社会工作人才队伍建设①

（1）潍坊市农村社会工作人才类型

潍坊市农村社会工作人才主要有四种类型：一是市、县、乡三级党政机关、事业单位中从事农村社会工作的人才，其报酬全部由政府财政承担。全市共有4 147人，其中市级115人，县级1 756人，乡镇2 276人。二是在政府购买服务领域中从事农村社会工作的人才，其报酬主要由政府财政承担。主要集中在乡镇养老院，总数为435人。三是从事村级农村社会工作的有关人才，其报酬由财政转移支付和村集体承担。主要是村支部书记、村主任，总数为13 865人。四是从事农村社会工作的一些行业组织、协会、研究会、合作社的负责人，其报酬主要靠自我发展、自筹解决。各类组织负责人大多由乡镇职能部门人员和村支书、村主任担任。

（2）潍坊市农村社会工作人才队伍建设的措施——突出做到“五抓”

一抓平台搭建。因地制宜，与农村综合改革衔接配套，在乡镇（街道）成立了社会事务专门机构的基础上，通过建立农村社区、发展农民合作组织、建立慈

① 参阅：潍坊市农村社会工作人才队伍建设现状与对策．中国共产党新闻网，2008－06，http://cpc.people.com.cn/GB/117092/7397997.html

善救助超市等方式，增加社会工作元素、搭建工作平台。诸城市按照地域相近、规模适度的原则，以服务半径 2 公里、涵盖 5 个村的 1 000 户到 2 000 户为基准，设立了农村社区服务中心，中心下设医疗卫生、社区警务、灾害应急、社区环卫、文化体育、计划生育、社会保障、社区志愿者等八个服务站室和一个综合服务大厅，为农村社会工作人才发挥作用提供了广阔舞台。

二抓岗位设置。按照市直部门“垂直一条线设置”、农村“网格状划分区域、横向全面设置”的办法，不断加大农村社会工作岗位开发和设置力度。如民政领域主要设置老年服务、残疾人服务、儿童家庭寄养等岗位；诸城市通过分流选派、学生委派、社会竞聘等方式，选聘了 567 名农村社会工作人才充实到农村社区，提供社会服务。

三抓教育培训。以“提高专业理念、提供专业服务”为重点，强化专业技能和知识培训。寿光市积极实施“岗位素质提升工程”和全员培训计划，目前举办各类培训班 8 期，培训农村社会工作人才 620 人次。

四抓综合开发。发挥市场配置主体作用，进一步丰富完善包村寄宿、包村扶贫等有益做法，大力实施“三支一扶”计划和“一村一名大学生计划”，构建农村人力资源开发协同机制。市里还成立了社工联盟、潍坊义工、鸢都义工等公益性组织，形成了“社工引领、义工辅助”的良好局面。

五抓激励评价。市里组织 800 多人报名参加全国首次社工资格考试，寿光市制定出台了《优秀社会工作人才选拔管理暂行办法》，评选表彰了 20 名业绩突出、影响力大、公认度高的社会工作人才。

(3) 潍坊市农村社会工作人才队伍建设的成效

一是促进了公共服务向农村基层延伸。通过部门职能下沉，近距离提供有效社会服务，使社会工作成果逐步向农村基层和社会公共服务薄弱环节转移，统筹了城乡发展、区域发展，推进了城乡经济社会一体化。二是促进了社会工作人才价值实现。变原先浮在面上抓管理为走村入户送服务，建立起了联系群众、服务群众的新机制，促进了政府由管理型向服务型的转变。三是解决了农村热点问题。通过提供农村多样化、个性化服务，有效解决了农民群众最直接、最现实、最关心的利益问题，促进了农村和谐稳定。四是拉近了党群干群关系。农村社会工作人员在零距离、面对面为民服务过程中，改进了工作作风，拉近了干群距离，提高了为民服务的能力和水平。五是加快了乡村文明进程。在为农民群众提供快捷高效服务的同时，有力推动了农村基层组织建设，营造了健康文明的社会风尚，促进了农村社会文明进步。

3. 北京市朝阳区农村社会工作人才队伍建设实践①

(1) 基本情况

朝阳区农村城市化快速推进，在当地农村地区已建成141个社区，154个行政村中有45个纳入社区管理，伴随着绿化隔离地区建设和土地储备工作的开展，现有的行政村逐步纳入社区管理体系，城乡融合进一步加快，按照城市化指标体系测算，目前城市化率已达到91%，农村地区在经济建设、城市管理、社会发展等方面取得明显进步。农村地区社会建设起步晚、时间短、基础弱，在区域国际化和现代化的要求下，迫切需要在高起点上推进社会领域建设。

北京市朝阳区开展农村社会工作人才队伍建设的原因主要有：一是服务对象层次多、需求多、差异大。农村地区现有常住人口165万人，其中户籍人口61.5万人，本区农民14.6万人，外省市和外区县人口占73%，同时还有30余万流动人口。社区内的儿童、青少年、老年人、妇女、残疾人、贫困者、失业者、社区矫治对象以及家庭迫切需要系统化、多样化和个性化服务。二是农村地区城乡二元制管理体制并存，农村原有管理方式不适应区域国际化的要求。农村地区既有传统的农村社区（即行政村）、老旧社区，也有中高档商品房社区，同时还有两限房、经济适用房社区。农村地区社区建设在近年虽然取得长足进步，但仅依托现有的社区（村）治理模式，已不能满足建设世界城市的需要。三是当前社工人才与农村地区现实需求仍存在一定差距。社会工作在理论与实践相结合、解决实际问题、专业技能运用等方面存在不足，与居民需求的有效对接需要提升。四是社会工作发展不平衡。各地区办事处、社区（村）做的大量为民服务工作，没有得到系统的总结和提升。

(2) 具体措施

一是推进社会工作人才队伍建设，提升专业技能及社工综合素质。2009年，区农委成立了全国首家“农村地区社会工作协会”。在实践中，区农委充分发挥农村地区社会工作协会的作用，制定工作方案，开展多层次培训，提升社工专业技能及基础素质。聘请专家对持证社工师、助理社工师开展高级社会工作研讨班，提升社会工作理论，加强社工理论学习、研讨。对从事社区工作的其他人员开展基本业务素质培训，鼓励其参加全国社会工作师、社会工作助理师考试，尽快提高社会工作理论知识，掌握基本社会工作方法。组织社区书记（主任）、首

① 请查阅：北京现代农业信息网. 北京市朝阳区农村地区加快社会工作人才队伍建设. 2010－06. http://nc.mofcom.gov.cn/news/P1P11I14469745.html

席社会工作师外出观摩学习、考察交流，学习先进管理经验及方法。逐步推行社区工作人员持证上岗。

二是设立社区社会工作室，建立首席社会工作师制度。2008 年以来，农村地区社会工作职业制度逐步建立，现已有社会工作师 23 人、助理社工师 95 人，主要分布在基层社区。在此基础上，在社区探索建立社会工作室，设立首席社会工作师岗位。社会工作室及社工在社区（村）党委（支部）的领导下开展工作，其主要职责是：开展社区调查，运用个人、小组、社区工作法，解决社区社会问题；带动、培养并发现社工人才；组织社区义工（志愿者）开展公益活动；培育完善社区公益性社会组织，协调社会组织之间的关系；协助社区居（村）委会落实社区自治权、参与权和监督权。首席社会工作师既是社会政策的倡导者也是社会资源的融合者。首席社会工作师以社区社会工作室为平台，主要完成社会工作理论研究和应用，结合本社区（村）实际，提出解决方法并进行操作。

三是推进与高校人才项目合作，引进优秀社工人才。充分利用北京高校的资源优势，实现具有社工专业的高校与地区办事处、社区（村）的有机结合。鼓励高校参与农村地区社会建设工作，建立社工相关专业大（专）学生社会工作见习基地，逐步建立社工人才的培养和使用机制。高校老师既对学生社工实务进行指导，也对地区办事处和试点社会工作站进行专业督导；实习大学生既当义工（志愿者）深入社会、服务居民，也利用所学专业知识协助首席社工师开展社会工作；地区办事处和社区（村）在大学生实习中发现具备发展潜质的社工专业学生，作为社区工作者定向招聘对象，使社工人才队伍建设向专业化、职业化方向发展，形成良性互动。

总之，无论是国外农村社会工作，还是国内农村社会工作探索，虽然各有侧重，但都离不开维持农村社会秩序、修复农村社会功能、解决农村社会问题、回应农村社会变迁。这就说明，建构农村社会工作，需要充分考虑农村社会结构和功能现状，维持、改变农村社会结构和功能是农村社会工作服务的核心内容。

四、民政部“三区计划”项目

1. 国家政策

为全面推动农村社会工作发展，2013 年民政部特制定了《边远贫困地区、边疆民族地区和革命老区人才支持计划社会工作专业人才专项计划实施方案》（简称《“三区”社工人才专项计划方案》，民发［2012］170 号）。“三区”社工人才专项计划方案的实施，对全面推动农村社会工作发展奠定了政策基础。其核心任务是民政部将分批支持社会工作专业人员到国家确定的中部和西部地区集中连片特殊困难地区覆盖的县、国家扶贫开发工作重点县和省级扶贫开发工作重点县以及新疆生产建设兵团困难团场提供专业服务。2013 年第一批选派 1 000 名，培养 500 名本地社会工作专业人才。

2. 整体安排

为全面有效完成本计划，民政部进行了具体部署并提出四点要求：

一是要高度重视。实施“边远贫困地区、边疆民族地区和革命老区社会工作专业人才支持计划”，是中央做出的重要决策部署，是支持边远贫困地区、边疆民族地区和革命老区社会工作事业发展的重要举措，对推动实现基本公共服务均等化目标、促进区域协调发展、全面建成小康社会具有十分重要的意义。2013 年是实施“边远贫困地区、边疆民族地区和革命老区社会工作专业人才支持计划”的开局之年，是探索经验、完善制度、奠定基础的第一年。任务完成效果，直接关系到下一步“三区”计划的实施。各有关省（自治区、直辖市）民政部门一定要站在事业发展全局的高度，重视“三区”计划实施工作，科学谋划、精心组织，采取有力措施，切实完成“三区”计划各项任务。

二是要搞好保障。各有关省（自治区、直辖市）民政部门要积极争取同级党委组织部门以及政府财政、教育、人力资源社会保障、扶贫办等部门政策与资金支持，为“三区”社会工作专业人才支持计划实施创造条件。要及时足额将选派工作经费（包括中部省份省级配套经费）拨付派出单位并确保其认真落实各项优惠政策和支持措施，保证被选派人员原有工资、津贴福利待遇标准不变。要切实做好派出单位与受援县级民政部门的沟通衔接，为被选派的社会工作专业人员安排工作单位，提供必要的工作条件，解决食宿等基本生活问题。要按照《“三区”社工人才专项计划方案》要求，切实做好参加社会工作专业培训人员的选派与保障工作。

三是要加强监管。各有关省（自治区、直辖市）民政部门要采取实地调研、举办座谈会、电话和网络调查等方式，加强对“三区”计划实施情况的监督检查。要督促受援单位加强对被选派的社会工作专业人员的日常管理与考核监督，并在结束时将考核结果反馈选派单位，作为被选派人员年终考核和职务晋升考评的重要依据。对选派期间违纪人员，受援单位要及时通报派出单位，由派出单位做出相应处理，并及时报上级民政部门。各有关省（自治区、直辖市）民政部门要按照国家有关财政财务规定，结合本地实际，制定专项经费管理办法，加强经费监督管理，明确使用范围，严格拨付程序，强化审计监督，保证专款专用。今年底前民政部将对各地执行落实“三区”社会工作专业人才支持计划情况进行检查评估。

四是要加强总结交流。各有关省（自治区、直辖市）民政部门在“三区”社会工作专业人才支持计划实施中要注意研究解决存在困难与问题，注意收集工作信息、总结工作经验，及时上报有关情况，大力宣传先进典型与成功做法。民政部将通过部网站或电子简报等形式及时通报实施进展情况。各地在实施过程中如发现重大问题，请及时与民政部联系。

3. 工作开展情况

自项目启动后，民政部和地方部门积极行动，为计划的顺利实施提供了保障。一是由民政部组织业务培，2013 年 6 月，民政部在兰州召开了“全国社会工作人才服务‘三区’计划实施工作既社会工作实务能力提升培训班”，对当前和今后一个时期“三区”社会工作专项计划实施工作做出了总体部署。2013 年 8 月 7 日，民政部在江西井冈山大学举办了第二期“三区”计划培训班，对中部地区选派的三区计划社会工作者进行专业培训。2013 年 8 月，在重庆召开“农村社会工作发展战略研讨会即三区计划社会工作实务能力提升班”，启动西部地区三区计划社会工作者培训。二是地方部门采取“1＋1＋1”模式推动项目：第一批“三区”计划覆盖面极为广泛，在云南、四川、宁夏、新疆、甘肃、西藏、贵州、陕西、青海、内蒙古、广西、重庆、新疆生产建设兵团、吉林延边朝鲜族自治州、湖北恩施土家族苗族自治州、湖南湘西土家族自治州、江西赣州市、湖南、湖北、江西、安徽、河南、吉林、黑龙江、河北、山西、海南等地实施。具体计划如表 3—1 所示。

表 3—1　“三区计划”实施具体工作分解

区域	省（区、市）	选派任务（名）	培养任务（名）
西部地区	云南	100	45
	四川	90	40
	宁夏	30	10
	新疆	110	55
	甘肃	70	35
	西藏	50	45
	贵州	50	20

续表

区域	省（区、市）		选派任务（名）	培养任务（名）
西部地区	陕西		50	25
	青海		50	30
	内蒙古		50	20
	广西		50	25
	重庆		30	15
	新疆生产建设兵团		30	15
	比照执行西部大开发政策的市（州）	吉林延边朝鲜族自治州	10	5
		湖北恩施土家族苗族自治州	10	5
		湖南湘西土家族自治州	10	5
		江西赣州市	10	5
中部地区	湖南		20	10
	湖北		20	10
	江西		20	10
	安徽		20	10
	河南		20	10
	吉林		20	10
	黑龙江		20	10
	河北		20	10
	山西		20	10
	海南		20	10

各地严格按文件要求，采取“1＋1＋1”模式，即一所高校＋一家社会组织＋一个地方政府部门，由高校提供专业支持、社会组织负责项目实施、地方政府部门提供行政支持。

【案例分析】

韩国如何推动乡村建设

为了解决国家工业化和城市化迅速发展所导致的城乡发展严重失衡和城乡居民收入差距不断扩大等问题，韩国政府于1970年倡导和推动了建设新乡村运动，并经过改善环境、增加收入、综合开发三个发展阶段，取得了有目共睹的成果。韩国建设新乡村运动的成功与政府的大力扶持和精心指导是密不可分的，其扶持经验主要有以下几个方面。

1. 农业农村立法

韩国历来重视农业农村立法，它以《农业基本法》作为农业宪法，同时配套制定了水产、畜产、山林、土地改良、耕地保护、农耕营农、农产品价格、批发市场、治山治水、农业机械化、农业组织、农业银行等一百多部法律。为促进新乡村建设，加快农村现代化发展的进程，韩国先后制定了《农村振兴法》《农村近代化促进法》《农渔村发展特别法》《促进农村所得源开发法》《农渔村电气化促进法》《农渔村振兴公社及农地管理基金设立法》《环境保护法》《工业开发法》等法律，从而形成了比较完善的农业农村法律体系，确保了农业生产各方面、各环节和新乡村建设各项事业都有法可依，走向了依法治农治村的道路。较为完善的农业农村法律体系的形成，为建设新乡村运动的顺利发展和农村现代化的实现提供了法律保障。

2. 推进现代农业建设

为推进现代农业建设，强化新乡村建设的产业支撑，韩国对农业进行化肥、农药、农业机械等生产资料的集中支持；采取了整理耕地，开发水利，改善排灌设施，开垦海涂等农业综合开发措施；加强了农作物和家禽的良种繁育、推广和普及（“绿色革命”），加快了温室栽培在全国各地的推广普及（“银色革命”）；坚持粮食自给方针，实行耕地保护制度，稳定粮食种植面积，调整农产品价格，推进农业生产资料价格调控；按照高产、优质、高效、生态、安全的要求，积极推进农业结构调整，大力发展多种经营、绿色农业、商品农业、生态农业；组织集体农业，建立农业技术推广体系，普及和推广科学的种田技术，推进了农业经营科学化和畜产企业化；发展农业产业化经营和农村工业化，不断开发非农收入来源；在大中城市兴建和完善农产品批发市场并加强其机能，加速农产品在全国的流通，兴建和扩建农产品综合联合商店，并鼓励这些商店同产地的销售组织直接交易，促进消费地零售机构的现代化；改善库存管理，对部分农产品实行价格预示和合同收购制；以先进单位组合为对象，成立标准化协议会，制定46个标准化交易单位，确保公平交易秩序，提倡“身土不二”；在农水产部系统设立“综合流通状况室”或“流通对策本部”、“流通对策状况室”，在26个主要批发市场和60个联合销售商店设立经销洽谈会，并实现了农产品流通信息的计算机化。

3. 政府投资和融资支援

韩国推进建设新乡村运动的各项政策措施都是以财政投资和融资支援为后盾的。为加快农村基础设施建设，政府采取了中央财政和地方财政直接投资的措施，而且投资额也较大。据统计，从建设新乡村运动开始到1980年4月为止的10年间政府对农村基础设施的财政投资达27 521亿韩元。为使农村金融事业适应经济增长的需要，更好地支持和促进农村现代化的发展，政府通过对农村金融体制的改革，使农协成为农村唯一的金融机构，并使其获得了较大的发展。到20世纪70年代中期，农协向农业经营提供的资金中75%来自农民的存款。为解决农业贷款难、农村融资难的问题，政府还设置了水利资金、新农村综合开发事业资金、扶持贫困农民自立事业资金、农村住宅资金、营农资金、农业开发资金等农村经济建设的专项资金和稳定农产品价格基金、促进农业机械化基金、营农后继者育成基金、农渔村地域开发基金。民间团体也设置了畜产振兴基金、蚕业振兴基金、农地基金、农药管理基金、振兴农水产品基金等专项基金。此外，政府在农协中央会设置农林水产业者信用担保基金，专门为一些有困难的农林水产业者提供了使用担保。

4. 完善农业协同组合

对农业协同组合（以下简称“农协”）的不断调整与完善，为建设新乡村运动的发展提供了重要组织保证。韩国农协成立于1957年，是由国家自上而下组织起来的，1961年，韩国政府决定将农业银行和旧农协合并，组建成综合性的新农协。1986年，经过调整后的单位农协达1 463个，特殊农协41个，组合员达200万名，形成了一个完整的农民组织体系。在政府的支持下，韩国农协在保证政府对分散农户新乡村建设的宏观调控与指导，组织农民按照自助、自立原则进行互助生产和联合销售，通过购买、销售、农产品加工、金融、信用、共济等经营和管理活动改善农民的生产和生活条件等方面起到了重要作用。

5. 振兴农民精神

韩国政府坚信，农民一旦精神焕发，也可以成为满怀信心和自豪的新型农民，就可以做到勤勉、勤俭、节约、自助与合作。为此，政府采取各种措施向农民反复宣传建设新乡村运动的性质和目的，提出“只要干，我们也能成功”“创造更美好的生活！”等口号，使广大农民在参加运动的过程中感受到建设新乡村运动是让农民富裕、农村富裕起来的运动。政府虽大力支持建设新乡村运动，但不包办，让农民自己办事、自己管事，注重激发农民在建设新乡村运动中的积极性、主动性和创造性。为了建设新乡村运动向纵深发展，政府成立新村研修院，举办骨干农民培训班、新乡村指导员班等24种培训班，培养和训练了新乡村运动指导骨干和中坚农民16.5万名。政府依靠奖勤罚懒的政策，即对自己努力、合作的村庄给予支持，对不努力、不合作的村庄不给予援助方针，从根本上打掉了数千年的依赖思想，唤醒其自助、自立精神，发挥其主体作用。政府将全国的35 000多个村庄分为基础村、自助村和自立村三种类型。这种划分使农民产生一种如果掉以轻心，全村就会落后的紧迫感和危机感。这种氛围培养了农民积极向上、奋发进取的主人翁意识、竞争意识和合作精神，刺激了他们的主动性和积极性。1981年的增收目标提前在1977年实现，全国35 000多个村庄有98%成为自立村，而基础村几乎一扫而光。

资料来源：人民网

案例思考：1. 谈谈韩国乡村建设的主要策略。

2. 分析韩国乡村建设对我国农村社会工作发展的启发。

【本章小结】

本章首先介绍国外农村社会工作情况，其后分三部分介绍了国内农村社会工作情况即晚清以前及民国时期的农村工作、中国共产党开展的农村工作和专业农村社会工作。学习者要掌握国外农村社会工作，首先要了解国外农村社会工作产生的时代背景特征，第二次世界大战、第三次科技革命及国外社会工作发展等因素促使以美国为代表的西方乡村社会工作产生。结合西方乡村社会工作开展的地域差异，西方乡村社会工作主要有三种，一是欧美国家在自己本土开展的乡村社会工作；二是欧美国家在发展中国家开展的类农村社会工作；三是发展中国家在自己本土开展的类农村社会工作。这三种不同类型，各有其特征，如日本的农协、古巴的城市生态农业、美国的农业计划等。学习者可根据自己的兴趣，自学与其相关的书本和文章。

第二节集中讲述了晚清以前的农村工作和民国时期以乡村建设为代表的农村工作。晚清以前我国处于封建社会，封建统治阶级在农村社区开展各项工作主要原因一是受儒家“仁政”思想影响，二是为了巩固自己的统治地位、维持社会秩序稳定。在这一时期，封建政权只延伸至县级，乡村社会主要依靠族长、绅士、大地主进行管理。比如赈灾制度、敬老工作、善举、义养等。

民国时期，我国社会面临着外忧内患，各种社会思潮涌入，社会结构发生很大变化。中国经济社会处于崩溃的边缘，尤其是农村经济社会矛盾突出。面对这一处境，国民政府开展了许多农村工作。这一时期我国类农村社会工作实践主要体现为以国民政府为核心的农村工作和知识分子为核心的乡村建设运动。学习者需要掌握乡村建设运动几项重要实践，如定县实验、邹平实验等，了解这几类不同的实验的异同点，思考其对当今专业农村社会工作发展的意义。

第三节重点讲述了中国共产党在不同历史时期开展的农村工作。如果能很好地把握不同历史时期我党在农村社区不同政策，对我们理解农村社会变迁、分析农村社会问题、回应农村社区居民需求均具有很大的帮助。

最后集中讲述三类不同形式的专业农村社会工作实践。一类是专业社会工作者为核心的农村社会工作；第二类是结合农村社会研究或农村服务，开展农村社会工作；第三类是政府部门为主体的农村社会工作。

总之，了解国内外农村社会工作发展情况，可以增强学习者学习农村社会工作的责任感、历史感。

【思考题】

1. 国外农村社会工作对建构我国农村社会工作有何意义？
2. 请谈谈您对中国古代赈灾制度的认识。
3. 中国古代慈善与现代的公益服务有什么不同？
4. 您如何看待国际 NGO 机构参与我国的农村社区工作？

【讨论题】

1. 3～6 人一组，谈谈你们对日本农协的看法。

2. 3～6 人一组，查阅有哪些国际 NGO 机构参与我国农村社区工作，主要开展哪些服务。

【推荐阅读】

1. 李文海. 中国荒政全书（全四卷）[M]. 北京：北京古籍出版社，2001.
2. 李强. 中国扶贫之路 [M]. 昆明：云南人民出版社，1997.
3. 郑大华. 民国乡村建设运动 [M]. 北京：社会科学文献出版社，1999.
4. 梁漱溟. 乡村建设理论 [M]. 上海：上海世纪出版集团，2006.
5. 费孝通. 中国绅士 [M]. 惠海鸣译. 北京：中国社会科学出版社，2005.
6. 李文海. 民国时期社会调查丛编——社会保障卷 [M]. 福州：福建教育出版社，2004.
7. [美] 法利等. 社会工作概论（第九版）[M]. 隋玉杰等译. 北京：中国

人民大学出版社，2005.

8. 张和清. 农村社会工作［M］. 北京：高等教育出版社，2008.

9. 乡吴毅. 乡村中国评论（第一辑）［M］. 桂林：广西师范大学出版社，2006.

第四章　农村社会工作的实务处境

多少年来，多少人高喊“回到民众中去”，但有谁去了！偶尔有一两个慈善家或想作改良家的人到乡下去尽点力，就像米先生（定县翟城米氏兄弟）那样满腔热情地一个人去了，想当一名慈善家。但是，当他们受到反对时——这也是自然的，便会失掉勇气，只好半途而废。学者想写平民百姓的艰辛和奋斗，诗人赞美中国农民生活纯朴，歌颂农村美丽，却丝毫不能解脱他们身上的沉重负担。①

——晏阳初

“处境化”是社会工作实务分析的重要元素之一。从社会生态系统理论角度出发，无论是个体的人，还是群体，均处在不同的关系中。这种关系可能是指人与人的关系、人与社会的关系、人与环境的关系等。关系的正常与否、融洽与否对个体或群体的生产生活都会带来不同的影响。农村社会工作者要在农村社区开展专业服务，必须了解农村社区目前的各种关系的基本现状，比如农村经济环境、社会环境、政治环境等。这对农村社会工作者更好地把握农村社区居民的需求会有很大的帮助。农村社会工作实务处境比较多，如农村社会问题、农村社会政策、现代理论对农村社会的影响、全球化对农村社会的影响、消费主义对农村社会的影响。本章主要介绍农村社会问题、农村社会政策、农村现代化三个实务处境，通过这些具体处境的学习，为学习者进入农村社区开展专业工作奠定知识基础，希望为其在实务工作中制定出更贴近农村社区居民真实需求的服务方案和符合情景特征的工作模式提供保障。

① ［美］赛珍珠. 告语人民——与晏阳初谈平民教育运动［G］. //宋恩荣. 晏阳初全集（第二卷）. 长沙：湖南教育出版社，1992：599.

第一节　农村社会问题

社会问题是社会学研究的重要课题之一。通过研究社会问题，可总结分析其发生的原因，并做出一定的预测，为制定社会政策提供依据，为社会控制提供指导。农村社会问题是指农村社会运行失调而出现的社会现象，第二章已经对农村社会问题的含义做了介绍，本节将主要讲述我国农村社会问题形成的原因、特征、目前我国农村社区存在的主要问题等三点。通过这三点的学习，希望有助于培养农村社会工作者宏观分析的能力，增强农村社会工作者专业素养。

一、农村社会问题形成的原因

我国不同学者对不同农村社会问题形成的原因有不同的结论。综述之，我们将现阶段农村社会问题形成的原因归纳为三点：

1. 历史原因

综合我国农村社会变迁的历史，造成农村社区诸多社会问题的历史原因主要有三点：

（1）近一百年来连年战争，加之自然灾害，给我国农业生产造成很大破坏。表现为一是进行农业生产的青壮年劳动力缺乏；二是农业生产工具缺少；三是可耕种的农田有限。新中国成立后，通过农业合作社、农业学大寨、兴修农村水利、家庭联产承办责任制、土地承办责任制等社会政策实施，我国农业生产得到修复并有了长足发展。但我国农业现代化起步晚，农业科学技术不发达，造成我国农业生产市场竞争力有限，限制了农村经济的发展。

（2）新中国成立后，我国选择了工业救国的道路，尤其在计划经济时期，为完成工业化资本的原始积累，国家采取了统购统销的农业政策。很长一段历史时期，工业产品价格远远高于农业产品价格。学界将这一现象形象地比喻成“剪刀差”。“剪刀差”这一概念最早出现在20世纪20年代的苏联，主要体现为两种形式，一是价格动态表现的“剪刀差”，二是以价格背离价值表现的“剪刀差”。“剪刀差”为我国工业化发展积累了原始资本，同时也造成了农民增产增收难的问题，严重挫伤了农民进行农业生产的积极性。

（3）新中国成立后，为有效地进行人口管理，我国采取了“城乡二元”管理的户籍制度，即农业户口和城镇户口。农业户口和城镇户口不仅是一种职业身份，在某种程度上也体现出不同的社会福利待遇。“城乡二元”分割的社会管理体制的弊端，一是限制了农民的自由流动，农村居民通过自由职业谋取经济收入受到很大的限制，也影响了某些农村社区居民在城镇开展第三产业工作的长期发展；二是用于农村社区社会建设的资源相对城镇十分有限，农村社会建设严重滞后，农民社会福利有限，造成农村社会很多问题，如道路交通差、基础实施不完善、养老问题等。

农工“剪刀差”“城乡二元”体制是一定历史阶段的产物，为我国摆脱新中国成立初期帝国主义国家经济封锁，走向工业化道路发挥了积极的作用。在今天，我国经济建设已经取得巨大成就，国际地位越来越高，我国已经有足够的能力承担起复苏农村经济的能力，国家应该肩负起解决因历史原因造成各种农村社会问题的责任，只有这样农村社会建设才能有更好地发展。

2. 自然地理原因

自然地理原因对我国农村社会发展的影响主要体现为两个方面：一方面是农业生产的具有其独特的生产规律，自然环境对农业生产的影响很大。如水灾、虫灾、冰灾、旱灾等将直接影响着农业生产的正常进行和收入。另一方面地处高原、山区的农村社区，因受地理环境的影响，无法实现机械化、规模化、产业化等为特征的现代化农业生产，加之交通不便，农产品运输难，极大地限制了这些区域的农业生产的发展，造成这些地区农村社区贫困等问题。

3. 政策环境原因

政策环境与社会政策有着千丝万缕的联系，具体表现为：政策环境是社会政策存在的基础、社会政策必须适应政策环境、政策环境的改变会给社会政策变革带来压力和动力、社会政策反作用于政策环境。一般而言影响政策环境的因素有很多，比如国际关系环境、社会政治环境、自然地理环境等。

由此分析，现阶段我国农村社会政策环境为：一是国际环境，随着全球化时代的到来，自由市场经济对我国农业生产和农民生活方式影响力加剧，农业生产必须走向市场化、国际化才能有长足的发展。二是社会政治环境，经过 30 多年的改革开放，我国工业化、城市化建设取得举世瞩目的成绩，但对农村社会的建设力度、农业经济支持不够，造成城乡差距、贫富差距加剧。三是自然地理环境，因受地域环境的影响，我国农村社会发展呈现出西部、中部、东部农村社会发展水平不一；沿海开放地区与中西部欠开放地区农村社会发展水平不一；平原地区与高原、山区地区农村社会发展水平不一。

这些因素共同导致了我国农村社会政策存在许多不足，而不健全的农村社会政策体系制约农村社会福利、社会保障发展，由此诱发了许多农村社会问题，比如农村养老问题、农村教育问题、农村医疗卫生问题等。

总之，造成农村社会问题原因是错综复杂的，解决农村社会问题除充分考虑以上三点因素外，还必须考虑我国社会政策制定能力、执行力、农民有无有效的发声渠道等因素。

二、农村社会问题的特征

农村社会问题错综复杂，综合我国目前农村社会现状，我们将农村社会问题的特征归纳为以下三点：

1. 普遍性和历史性

农村社会问题是农村社会结构失调、社会控制失效或社会矛盾激化的集中体现。这些现象并不是独立存在，而是彼此之间有一定的联系，如我国农村生产力水平历史起点比较低，农村生产经济效益低普遍存在；我国农村社区主要集中在中西部地区，社会开放程度低，相对东部沿海城市，普遍存在城镇化程度不高、市场化能力有限等。

2. 地域特征明显

由于气候、地域等因素的影响，我们农村社区具有鲜明的地域特征。而这也造成了不同农村社区所面临的社会问题各有不同。比如高原地区，受气候和地域的限制，农业生产的规模化、产业化程度不高；牧区过度放牧，面临土地沙漠化，自然环境问题突出；平原地区，过度使用农药、化肥，土地盐碱化问题严重；东部沿海城市，过度城市化建设，可用于农业生产的耕地急剧减少，人地矛盾明显。

3. 综合复杂性

诸多农村社会问题并不是单一存在的，而是彼此之间相互联系，解决起来困难重重。比如城乡贫富差距拉大、农村人才流失严重、农村教育滞后等问题均与农村经济发展缓慢有很大的关系；还有如农村养老问题、留守儿童问题、孤残儿童问题等均与农村社会保障制度不完善有很大的关系。可见，农村社会问题具有综合复杂的特征，要从根本上解决农村社会问题，要具有宏观分析、综合分析的能力。

三、目前我国主要面临的农村社会问题

结合农村社会问题形成的原因和农村社会问题的特征。下面从七个方面介绍现阶段我国农村社会面临的主要社会问题。

1. 农村贫困问题

农村贫困问题是全世界各个国家面临的共同问题。国际农业发展基金会 2001 年《农村贫困报告》中指出全球有 12 亿贫困人口。时间过去十年后，其发布的《2011 年农村贫困报告》显示，经过十年的努力，世界上有超过 3.5 亿农村人口摆脱了贫困，但全球贫困状况依然非常普遍，主要发生在农村地区，而在发展中世界的 14 亿极端贫困人口中有 70% 生活在农村地区，主要是因为粮食价格越来越不稳定，气候变化造成的不确定性和影响以及其他因素都使得农村减贫问题面临更加复杂的挑战。[①] 据国家统计局 2010 年统计数据显示，按 2010 年农村贫困标准为 1 274 元计算，我国仍有贫困人口 2 688 万。[②]

可见，农村贫困问题依然严峻。农村社会工作者要积极参与到农村社区"反贫困"工作中，发挥专业优势，在反思传统"反贫困"工作单一的采取直接援助、基础设施建设、走农业市场化等模式的基础上，寻找一条符合当地农村社区特征、发挥农民智慧、满足农村需求的可持续开展的"反贫困"道路。

2. 农村社会保障滞后问题

我国农村社会保障发展经历了四个不同的历史时期，形成了独具中国特色的社会保障体系，前文已讲述了我国社会保障的基本内容，在此不再重复。本节重点谈谈我国农村社会保障制度存在的问题。

关系民生的社会保障法规、制度主要指社会保险、社会救助、社会福利等方面的法规和制度。据统计，现阶段我国只有一部专门的农村社会保障法规，即《农村五保供养工作条例》，与农村社会保障相关的制度有《关于在全国建立农村最低生活保障制度的通知》《中共中央、国务院关于进一步加强农村卫生工作的决定》《关于加快推进新型农村合作医疗试点工作的通知》《医药卫生体制五项重点改革 2011 年度主要工作安排》《县级农村社会养老保险基本方案（试行）》《国务院关于开展新型农村社会养老保险试点的指导意见》等。虽然我党和政府近些年制定了许多关于农村医疗、养老、失业保险等方面的农村社会保障的制度，其还未形成法律法规，各个地方对这些制度的执行参差不一，不同地区农村社区居民的社会福利各有差异。社会福利不完善造成我国许多农村社会问题，诸如农村老人赡养负担重、职业病患者社区康复难等。

为此，党和政府必须加快农村社会保障制度的立法工作，努力建构有法可依

① 国际农业发展基金会. http://www.endinghunger.org/zh/educate/rural_poverty_report_2011.html

② 中华人民共和国国家统计局. http://www.stats.gov.cn/tjfx/fxbg/t20110310_402710030.htm

的农村社会保障制度，才能保障农村社区居民正常的社会生活，才能维持良好的农村社会秩序，才能促进我国和谐新农村建设。

3. 农村教育问题

教育是国之根本，2010 年国家制定的《国家中长期教育改革和发展规划纲要（2010—2020 年）》中指出，教育是民族振兴、社会进步的基石，是提高国民素质、促进人的全面发展的根本途径。可见教育在我国社会发展中具有重要意义。但由于长期以来我国教育政策受城乡二元经济结构的影响，农村教育资源短缺、教师待遇等方面均存在不公平的现象，这严重制约了农村青少年未来的发展，同时成为社会不稳的潜在危险。要解决农村教育问题仍需从加大教育资源投入力度和平衡城乡教育资源分配方面入手。

近年来，为解决农村教育问题，国家采取了积极有利的政策措施，如 2004 年启动国家西部地区“两基”攻坚计划；2007 年春免除全国农村义务教育学杂费；2007 年秋实施新的高校和中职学校家庭经济困难学生资助政策；2008 年秋，全国免除城市义务教育学杂费；教育部为解决农村教育资源有限问题也推动了“集中资源办学”等措施。这些政策的出台和落实，极大提升了农村教育质量。但随着社会发展，农村教育工作中又有新的问题产生，如农村校车安全问题、集中办学后部分地区孩子学习生活安全问题、农村青壮年外出务工导致家庭教育缺失问题、唯物论社会环境下出现了读书无用论等。农村社会工作者在实务工作中要结合我国农村教育的现况，积极倡导社会教育、社区教育等多种形式的教育模式。

4. 农村社会分层与社会流动问题

社会分层和社会流动是社会学研究的重要课题。社会分层通常是指根据一定的社会标准将社会成员划分成高低有序的等级层次亦或是根据个人的职业、财富、威望、权力等的不同对其社会地位所进行的划分和排列。不同学者根据不同的标准对现今我国社会分层有不同的界定。学者丁武在其《转型时期我国社会分层结构探析》[①] 一文中将其归纳为三类：一是中国社会科学院陆学艺教授领衔的课题组根据职业的分化和三种资源（组织资源、经济资源和文化资源）的占有，对我国的社会分层进行系统地描述和研究，将整个社会分为十大社会阶层和五大社会等级，提出“十阶层”观点；二是清华大学孙立平教授从经济财富及各类资

① 丁武. 转型时期我国社会分层结构探析. 求实理论网，http://www.qstheory.cn/sh/shjs/201204/t20120417_151535.htm

源的拥有考察阶层结构的变化而提出具有影响力的“社会断裂”理论，其指出“断裂社会”是指整个社会分裂为相互隔绝、差异鲜明的两个部分——上层社会和底层社会，经济财富及各类资源越来越多地集聚于上层社会或少数精英分子手中，而弱势群体所能分享到的利益越来越少，他们与社会上层精英分子的社会经济差距越拉越大，从而形成与上层社会相隔绝的底层社会；三是清华大学教授李强提出的“倒丁字形的社会结构”，其根据全国第五次人口普查“长表”的职业数据，认为目前中国的总体社会结构，既不是“橄榄形”的，也不是“金字塔形”的，而是一个倒过来的“丁字形”的社会结构。不论是何种分类，农民阶层在整个社会中处于较低的地位，尤其是农民工阶层。

美籍俄裔著名社会学家索罗金在其《社会流动》一书中将社会流动界定为“是指社会事物、价值，即由人类活动创造、改观的全部事物，从某个社会位置向其他社会位置的全部流动”。[①] 可见，社会流动既是一种社会学分析的过程，亦可指社会结构变迁的过程，或者单纯的是社会成员在社会分层中的位置、角色和属性的变化。结合这一概念，目前我国农村社会流动主要有库区移民、村改居、农民进城务工等。

一般而言社会层次与社会流动均具有正功能和负功能两种功能。如农民进城务工，一方面其融合城市生活，解决户口问题，可以享受更多的社会福利，农民工为城市化建设发挥重要的作用；另一方面大量农村青壮年进城务工，造成农村劳动力匮乏，引发农田荒废、空巢老人的问题。

所以，农村社会工作者要客观地认识农村社会分层与社会流动，应用其正功能，促进农村社会的进步发展；控制其负功能，减少其对社会发展造成的破坏。

5. 农村社会组织面临的问题

农村社会组织主要包括农村党团组织、村民自治组织和民间组织。综观当前我国农村社会组织的现状，农村社会组织存在的问题集中体现为两点：(1) 村民自治组织治理能力不足，可利用的资源有限，农村社区居民对村委会的认同度不高，由此而导致农村社区组织化程度不高，农村社区居民参政议政的意识薄弱。(2) 农村民间组织力量薄弱，发展不平衡。农村民间组织具有很强的官办色彩，限制了农村组织自身的发展。农村社区文体性质的民间组织较多，而有关经济、参政议政、社区发展等方面的社区组织较少。由此原因，导致农村工作中组织难、动员难、改变难的问题。

① ［日］今田高峻. 社会阶层与政治［M］. 北京：经济日报出版社，1991：36.

农村社会组织是农村社会发展的组织化保障，农村民间组织的发展是实现农村社区公民社会的重要工作。因此，农村社会工作者在实务工作中，要根据我国民间组织相关法律，积极推动农村社会组织发展。

第二节　农村社会政策

随着农村社会民生问题逐步成为人们关注的话题，农村社会政策研究和讨论也如火如荼地展开。农村社会政策是农村社会工作实务的现实处境之一，农村社会工作者通过学习农村社会工作政策，对其深入农村社区，改善和提升农村社区居民生活现状，具有非常重要的意义。本节主要介绍四类与农村社区发展息息相关的农村社会政策，为农村社会工作者良好的政策分析能力的形成奠定基础。

一、农村土地政策

农业是国民生产的基础，土地是农业生产的基础。自新民主主义革命开始至今，根据不同历史时期的需要，我党制定了不同的土地政策。第一阶段，为推翻半殖民地半封建的旧中国，中国共产党于 1947 年在根据地和解放区实施了第一个土地政策《中国土地法大纲》，其顺利实施，为我国解放战争的胜利发挥了重要作用。第二阶段，新中国成立初期，为恢复国民经济，我国实施了新的土地政策，于 1950 年颁布了《中华人民共和国土地改革法》为新中国成立初期土地改革提供了法律依据。第三阶段，1979 年十一届四中全会做出《关于加快农业发展若干问题的决定》，提出了家庭联产承包责任制为主的土地政策，极大地调动了农村社区居民的积极性，为我国改革开放政策顺利实施发挥了积极作用。第四阶段，随着改革开放的深入，为进一步调动农村社区居民的生产积极性，2003 年 3 月 1 日颁布并实施《中华人民共和国农村土地承包法》，进一步巩固了农村社区居民对土地的使用权；十七届三中全会通过了《中共中央关于推进农村改革发展若干重大问题的决定》，《决定》明确指出："现有土地承包关系要保持稳定并长久不变""允许农民以转包、出租、互换、转让、股份合作等形式流转土地承包经营权，发展多种形式的适度规模经营。"

农村土地政策是我国农村经济制度的重要组成部分，除此外，农村经济制度还有如农村财税制度、农村分配制度、农村组织制度、农村财产制度等，在此不作一一介绍。土地制度是我国农业政策的核心，对我国农村社会长治久安、社会发展具有不可替代的作用。农村社会工作者要充分把握新近的农村土地政策，积极推动新型农村经济合作组织的发展工作。

二、农村政治政策

我国现阶段农村政治政策是村民自治。村民自治是农村社区全体居民根据《中华人民共和国村民委员会组织法》规定，依法办理与当地社区居民利益相关的社区事务，其性质是村民自我管理、自我教育、自我服务的基层群众性自治组织，主要的内容是民主选举、民主决策、民主管理、民主监督。

村民自治是具有中国特色的社会主义民主政治的重要形式之一。其具有四个方面的重要意义：保障了农村社区居民的民主政治权益，有利于社会主义民主政治建设；为农村社区居民参政议政提供了法律保障，有利于农村社区居民共同参与农村社会建设和社区发展；为农村社会秩序稳定、社会结构合理变迁发挥着积极作用，有利于农村和谐；有利于加快农村公民社会建设进程。

可见，村民自治对我国和谐社会建设发挥了积极的作用。但目前我国村民自治也面临许多问题，具体表现为：现有的村民自治制度无法满足农村社区居民对民主政治较高的需要，村民的部分政治权利无法实现；乡镇与村委会权责还不明确；农村社区居民民主意识、民主能力不足，还需要进一步提升；村务公开、民主选举、民主决策、民主管理、民主监督还不到位。

结合我国村民自治现状，农村社会工作者在实际工作中可以积极开展多种形式的服务，以便提升农村社区居民自我管理、自我教育、自我服务的能力，为促进我国社会主义民主政治建设贡献力量。

三、农村文化政策

在日常生活中人们时常会使用“文化”这一概念。但什么是“文化”，相信能确切知道其含义的并不多。文化一词最早源于拉丁文，意指农耕及对植物的培育，自15世纪以来，文化亦指对人的品德和能力的培育，即我们常常谈到的教育。关于文化的定义有很多，黄平主编的《当代西方社会学·人类学新词典》文化词条中对国外学者关于文化的界定进行了梳理，最后指出：“文化有广义和狭义之分，广义的文化是指人类创造的一切物质产品和精神产品的总和。狭义的文化专指语言、文学、艺术及一切意识形态在内的精神产品。”①

为此，农村文化政策是指有关农村广义和狭义的文化建设的各种社会政策。

① 黄平等. 当代西方社会学·人类学新词典［M］. 长春：吉林人民出版社，2003：62.

目前，有关农村文化建设的法律只有一部，即《中华人民共和国九年义务教育法》，而专门针对农村文化建设的社会政策非常少，只是在不同政策文件中提及，如党的十五届三中全会确定的《中共中央关于农业和农村工作若干重大问题的决定》强调科技和教育在农村发展中重要意义；中国共产党十六届五中全会通过的《十一五规划纲要》提出了社会主义新农村建设，其中乡风文明是新农村建设的重要组成部分；随后中办国办发布了《关于进一步加强农村文化建设的意见》；党的十七届六中全会审议通过《中共中央关于深化文化体制改革推动社会主义文化大发展大繁荣若干重大问题的决定》，提出以高度的文化自觉、文化自信和文化自强意识，明确了我国深化文化体制改革。这些政策法规对促进我国农村社区文化建设发挥了积极的作用。但也存在明显的不足，党和政府必须加强农村文化制度建设工作的立法工作，为农村文化建设提供法律保障。

我国农村文化建设目前面临的主要问题：优秀的民族文化保护和传承不力，面临消亡的危险；农村社区文化基础设施和文化产品单一，无法满足农村社区居民日益增长的文化生活需求；农村文化建设资金不足，严重制约农村文化建设发展。

结合以上三方面的问题，农村社会工作实务在农村文化建设工作中应做到：一是积极宣传农村文化政策，促进农村文化制度不断完善；二是积极探索优秀民族文化传承和保护机制；三是发挥专业优势，提供丰富农村社区公共文化生活的服务。

四、农村扶贫政策

农村扶贫政策是我国为解决农村社区贫困问题而制定的一系列社会政策和措施。我国大规模的扶贫工作是改革开放后开始的，为解决农村贫困问题，党和政府先后制定了《国家八七扶贫攻坚计划（1994—2000年）》《中国农村扶贫开发纲要（2001—2010年）》《中国农村扶贫开发纲要（2011—2020年）》等政策。为解决农村贫困问题发挥了巨大作用，并探索尝试了一套具有积极作用的扶贫开发模式，即专项扶贫、行会扶贫、社会扶贫、国际合作等。这些工作模式为农村工作提供了宝贵的经验，为农村社会建设、经济发展、文化发展等均起到积极效果。但也存在许多问题，比如过分强调经济发展，忽视社会、文化、环境等综合发展；政府主导明显，农村社区民主能力建设缺乏；返贫现象严重；偶发事件性导致贫困等。

虽然如此，扶贫政策是我国农村社会全面发展的重要组成部分，农村社会工作者在实际工作中，要正确认识和努力贯彻执行扶贫政策，积极为农村社区全面发展发挥作用。

第三节　农村现代化

现代化理论是关于现代化现象研究成果的汇总，也是现代化科学的重要组成部分之一。现代化现象产生于18世纪英国工业革命和法国大革命以来的一种客观现象。充分地理解现代化这一概念是学习好现代化理论的基础，而要掌握现代化概念必须要分清现代性与现代化的关系。一般而言，现代性主要指社会制度属性具有的现代性特质，是一种理念、范畴，诸如工业化制度、自由市场制度、民主政治制度等，而现代化在某种意义上是指世界各种社会制度达到或实现现代化的过程，是一种方法论。下面对现代化及现代化研究进行简单的介绍。

一、现代化

“现代化”一词最早出现在18世纪英国工业革命。到20世纪初期，“现代化”才翻译到中国，随着世界各国对现代化概念的广泛应用，21世纪“现代化科学”应运而生。

关于什么是现代化，不同的学者有不同的解释。中国现代化战略研究课题组在其编著的《中国现代化报告2011》[①] 一书中将现代化的概念归纳为三种解释六层含义。三种解释主要是现代化的基本词义解释、现代化的理论解释、新现代化的理论解释。六种含义分别是指现代化既是一种文明变化，也是一种国际竞争；既是一种文明状态，也是一种文明行为；既是一个历史过程，也是一种文明转型。

二、现代化理论

经过50多年现代化现象研究，现代化理论体系十分庞大。从研究者对现代化现象的不同立场看，现代化理论主要有经典现代化理论、后现代化理论及第二次现代化理论；从不同的研究领域看，现代化理论可分为政治现代化、经济现代化、社会现代化、文化现代化、人的现代化、比较现代化等分支。下面简单介绍经典现代化理论、后现代化理论及第二次现代化理论及其代表人物。

① 何传启. 中国现代化报告2011——现代化科学概论［M］. 北京：北京大学出版社，2011.

1. 经典现代化理论

经典现代化理论研究者认为工业社会是人类社会发展的必然过程，工业生产能极大地提升和改善人类生活水平，世界各个国家必然要经历从发展中国家到发达国家的现代化过程。可见，经典现代化理论研究者眼中现代化既是一个过程，即传统社会向现代社会、传统经济向现代经济、传统文明向现代文明、传统政治向现代政治转变的过程，又是一种发展的状态，即传统农业经济向工业经济发展、传统农村社会向工业社会（城市化）发展、传统农业文明向工业文明发展。

在不同历史时期，各国现代化研究学者有不同研究目标和研究领域，形成了不同的现代化理论研究学派，本文一一列举，通过表4—1、表4—2进行粗略介绍。

表4—1　不同现代化理论研究及特点

领域	主要特点
政治现代化	民主化、法治化、科层化（官僚化）
经济现代化	工业化、专业化、规模化
社会现代化	城市化、福利化、流动化、信息传播
个人现代化	开放性、参与性、独立性、平等性
文化现代化	宗教世俗化、观念理性化、经济主义、普及初中等教育

表4—2　经典现代化理论不同学派及代表人物

学派	主要观点或特点	代表人物
结构学派	结构—功能主义。现代化是从传统社会向现代社会的转变。重点研究现代性和传统性的比较和转换	帕森斯、列维、穆尔等
过程学派	现代化是从农业社会向工业社会转变的过程，这个过程包括一系列阶段和深刻的变化。重点研究转变过程的特点和规律	罗斯托等
行为学派	现代化必然涉及个人心理和行为的改变，强调人的现代化	英克尔斯等
实证学派	各国的现代化具有不同特点。开展现代化的实证研究	亨廷顿、格尔申克隆等
综合学派	现代化涉及人类生活方方面面的深刻变化。比较研究、发展模式研究、定量指标研究等	布莱克等
未来学派	研究未来的发展趋势，重点研究发达国家的发展趋势	贝尔、托夫勒等

2. 后现代化理论

根据韦氏辞典，后现代（postmodern）指20世纪中叶在西方艺术、建筑和文化等领域兴起的思潮，它分析现代社会的种种问题和危机，反对现代化运动的哲学和实践。美国学者波林·罗斯诺（Pauline Rosenua）在其著作《后现代主义与社会学科》[①] 一书中对后现代理论进行了归纳，其认为现代性已经不能是一种解放力量，相反，它是奴役、压迫和压抑的根源（Touraine 1990）；后现代理论家反对囊括一切、向面面俱到的世界观提出了挑战，不管它们是政治的、宗教的，还是社会的，都无一例外；后现代理论认为现在未必优于过去，现代未必胜过前现代（Vattimo 1988）；后现代理论者怀疑在自然科学、人文科学、社会科学、艺术和文学之间，在文化与生活之间，在小说与理论之间，在想象和现实之间，以及在人类从事的几乎每一个领域中，存在着严格的学科划界的可能性（Gregory 1989：68；Lash and Urry 1987：187；Lyotard and Thebaud 1985；Vattimo 1988）[②] 等。从后现代主义产生至今，有许多后现代理论者提供了不同理论观点，详见表4—3。

表4—3　　集中典型的后现代理论学派及代表人物

观点	提出人物
后资本主义社会	达伦多夫，1959
后工业社会	贝尔，1973
后现代主义	Lyotard，1984；Rose，1991；格里芬，1997
后现代理论	Crook，1992；Inglehart，1997
知识社会	莱恩，1966

表4—1、表4—2、表4—3源自中国现代化网[③]。

3. 第二次现代化理论[④]

① ［美］波林·罗斯诺. 后现代主义与社会科学［M］. 张国清译. 上海：上海译文出版社，1998：4－6.

② 后现代理论家很多是跨学科研究者。比如，福柯既是一位哲学家、历史学家、社会理论家，又是政治家；德里达既是哲学家、艺术批判家，又是建筑咨询专家。（Giovannini 1988；Seabrook 1991：74）

③ 中国现代化网，http://www.modernization.com.cn/lilun.htm

④ 可查阅相关网站：

何传启的网站：http://www.chinavalue.net/213749/Home.aspx；

中国现代化网：http://www.modernization.com.cn/；

采访专栏：http://www.casd.cn/Html/zzjjbglt/081557282.html

第二次现代化理论是由我国学者何传启1998年发表的《知识经济与中国现代化》[①] 一文首次提出，随后出版《第二次现代化——人类文明进程的启示》[②] 一书全面介绍"第二次现代化理论"。在书中他对第二次现代化的概念、目标、时间及特征做了详尽的介绍。他认为第二次现代化指从工业时代向知识时代、工业经济向知识经济、工业社会向知识社会、工业文明向知识文明的转变过程及其深刻变化；第二次现代化的目标是生活质量是第一位的，知识和信息生产扩大精神生活空间，满足人类幸福追求和自我实现；物质生活质量可能趋同，但精神文化生活高度多样化；不同国家第二次现代化需要不同、时间不一，如发达国家的第二次现代化，大约是20世纪70年代开始的，到21世纪末就能够完成，大约需要100多年；第二次现代化特点主要表现为知识化、分散化、网络化、全球化、创新化、个性化、生态化、信息化等，同时它又是一个非工业化、逆城市化的过程。学者何传启通过总结分析经典现代化理论、后现代理论结构差异，建构了第二次现代理论结构。

总之，无论社会经典现代化理论、后现代化理论，还是第二次现代化理论。均是对现代化现象的不同研究，其研究结果对世界各个国家社会制度的选择、社会未来发展道路的选择均具有很大的影响。了解和学习好各种不同的现代化理论，对理解我国不同历史时期制定不同的社会政策有很大的帮助。尤其是随着现代化理论的影响不断加剧，全球化时代的到来，现代化对我国农村社会的影响日渐突出。下文主要从三个方面谈现代化理论对我国农村社区的影响。

三、现代化理论对农村社区的影响

现代化理论对我国农村社区的影响是多方面的，涉及领域也很广，如农村经济制度、政治制度、文化制度等。下文主要介绍农村工业化、农村城镇两个方面。

1. 农村工业化

学者张培刚在其书《发展经济学通论》中指出："农村工业化是机器大工业在国民经济中取得统治地位的发展过程中，农村社会经济的相应演进变化过程。"[③] 可见，农村工业化是国家工业化发展到一定阶段后，工业技术成为农村

---

① 何传启. 知识经济与中国现代化［N］. 光明日报，1998－04－07.

② 何传启. 第二次现代化——人类文明进程的启示［M］. 北京：高等教育出版社，1999.

③ 张培刚. 发展经济学通论［M］. 长沙：湖南出版社，1991：190－192.

经济结构核心组成部分，工业生产成为促进农村社会、经济发展的核心动力。刘豪兴将农村工业化的含义归纳为四点，即“农村工业化是工业不断发展壮大的过程，它遵循工业的一般发展规律；农村工业化是在农村社区进行的，整个进程受农村经济社会文化等各方面因素的制约；农村工业化的目的是对农村社区传统经济结构进行改造，成为农村经济社会发展的动力”。[①] 这一归纳对农村工业化的发展规律、制约因素及目的做了较全面的界定。

我国农村工业化发展比较缓慢。主要经历三个不同的发展阶段：(1) 新中国成立初期农村工业化，主要表现为恢复和发展传统农村手工业，国家推动了供销合作社发展；20 世纪 50 年代中后期，我国将城镇部分国营企业转移到农村，农村社区兴办了许多“五小”企业；20 世纪 70 年代初期，国务院北方农村会议提出在农村兴建各种农机厂和农具厂，农村工业得到了一定发展。(2) 改革开放初期农村工业化，主要表现为各个地方掀起了乡镇企业建设高潮，农村经济得到了迅速发展。(3) 改革开放后期随着我国经济开放特区政策的不断深入，市场化经济模式的完善，我国沿海农村工业化发展迅速，开始走向国际化。

在长期的历史发展过程中，我国农村工业化积累大量宝贵经验，形成了具有地方特色的发展模式，比如“苏南模式”“温州模式”“珠江模式”。农村工业化对我们城市建设、现代化建设、农村社会建设具有重要意义，但也面临许多问题和困难。比如有些农村社区农村工业化受地域限制明显；有些农村社区过分工业化，造成环境污染、农业污染严重；有些农村社区工业化项目过分追求利润，资源浪费严重等。

农村社会工作者对农村工业化发展持批判的态度，积极倡导和争取有利于农村综合发展、可持续发展的项目，坚决反对不利于农村社区全面发展、生态和谐的发展项目。

2. 农村城镇化

城镇化亦或称之为城市化、都市化，其指随着农村生产方式和生活方式向城市形态转变，农村社区居民向城镇集中，农村社区向城市社区转变的过程。主要体现为农村社区居民从农业生产者转变为工业生产者、农村社区产业结构从单一的农业产业转型工业、服务业等多元的产业结构。

据国家统计局 2010 年第六次全国人口普查统计数据公报显示，2010 年农村与城市人口已经各占一半，城市人口占了 49.68%，农村占了 50.32%。1949 年

① 刘豪兴. 农村社会学 [M]. 北京：中国人民大学出版社，2004：114.

至今，我国历次人口普查城乡人口比例变化见图 4—1。

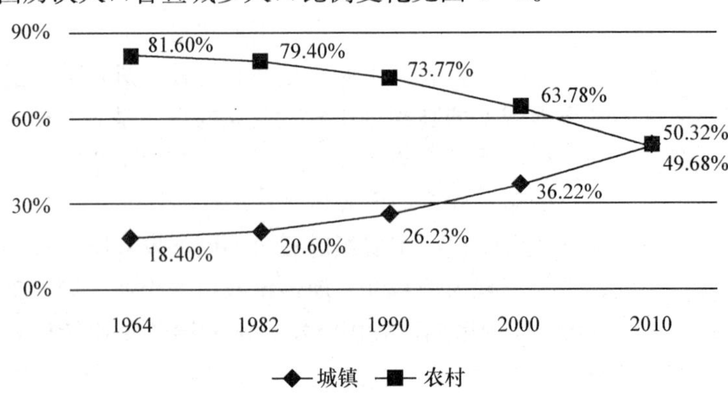

图 4—1　历次人口普查城乡人口比例变化[①]

可见，近十年我国城市化发展比较迅速，但农村社区城镇化进度还是十分缓慢。主要有两个方面的原因：一是新中国成立初期，为迅速恢复国民经济生产，党和政府明确“工业化带动城市化”的发展策略，以农村生产为主的农村社区，其城镇化建设在很长一段时期内被忽视。二是为实现我国工业化原始资本的积累，我国实行了一系列将城乡二元化的社会政策，如 1962 年国家规定公社内的非农产业不得超过 5%；农业户口和城镇户口分割的户籍制度，严格限制农村人口向城市的自由流动；城乡实行完全不同的社会保障体系，通过粮油供应制度、劳动用工制度等限制城市规模的扩大。

农村社区城镇化缓慢发展，严重制约了我国经济发展水平，也造成很多农村社会问题。要实现社会主义和谐社会建设，党和政府必须重新认识农村社区城镇化建设的重要性，将其提升为我国社会发展重要战略。农村社区城镇化过程中，必须注意以下三方面工作：其一，农村城镇化要结合我国农村社区的差异性，要因地制宜，采取不同的发展模式；其二，农村城镇化要慎防农村土地流失、私有化；其三，农村城镇化要鼓励和推动当地民众参与其中。

四、农村社区现代化过程需注意几点原则

现代化已经成为世界的主流意识，其在提升人们生活水平，改善人们生活质量等方面具有跨时代意义。但也引发了许多社会问题，如自然生态环境恶化、资

---

① 本图引自：财经网. http://www.caixin.com/

源争夺引发人类战争、人与人关系紧张等。农村社会工作者在农村社区开展实务工作中，在农村工业化、农村城镇化、农业产业化的工作中，需坚持以下四点原则：

1. 坚持将现代农业技术与传统农业技能相结合

现代农村技术对提高农业产量、减轻劳动量、降低农业生产成本具有十分重要的意义。如杂交水稻技术极大地提高了粮食产量，对解决人类粮食饥荒做出了巨大贡献；农业转基因工程对控制病虫害、抗干旱等也起到极大的作用；农药、化肥的使用极大地提升了农业产量。但在巨大的商业利润驱使下，农业生产中大量使用农药、化肥，已经严重破坏了生态多样性、农作物多样性、土地肥力，食品安全已经严重影响到人类生命安全，有如某些种子公司，通过转基因技术控制种子，种子使用权的专利化同样会造成人类社会矛盾。在强势的现代农业技术冲击下，许多优良的传统农业技艺逐步消亡，如农业生产的换耕、休地、草本植物驱害虫、田间使用有机肥等。这些传统农业技艺在现代农业生产中，依然具有十分重要的借鉴意义，对农村生产安全、可持续的食品社区链均可发挥积极的作用。

为此，农村社会工作者在农村社区积极推动农业生产的科学化、现代化的同时，必须同农村社区民众一道将优秀的传统农业技术应用到农业生产中，探索一种既可产生巨大经济效率，又能保障社区食品安全的可持续农村发展模式。

2. 坚持将经济发展与人类全面发展相结合

经济发展是全人类共同追求的目标。综观近百年全球各个国家经济发展的道路，通过工业化、科技化、市场化，许多国家社会建设、人民福利均取得引人注目的成就。但同样造成了许多社会问题。如全球气候变暖，造成生态恶化，气候异常，自然灾害频发；过度放牧和资源开发，造成土地沙漠化、植被破坏，导致沙尘暴、泥石流、山体滑坡等次生灾害增多；第三世界国家与发达国家贫富差距加大，造成人类族群之间的仇恨增多，小范围的战争不断。

所以，农村社会工作实务在坚持农村社会经济建设的同时，必须尽力推动农村社区走全面发展道路，即经济、社会、文化和政治的全面发展，人与自然和谐发展。

3. 坚持将城市化建设与当地特色相结合

综观我国城市化建设，呈现出建筑风格一致化、城市规划雷同化等现象。过分追求建筑要高、广场要大、道路要宽导致城市特色越来越不明显。从历史上来看，我国城市风格是多样丰富的，极具地方特色和民族特色。如北京四合院、浙江园林式建筑、少数民族地区木质建筑等。

农村社会工作者在推动农村社区城镇化过程中，要积极倡导将现代建筑工艺和传统建筑特色相结合，积极参与到打造富有地域特征、民族特征的小城镇建筑工作中。

4. 坚持专业人才参与与当地民众参与相结合

农村社会建设需要许多不同类型、不同领域的专业人才参与其中。专业人才对农村社会的全面发展奠定了人力基础。但当前许多知识分子习惯以专家的身份自居，而缺乏低头向下的精神，理论研究和实务操作之间的联系渐行渐远。为此，农村社会工作者在工作中须臾不可忘记当地社区的主体性，要推动和鼓励当地民众积极参与到与自身发展息息相关的各种社区事务中，农村社会发展才有可能走向可持续发展的道路。

【案例分析】

中国农村“空巢老人”养老问题

据人口学家预计，目前，中国老人数量已达 1.67 亿，如果按照现在的发展趋势，到 2035 年，65 岁以上的人群将占到中国人口总量的 20%，如此快速的人口老龄化，再加上农村劳动力向城市的流动、农村年轻一代传统的孝道道德观念的下降和农村社会养老保障的不健全等因素，使农村“空巢”老人在经济支持、生活照料、精神慰藉等方面面临着更多的不确定性，使得单纯的传统家庭养老形式面临着严峻的挑战。因此，恰当地解决我国农村“空巢老人”家庭养老的道德问题，具有非常重要的理论价值和现实意义。

一、中国农村“空巢老人”的养老现状

农村“空巢老人”是人口老龄化中的一个特殊群体，一般是指 60 周岁以上的无子女或者子女长期居住在较远距离的外地，自己独立生活的老人。我国的社会养老保障制度，尤其是农村的社会养老保障很不健全，在农村，家庭养老仍是主要的方式，这给“空巢老人”的养老带来了很大程度上的不确定性。

（一）农村“空巢老人”的经济现状

与城市老人相比，农村老人既没有退休工资，也没有最低生活保障资金（极少数人才有），加上农民收入的有限性，一部分人会缴纳养老保险金，所以他们年老后无生活来源，经济上完全依赖子女。因为与老年人在生活上存在时空分离，离开农村进入城镇打工或从事其他非农产业的农民，与父母之间的感情纽带变得松弛，带来了子女孝道的下降。即使他们能够坚持尽孝，但是计划生育是我国的基本国策，农村地区也将会逐步形成“4—2—1”的家庭结构，这必将增加他们的养老负担。

（二）农村“空巢老人”的生活照料状况

当年老时，大多数父母都需要子女在生活方面予以照顾。但外出打工的子女由于空间上的隔离，对父母提供的各种具体的照料都有所减少。有的家庭，父母得不到子女的照料不说，原本应由子女耕种的土地也留给了老人；如果子女将孩子留给了空巢老人，老人还得照顾孙辈的生活起居，这无疑又加重了“空巢老人”的负担。

（三）“空巢老人”的精神慰藉状况

关注人的精神生活，是社会高度文明的一个标志。而在农村，因为经济条件有限，文化程度偏低以及精神需求意识不足等原因，老年人的精神慰藉几乎为零。老年人的精神生活水平非常低，加上农村的娱乐设施建设不够，更多的时候他们面临的是孤寂，感情上很脆弱，这严重影响了农村老年人整体生活的质量，使得老人容易产生孤苦、自卑、抑郁等消极情感，即所谓的“空巢综合征”。

二、中国农村“空巢老人”问题产生的成因

随着我国经济的发展、城市化进程的加快，大量的农村劳动力开始涌进城市，这使得农村的“空巢老人”问题越来越严峻。现代社会竞争越来越激烈，现代年轻人的价值观也在不断地变化，某些传统的伦理道德规范逐步退却或让位，导致他们的孝道观念在不断的弱化。究其原因，大概有以下几个方面：

（一）在国家政策层面

农村“空巢老人”问题是城乡二元结构逐渐由断裂趋于弥合过程的必然产物，二元社会结构指的是一国内存在着两个在生活条件、生活方式、生活观念等方面完全不同质的相互独立运行的社会子系统。我国以户籍制度为基础所形成的城乡壁垒决定了我国的二元结构。现在我国正处于社会的转型时期，大量的农村劳动力涌向城市的过程中，难免会产生“空巢老人”的问题。

（二）在基层政府层面

地方政府为了实现发展经济、增加农民收入的目标，会有计划地组织劳务输出。当地政府为了促进经济的发展，提高人们的生活水平，增加农民的收入，在某种程度上会鼓励农民外出打工，有条件的地方还可能会专门组织劳务方面的输出。

（三）在农民个体层面

随着与外界越来越多的接触与联系，城里的高消费和不同于乡土社会中的亚文化也在潜移默化地影响着他们。在生活方式和思想观念上，外出打工的年轻人发生了一定的变化，他们不再像以前那样看重自己肩上所负担的家庭责任，更加注重自己的成功和幸福，尊老、敬老、养老的传统孝道观念日渐淡薄。

三、对我国“空巢老人”养老的建议

相比于美国、日本、英国等发达国家来讲，我国现阶段的农村“空巢老人”养老现象又有其特殊性，主要是我国旧的养老方式如单纯的家庭养老方式已经部分丧失其功能，但是新的适合我国国情的养老方式还没有建立起来。可以说随着市场化、社会化进程的加快，我国养老问题没有及时地发现新的解决方式，中间出现了“断层”。为此，我们应当选择性坚持我国原有的文化和社会方式，与此同时，又要积极探寻新方式。

（一）加强“孝道”教育，增强法律规范，强化家庭养老功能

由于我国是农业大国，农村人口多，我国的经济增长放缓，社会养老制度还不是很健全等因素，决定了我国不能像发达国家一样以社会保障为主来解决农村养老问题。所以，农村“空巢老人”在一定时间内还是主要依靠家庭来养老。

首先，要加强舆论宣传，强化赡养老人是每个公民应尽义务的意识，在农村大力弘扬中华民族敬老、尊老、爱老、养老的传统美德。可以通过评选“文明家庭”“最美儿媳”等方式，来树立先进典型，从而促进农村的道德文明建设，在农村形成家庭养老的气氛。其次，还可通过增强家庭养老法制建设，来规范养老行为。地方政府要根据当地的具体情况，制定和完善关于老人的地方性的法律法规，明确子女责任，完善家庭养老的各项制度，减少农村养老纠纷的发生，保障老年人的合法权益，使家庭养老由道德的软约束转换为法制的强制监督，从而走向法制化的道路。

通过家庭养老，既能保障老年人的基本生活需求，为老年人提供更多的精神慰藉，又能缓解并不富裕的社会所要承担的养老压力，稳定社会秩序，增强社会经济发展能力，更有利于中华民族尊老爱幼优良传统美德的继承和弘扬。

（二）体现政府的公共管理职能，稳步实行“家庭—社会”养老双轨机制

在强化家庭养老的同时，政府还要稳步推进“家庭—社会”养老双轨制，将家庭养老与社会养老相结合，建立与完善适合我国国情的，以国家和地方性的法律、法规和政策为保障，以家庭养老为基础，以社会的支持和帮助为依托，以老年人的自立和自助为原则的农村养老体系。

在具体的实施过程中，政府需要注意，既需要增大投资力度，又需要在资金

投入时有所平衡，同时，还要保证资金的流向公开化、透明化。逐渐建立居家养老和社区服务的结合。这样做，不仅不影响老人对家庭传统情感的依赖，又将社区服务人员引到家里来，开展各项服务，实现家庭与社会的融合。

（三）培养专业人才

培养专业人才是保障老年人服务朝着专业化、现代化发展的有效措施。专业人才可以为“空巢老人”提供入户照料，精神慰藉的相关服务，包括：定期接触，聊天陪护，日常照顾等。通过一些有针对性和实质性的服务和活动，既可以降低“空巢老人”独自生活的危险性，保证自己独立的生活空间，又可以在精神上满足老年人们的需要，增加了老年人与外界接触了解的机会，缓解老人孤苦、自卑、抑郁等消极情感。

此外，还可以将老年服务与就业再就业问题结合起来通盘考虑。许多技校目前没有相关课程，建议从长远利益考虑，开设和扩大老年服务与管理专业。相关再就业培训机构也可以为老年服务项目输送大量人才。

四、小结

农村“空巢老人”的养老问题是一个复杂的社会问题，它不仅关系到农村“空巢老人”的切身利益，还关系到社会、经济、政治的可持续发展及社会的稳定和国家的长治久安。以家庭养老为基础、社会养老为保障、专业人员服务为依托的养老机制正是基于我国现阶段的社会阶段性特点提出的。但与此同时，还应看到它的实施需要政府的大力投资，社会服务体系的完善，也需要每一个社会人自身素质的提高等各个方面的共同努力。

资料来源：农视网 http://www.ntv.cn/a/20141011/55516.shtml

案例思考：1. 从专业角度，谈谈你对“空巢老人”养老问题的看法。

2. 结合案例，以小组为单位，分析解决“空巢老人”养老的出路。

【本章小结】

农村社会工作实务所面临的现实处境是多样的，比如农村经济环境、农村政治环境、农村文化环境、农村生态环境等。本章主要从农村社会问题、农村社会政策和农村现代化三个角度讲述了农村社会工作实务的处境。学习和掌握这三个层面，对农村社会工作者开展农村社会政策倡导、农村社会建设和农村社会发展工作均具有积极作用。

本章第一节主要讲述我国农村社会问题形成的原因、特征，目前我国农村社区存在的主要问题及农村社会工作在预防和解决农村社会问题中作用等四点。我国农村社会问题形成的原因包括历史原因、自然地理原因和社会政策原因，其特征主要体现为普遍性、历史性、地域性和综合性。目前我国农村社区面临的主要问题有贫困问题、社会保障滞后问题、教育问题、社会分层和社会流动问题。

第二节集中讲述了我国农村土地政策、政治政策、文化政策和扶贫政策为主的农村社会政策，通过学习以上相关制度和政府，可提升学习者政策分析能力，为制定既符合农村社会政策，又具有地方特征的农村社会工作服务方案奠定基础。

最后讲述全球盛行的现代化主义。主要介绍了现代化的概念、现代化理论构成及现代化理论对农村社区的影响。其影响主要表现在农村工业化和农村城镇化上。农村工业化和农村城镇化是我国社会发展的重要组成部分，农村社会工作在推进其工作时，需坚持四点原则，即坚持将现代农业技术与传统农业技能相结合、坚持将经济发展与人类全面发展相结合、坚持将城市化建设与当地特色相结合、坚持专业人才参与与当地民众参与相结合。

【思考题】

1. 了解农村社会工作实务处境对农村社会工作学习有什么重要意义？
2. 请谈谈您对现代化理论的认识。
3. 请谈谈您对城乡二元体制的认识。
4. 您如何看待农村工业化、农村城镇化？

【讨论题】

1. 3～6人一组，查阅跟农村经济相关的社会政策，谈谈这些政策对农村社会发展有哪些影响。

2. 3～6人一组，讨论农村社会工作者在农村城镇化过程中可扮演什么角色。

【推荐阅读】

1. ［英］蒂特马斯. 社会政策十讲［M］. 江绍康译. 北京：商务印书馆，1991.

2. ［美］格尔哈特·伦斯基. 权力与特权：社会分层的理论［M］. 杭州：浙江人民出版社，1988.

3. ［美］詹姆斯·科尔曼. 社会理论的基础［M］. 北京：社会科学文献出版

社，1990.

4. ［英］K. J. 巴顿. 城市经济学：理论与政策［M］. 北京：商务印书馆，1984.

5. 叶海鹰. 社会保障词典［M］. 北京：经济管理出版社，1993.

6. 杨团. 社会政策研究范式的演化及其启示［J］. 中国社会科学，2002（4）.

7. 周加来. 城市化、城镇化、农村城市化、城乡一体化——城市化概念辨析［J］. 中国农村经济，2001（5）.

第五章　农村社会工作的理论基础及工作视角

我现在再一次强调一下我们的工作重点。它不是探索中国农民耕作的最现代的方法，而是探索现代科学和经验的实际应用。这些科学和经验能使中国农民现在所持有的，也许在今后许多年里仍必须持有的那些工具、习俗和经验变得尽可能地有用，尽可能地发挥出生产潜力。我们不是要用拖拉机代替手扶犁，也不是让村里装上最新的无线电设备。我们决定在可能的地方保留过去的东西，但是通过采用中国民力所能及的现代方法来使这些老的东西得以扩大和改进。①

——晏阳初

农村社会工作的理论知识是农村社会工作专业活动专业性的特质之一，也是农村社会工作从事实务工作的范式参考和经验总结。农村社会工作者通过学习相关理论知识，可培养其理论分析的能力。综合社会工作理论知识，本章主要从两个方面介绍与农村社会工作息息相关的理论和工作视角。农村社会工作的基础理论主要有生态系统理论、社会支持理论、社会批判理论、后现代理论和新女性主义等，工作视角主要介绍优势视角为理论的工作视角、能力建设为理论的工作视角、团结经济为理论的工作视角、儿童青少年为中心的工作视角。

学习本章的过程中，一方面学习者要认知聆听老师对各种理论的分析和讲解；另一方面要求通过自学，认知阅读老师推荐的相关书籍。这样才能全面、深入地掌握农村社会工作基础理论和工作视角，为今后实务工作理论应用打下坚实基础。

① 晏阳初. 有文化的中国新农民［G］. //宋恩荣. 晏阳初全集（第一卷）. 长沙：湖南教育出版社，1989：155－156.

第一节　农村社会工作的基础理论

我国农村社会工作理论建构正处于探索阶段。不同的学者结合社会工作基础理论建构过程，提出农村社会工作理论建构应包括基础理论和实务理论。如学者陈涛、熊贵斌[①]认为农村社会工作理论取向包括实证主义、功能主义、诠释学、批评理论、后现代主义、女性主义。史铁尔[②]提出农村社会工作实务理论包括社会资本理论、文化冲突中的“亚文化理论”、优势视角理论、能力建设理论、标签理论和参与式发展理论。

结合我国农村社会特征和农村社会工作发展的实际需要，下文重点介绍生态系统理论、社会支持理论、批判理论、后现代理论、新女性主义理论和赋权增能理论。

一、生态系统理论

生态系统理论（Ecological Systems Theory），有时也被称作背景发展理论或者人际生态理论。其将人际关系分成了五套依次层叠的环境系统，这些系统彼此之间又相互影响。该理论由尤里·布朗芬布伦纳（Urie Bronfenbrenner）提出并完善，他认为人际关系的五个系统分别是微系统，指直接环境如家庭、学校、同龄群体；中系统由直接环境之间的联系构成如一个孩子的“家和学校”；外系统指间接发生影响的外部环境条件如父母的工作场所；宏系统指较大的文化背景如东方文化对比西方文化、国家经济、政治文化，次文化；时间系统指环境事件与生活方式的改变。[③]

20世纪初期，美国社会工作学者玛丽·里士满和社会改革家珍·亚当斯在其组织开展的慈善组织会社会睦邻组织运动工作中开始将生态系统理论应用到社会工作实践中，并总结提出了“人在情景中”的理论范式，随后“人在情景中”理论范式成为社会工作的重要理论，20世纪80年代，杰曼和吉特曼等人综合并发展了生态系统理论，提出了“生态模型”的理论范式。

---

① 陈涛，熊贵斌. 农村社会工作理论取向［M]. //张和清. 农村社会工作. 北京：高等教育出版社，2008：89.

② 史铁尔. 农村社会工作［M]. 北京：中国劳动社会保障出版社，2007：36—39.

③［美］戴维·谢弗. 发展心理学：儿童与青少年［M]. 邹泓等译. 北京：中国轻工业出版社，2009.

生态系统理论是农村社会工作的基础理论之一，其提出的“人在情景中”和“生态模型”理论，为农村社会工作分析农村社会问题、理解社会问题产生的原因，解决农村社会工作出路都提供了理论基础。

1. 生态系统理论的主要观点

生态系统理论的主要观点有三：其一，人与环境的关系是互惠关系，每个人天生具有协调自己与环境、自己与他人形成良好关系的协调能力。其二，个人意义是环境赋予的，因此要理解个人，就必须将其置于环境之中。其三，个人问题的产生跟其周边的环境有必然的关系，要理解和解决个人问题必须在其生存的环境中来进行。

在农村社会工作实务中，农村社会工作者分析个体功能，需要综合分析个体在家庭、群体、社区及社会中功能，才能对个体功能有全面的把握。同样，农村社会工作者在回应服务对象需求、分析解决服务对象面临的问题，亦需要从服务对象所处生活环境的不同系统之间的关系入手，才能从根本上回应服务对象需求和解决服务对象面临的问题。

2. 生态系统理论在农村社会工作中的应用

生态系统理论在农村社会工作实践中具体应用包括：一是在分析农村社区问题时不仅要分析个体原因，也要分析社会环境原因；二是解决农村社区问题要从农村社会系统出发；其三在解决农村社区问题时，看重服务对象与社区环境之间的互动关系，强调服务对象参与社区问题解决的过程。

为此，农村社会工作者在应用生态系统理论时应该注意以下几个方面：

（1）服务对象所面临的问题，不完全是个体原因造成，社会政策、社会环境等因素也是造成这些问题的关键因素。

（2）农村社会工作者在回应服务对象的各种需求时，在积极回应服务对象自身的同时，也要将关注点放在与个体自身相关的各种系统。

（3）要用辩证的眼光看服务对象所面临的系统。服务对象所处的系统是一个动态的系统，系统之间相关影响、相关关联，这就要求农村社会工作者要用发展的眼光看问题，不能以偏概全。

（4）在解决服务对象所面临的问题时，需要从服务对象所处的不同系统入手。

二、社会支持理论

1. 社会支持理论概述

社会支持理论是社会工作指导性理论之一，其强调从社会秩序、网络、支持系统出发开展社会工作服务。社会支持的概念首先出现在20世纪70年代的社会病原学中（social etioiogy of mental disorders）①，此后这一概念在经济学、法学、社会学开始应用。社会支持是指个体通过社会或他人得到的帮助，这种帮助为有形的物质支持和无形的精神支持。西方学者从广义的角度把社会支持分为六种形式，包括：物质帮助，如提供金钱、实物等有形帮助；行为支持，如分担劳动等；亲密的互动，如倾听、表示尊重、关怀理解等；指导，如提供建议、信息；反馈，对他人的行为、思想和感受给予反馈；正面的社会互动，即为了娱乐和放松而参与社会互动。② 林南（Lin N）将社会支持定义为："意识到的和实际由社区、社会网络和亲密伙伴提供的工具性或表达性的资源"。③

2. 社会支持理论的实际应用

（1）社会网络研究

社会网络的概念最早起源于西方社会学及人类学相关研究，其目的是为了探析人际互动关系的社会结构对特定个体所产生的影响。④ 其强调个体通过其他人之关系和他们所生产的社会相连接，每个人在其所属网络中占有不同的位置，亦在其所属的网络中与其他网络成员之间产生强弱不等的关系，因个人在其所属的社会网络中，受到不同程度的行为影响，与获得不同质量的资源。社会网络包括咨询网络、情感网络、信息传递网络、信任网络。

（2）社会资本理论

1980年法国社会学大师Pierre Bourdieu通过对新资本理论系统分析后提出了社会资本的概念。他认为社会资本是由交互认识与认知形成关系持久性的制度化的网络，与拥有相连接的实际存在或潜在的资源整合。随后不同学者对社会资本给出了不同的定义（Coleman，1990；Burt，1992；Bourdieu&Wacquant，1992；金传蓬，2003；钟瑞国、罗清伶，2005）。台湾学者谢素祯在其硕士论文《社会网络、社会资本、知识社会化对知识分享影响之研究》中综合以上学者的定义，其认为社会资本大致归纳为结构面、关系面及认知面等三个构面，结构面

---

① 陈成文. 社会弱者论［M］. 北京：时事出版社，2000：131.

② Manuel Barrera Jr，Shella L. Ainlay The Structure of Social Support：A Concepual and Empirical analysis［J］. Journal of Community Psychology，1983，8（11）：133.

③ 林南等. 社会资源和关系的力量：职业地位获得中的结构性因素［J］. 国外社会科学，1999（4）.

④ 任庆宗. 集团企业子公司之综效利益与弹性限制——网络观点［D］. 台北：台湾国立政治大学企业管理研究所博士论文.

指的是人们或单位连接的客观形态，关系面主要在描述人们经由过去的互动而所拥有并发展的人际关系形态，认知面指的是资源所提供的共享的表述、诠释与意义系统。①

（3）实际应用

社会支持网络、社会资本是社会支持理论的核心概念，社会支持理论在农村社会工作中的应用主要体现为农村社区支持网络建设，一是建设正规的支持网络，比如与当地政府部门、与农业农村相关社会部门、与农村社会相关的研究部门（如图5—1所示），二是建设非正规的支持网络，比如邻里之间、亲友之间、朋友之间等。农村社区支持网络建设，对改善农村社区应对社会变迁能力具有十分重要的意义。

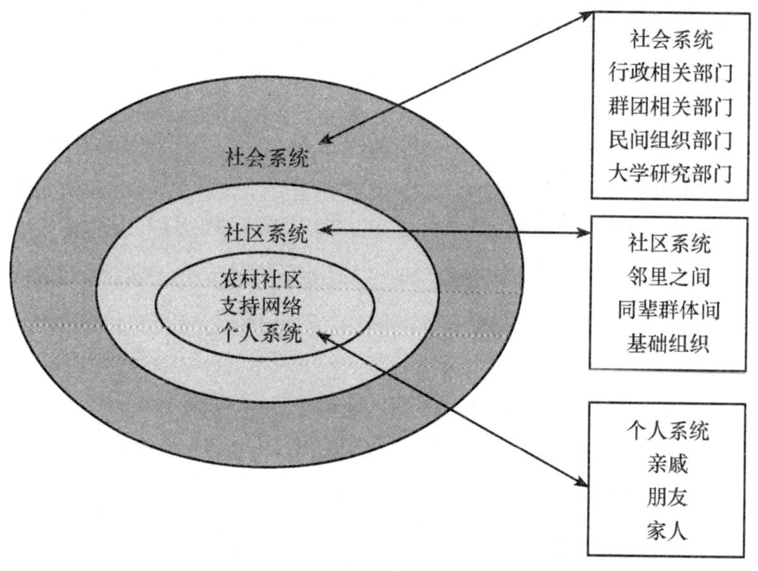

图5—1　农村社区社会支持网络

社会支持网络、社会资产网络既是农村社会工作实务的工作策略，也是工作内容。农村社会工作者在实务工作开始时，首先要评估所在社区社会支持网络、社会资产网络的现状。如果本农村社区已经存在相应的网络，农村社会工作者则

① 谢素祯．社会网络、社会资本、知识社会化对知识分享影响之研究——以银行业为例［D］．成功大学电子学位论文服务网．http://etds.lib.ncku.edu.tw/etdservice/view_metadata?etdun=u0026-0812200914175409

可以利用已有的网络开展各种服务，在服务中不断增强和完善这些网络。如果评估发现本农村社区没有相应的网络或网络没有发挥应有的作用，农村社会工作者则要应用专业方法，建设本社区的各种网络，通过本社区网络重建，协助服务对象解决所面临的问题。

三、社会批判理论

1. 批判理论的基本内容

本章所述的批判理论主要指德国法兰克福学派的批判理论。[①] 法兰克福学派的主要代表人物是霍克海默、哈贝马斯和霍耐特（Axel Honneth），其继承了马克思的批判传统，强调社会研究中必须重视社会批判思想，这些批判思想主要有：（1）在方法论方面，反对针对实证主义及其科学方法的“客观化、中立化、实证化、定量化、操作化”方法论，其认为任何“事实”都经由了人的建构，不可避免地包含着主观性、相对性和价值判断；（2）批判理论以“利益”为研究中心，寻求“启蒙”社会；（3）知识观方面，批判理论建构的知识是解放的知识；（4）文化是批判理论研究的重心；（5）批判理论的解释层次包括个人角度、制度角度和结构角度三个层次。

批判理论为农村社会工作研究奠定了方法论基础，农村社会工作研究中强调行动研究、个案研究、质性研究等研究方法的应用，一定程度上是受批判理论的影响。[②]

2. 社会批判理论对农村社会工作的影响

社会批判理论者认为导致社会问题产生的原因是社会结构、社会制度和社会秩序存在问题。为此，要从根源上解决社会问题就要解决社会结构、社会制度和

---

① 1923年，德国法兰克福大学社会学研究所成立。代表人物有霍克海默、阿多诺、马尔库塞、本雅明等。他们从马克思主义理论出发对资本主义社会进行宏观的广泛的批判性研究。1934年迁往美国，1949年回到法兰克福。一般认为，法兰克福学派自开创至今，已历三代，每代各有一位核心人物。第一代是霍克海默，他的《传统理论与批判理论》（Traditionelle und Kritische Theorie）为法兰克福奠定经验研究和社会批判相结合的思想路线。第二代是哈贝马斯，用《认识与兴趣》为批判理论奠定一个规范的研究框架。第三代是霍耐特（Axel Honneth），在一篇纲领性文章《关于社会研究所的未来》（Zur Zukunft des Institus fuer Sozialforschung）中试图在经验与规范之间开创出一条新的道路。

② 关于批判理论可参阅：

阮新邦等. 批判诠释论与社会研究［M］. 上海：上海人民出版社，1998；

阮新邦. 批判诠释与知识重建：哈伯玛斯视野下的社会研究（社会理论丛书）［M］. 北京：社会科学文献出版社，1999.

社会秩序存在的问题。因此持批判取向的社会工作者比较倾向采取改革和社会行动策略开展社会工作实务，其扮演着弱势群体或困难群体代言人的角色。例如，在当前农村社会工作实务中，农村社会工作者要改变农村社会面临的公共产品短缺、公共服务缺乏等问题，要积极通过政策影响，逐步改变城乡二元对立、农业户口和非农业户口区别的户籍制度，努力营造一个公平的社会环境，从根本上改善“三农”问题。

受批判理论的影响。农村社会工作者在实际工作中十分看重“赋能”“能力建设”“社区资产”等理论的应用。一方面应用专业方法培育服务对象各种生活能力，另一方面积极倡导推动农村相关社会政策的改变和体制改革，为和谐社会主义新农村建设发挥积极作用。

社会批判理论为现阶段我国农村社会工作实务提供了新的理论分析视角。学者陈涛认为批判取向的社会工作补充了“功能主义和实证主义‘修补者’范式的‘权力盲点’和诠释学范式忽视客观结构的倾向”。[①] 但批判取向的农村社会工作者在实务工作中，要特别注意自身的强价值介入与当地农村社区特色和农民自身优势关系。

四、后现代理论

1. 后现代理论的内容

后现代主义兴盛于20世纪60年代的西方社会，其涉及范围较广，目前还没有学者提出一个比较全面的定义，从某种意义上讲后现代理论主要是对现代化理论的反思，比如完全相信自由市场、经济增长为核心的发展、盲目相信工业化建设等，引发贫富差距拉大、环境恶化、男女差异拉大等问题。后现代理论思想主要由福柯关于现代知识/权力的解构、鲍德里亚关于高科技社会的反思、利奥塔关于宏大叙事和真理叙事的批判等构成。其强调通过解构语言和叙事的意识形态，消除人们对“知识”“真理”和“客观性”的预设，重新建构知识和权力。

2. 后现代理论对农村社会工作的启发

① 陈涛等. 农村社会工作的理论取向［M］. //张和清. 农村社会工作. 北京：高等教育出版社，2008：105.

后现代理论[①]对农村社会工作的启发主要包括：（1）后现代理论强调个体和社会关系的多元性，强调个体主体性、参与和自我意思提升。为此农村社会工作者在实践工作中要重视服务对象主动性和潜能激发，放下“专业”身份，与服务对象同行，共同致力于农村发展。（2）后现代主义强调对“知识”“权力”和“真理”的解构，话语权和书写权状况直接影响人与人的权力关系。为此，农村社会工作者要改变农村不平等、不公正的社会现象，改变话语权和书写权是重要的策略。（3）后现代主义十分关注“社会排斥”和“弱势群体”的生存现状、社会地位和角色不利状况。而农村社会工作服务对象也面临着诸多“社会排斥”的困境，农村社会工作者可以从后现代主义的现代理论中关于社会制度、社会公权等批判和解构，农村社会工作者可以从社会批判和解构出发，重新塑造农村社会在现代社会制度、权力中的话语、书写形象，从而达到服务当地人的目标。

五、新女性主义理论

1. 新女性主义的基本内容

新女性主义是女性主义的一种。过往女性主义学者讨论的核心内容是“性别平等”。不同的学者关于男女平等或男女差异形成了不同的观点。大致而言可分为四类：一是以男女天生有别为观点的反女性主义，其认为男女天生有别，所以根本不需要男女平等；二是以男女相同为观点的自由女性主义及社会主义女性主义，其认为男女是平等的，男性可以做到的女性也可以做到；三是以男女存在差异为观点的激进女性主义，其认为男女性别差异是形成男女不平等的原因；四是受后现代主义和批判理论影响，以男女存在结构差异为观点的新女性主义，其认为男女不平等不是男女差异，而是社会建构的结果。[②]

新女性主义兴起于 20 世纪 70 年代，其认为男权制度对两性关系具有十分重要的影响，尤其强调分析妇女受压迫的状况，以此考虑男权制度的因素。其认为，社会不平等或男女不平等是因男权制度造成的，要改善这一处境，必须改变

---

①　关于后现代理论与社会工作可参考：

徐珂. 后现代主义的主要思想理论和成就述评 [J]. 北京社会科学，2001 (3)；

Adrienne S. Chambon，Allan lrving. 福柯与社会工作 [M]. 王增勇，范燕燕，官晨怡，廖瑞华，简亿铃译. 2005；

董云芳. 后现代对社会工作的质疑、启示与消极影响 [J]. 甘肃社会科学，2007 (1).

②　具体请参阅：陈锦华. 平等与差异：性别社会工作的挑战 [M]. //梁丽清，陈锦华. 性别与社会工作. 香港. 香港中文大学出版社，2006：4 17.

男权制度。男权制度通过社会分工、角色构建、资源分配等形式，将妇女变为男权制度的依附品，从而弱化了妇女在经济建设、社会改革中的作用。

新女性主义给农村社会工作实务在分析农村妇女地位，改善男女不平等现象、处理家庭暴力提供了一种新的视角。农村社会工作者在具体工作中不能忽视性别视角，要多关注女性参与社区公共事务、妇女性别意识觉醒等工作。

2. 新女性主义对农村社会工作的影响

新中国成立后，我国妇女解放运动取得巨大成就。妇女的工作权、教育权、参政权等均得到保护。党和政府也出台了专门的法律，如《中华人民共和国妇女权益保护法》。但我国很多农村社区大男子主义思想根深蒂固，严重影响着农村地区性别平等发展工作。农村社区妇女遭受虐待、歧视等现象还时有发生。农村妇女是农村社区弱势群体中弱者，农村社会工作要将其作为工作的核心人群来关注，通过积极行动，为农村妇女从个人、社区、社会政策等方面提供服务。

首先，可开展性别教育服务，组织妇女重新认识与性别有关的词汇如性别、性别平等、性别不平等、妇女、女孩、男性、男孩、性别歧视、性别角色、女性主义、男权主义等，要深入了解这些词汇背后所隐含的权利。

其次，倡导性别为核心的立法，我国已有《妇女儿童权益保护法》，是否应当有《男性权益保障法》？香港已出台《性别歧视条例》与《家庭岗位歧视条例》，内地是否有可能出台相近类型的条例？

最后，重视妇女为主的农村经济新模式，21 世纪初期，我国农村社会出现了新型农村经济合作社，综观这些合作社，我们惊奇地发现，妇女在这些合作社中数量较多。妇女参与经济合作社具有十分重要的意义，农村社会工作者以此为契机，加强妇女就业机会、妇女家庭充（增）权等工作。

六、赋权增能理论

1. 赋权增能理论的基本内容

“赋权增能”，顾名思义，其核心概念是权力和能力，整合为“权能”。关于权能，不同的学者有不同的定义。首先西方学者如迈克尔·曼、古铁雷斯、莱维斯、莱夫、马塞斯和理查、平德休斯等人对赋权增能理论的权力进行界定，张时飞[①]将这些学者关于权力定义总结为三种，即个人权力、社会权力、政治权力。

① 张时飞. 上海癌症自助组织研究：组员参与、社会支持和社会学习的赋权效果［D］. 香港：香港中文大学博士论文，2001.

其次，Pinderhughes（1983）、Lee（1994）和陈树强（2003）等学者从能力观、意识观两个层面对“权能”进行了界定。主张从能力观界定权能的学者为Pinderhughes和陈树强，Pinderhughes认为：“‘权能’是一种能力，可以掌控自己生活空间与发展的各种有利动力，而凡是会阻碍个人对自己生活空间行使决策或自我控制的机会就是缺乏权能。”① 陈树强指出：“这种能力不但表现为一种客观的存在，而且表现为人们的一种主观感受，亦即权力感。无权也不单是指人们缺乏能力或资源，同时亦是指人们会通过一种内化过程，形成一种无权感。正是由于存在着这种无权感，使得人们指责和贬低自己，进而陷入无权的恶性循环。”② Lee从意识观界定对“权能”进行了界定，他认为：“‘权能’是个人觉醒到自我的意识和体会到受压迫，才能透过此觉察的增权历程中看到更多的选择机会，也才能促进个人或周遭环境的转型，个人终于得以脱离压迫与原来社区生活的历程及结果，朝向改变社会的方向发展。”③ 可见，赋权增能不是赋予案主权利，而在于挖掘或激发案主的潜能，恢复被剥夺了案主的尊严和自由。

赋权理论及实践在19世纪后期开始出现。但其兴盛和发展标志是1976年Solomon出版的《黑人赋权：受压迫社区中的社会工作》一书，标志着赋权取向在社会工作专业中的诞生。所罗门在书中明确使用“赋权”一词来描述美国社会中黑人少数民族因长期遭受同辈团体、优势团体与宏观环境的负面评价而倍感深切、全面的无权，因而建议社会工作的介入应致力于增强黑人民族的权力，以解除社会中的“制度性种族主义”所加诸的压迫与疏离，以增进案主个人的自我效能与社会改革的力量。佩恩指出：“赋权理论避免了社会行动与个体化视角之间的那种简单两极化的缺陷，并且将对个人或家庭的工作放置于对社会目标的追求过程之中。”④ 因此，自赋权增能理论提出后，不论是保守的社会工作派还是富有创新精神的社会工作派均很快地就接纳与融入了这种观点，社会工作实务进入了“增能时代”。

2. 赋权增能理论对农村社会工作的启发

赋权增能理论是农村社会工作又一重要理论，其相信赋权增能理论的五个基

① Pinderhughes E. B. Empowerment of Our Clients and for ourselves. Social Casework：The Journal of Contemporary Social Work，1983，64（6）.

② 陈树强. 增权：社会工作理论与实践的新视角［J］. 社会学研究. 2003（5）.

③ Lee，J. A. B. The Empowerment Approach to Social Work Practice. New York：Colubia University Press，1994.

④ ［英］佩恩. 现代社会工作理论［M］. 何雪松等译. 上海：华东理工大学出版社，2005：279.

本假设，即（1）个人经历深切而全面性的无力感，以致无法与环境交流、实现自己；（2）个人周遭存在直接与间接的权能障碍，以致无法参与社会与政治、实现自己；（3）权能可以透过社会互动增加与衍生更多的个人及人际权能；（4）案主应被视为有能力、有价值的个人；（5）社工人员应与案主建立一种伙伴关系。[①] 在农村社会工作实务中，农村社会工作者强调社区组织培育、群众参与等都是这一理论的重要应用。

第二节　农村社会工作的工作视角

农村社会工作的工作视角是农村社会工作实务经验总结的结晶，也是农村社会工作理论与实践结合的产物。学习这些工作视角，对农村社会工作者较快地融入农村社区、评估农村社区资源、制订服务计划等具有指导意义。

一、优势视角为理论的工作视角

“优势视角”[②]（Strength Perspective）是强调人的内在力量和优势资源的视角，将服务对象所处环境中的优势和资源作为社会工作助人过程中所关注的焦点，而非关注其问题和病理。优势视角概念给农村社会工作者几点启发：（1）相信改变的可能性；（2）每个人都有抵抗压迫、灾难、困境的能力和资源；（3）个体经验本身就是一种优势。

1. 优势视角理论

法国哲学家米歇尔·福柯（Michel Foucault）在其著作中一直强调“真理”是权利运作的结果，而权利则是可以通过对知识、历史等的解读来讨论，从某种意义上讲，任何知识叙述、历史描述都是一种权利运作。而作为用于知识叙述和历史描述的语言和词汇本身就是一种权利，语言和词汇的权利既有可能导向被压迫状态，也有可能导向自我解放的状态。优势视角正是对语言和词汇的自我解放权利应用，如赋权、成员资格、抗逆力、治愈和整合、对话与合作、悬置怀疑等是优势视角的核心概念。优势视角的重要原则包括每个个体、团体、家庭和社区都有优势；创伤和虐待、疾病和抗争具有伤害性，但它们也可能是挑战和机遇；

① 转引自：唐咏. 中国增权研究述评［J］. 社会科学家，2009，(1).

② ［美］Dennis Saleebey. 优势视角：社会工作实践的新模式［M］. 李亚文，杜立婕译. 上海：华东理工大学出版社，2004.

与案主服务，我们可以以最好成绩服务于案主；所有的环境都充满资源；关怀、照顾和脉络。

2. 优势视角理论在农村社会工作实践中的应用

（1）村民权利意识的提升

“官—民”二元结构的叙述，曾一度是我国历史叙述的主流话语，在这样的叙述中，民众常被叙述为被动的、依附的、没有主见的形象，这些词汇很大程度上束缚了农村社区村民的权利意识形成。从优势视角出发，农村社会工作者在村民权利意识提升工作中，要逐步塑造民众在农村社区权利关系中主动的、参与的、能够发声的形象。

（2）村民社区身份的认同感培养

社区身份不仅仅表示社区一员的角色，而且包含着社区成员在社区内的权利和义务。村民社区身份认同感的培养，实际上是村民权力意识和义务责任的建设过程。

二、能力建设为理论的工作视角

能力建设概念跟 NGO 概念一样，盛行于 20 世纪 80 年代。在官方大型公益项目和民间组织项目中，都强调自身能力建设工作。世界银行和许多 NGO 机构认为，能力建设是通向公民社会重要的发展手段。那么，什么是能力建设，谁的能力建设，在农村社会工作实践中具体如何应用能力建设，下文将展开讲述。

1. 能力建设理论

什么是社会能力建设？不同的学者、不同 NGO 机构有着不同的看法，如杨明良指出：“能力建设概念中的能力，指个人、一个机构，以及一个系统执行职能、实现目标的能力，且这种能力能够适应工作条件的不断变化，能够适应职能和目标的不断调整。这个概念具有两个重要的含义：一是行为的能力，相互作用的能力、应承能力、响应能力，以及发展或变化能力；二是机构能力（组织能力）和体系（系统）或体制能力（制度能力）。”① 乐施会认为：“通向发展的能力建设包括识别妇女和男子在实现他们的基本权利时所受到的束缚，找到合适的手段增强他们的能力，以克服造成社会隔离和苦难的原因。”②

① 杨明亮. 能力建设：一个具有重要意义的新概念［J］. 中国卫生法制，2006，14：14.

② ［英］艾德. 能力建设：通向以人为中心的发展之路［M］. 应维云等译. 北京：九州图书出版公司，1999：27.

虽然人们对能力建设有不同的理解，但能力建设的核心理念均是一致的，能力建设内容包括使人们有能力处理由于歧视造成的不公正，使人们能够充分发挥他/她们的潜能，建设一个尊重权利和价值多样性的社会。能力建设在最大范围内减弱人们的依赖性、脆弱性，使人们克服自己的偏见，最大限度地扩大人们的生活机会。

2. 能力建设理论在农村社会工作实践中的应用

能力建设理论可以应用在支持男女平等、建设知识和信息网络、支持少数民族和文化少数派的能力、支持老年和儿童的能力建设、支持残障人群的能力建设等领域。

(1) 支持男女平等

因妇女和男子的生活经历和生产机会不同，性别权利关系存在着明显的差异，在农村服务项目中，如果忽视了男女性别权利关系的差异性，有可能加剧男女不平等的社会状况。支持男女平等是性别意识的重要体现，农村社会工作在具体工作中，要逐步建立妇女、男子的性别意识，具体行动上表现为要充分考虑土地继承权、生育、劳动、当地文化、宗教、劳动分工、就业状况对男女平等影响。

(2) 建设知识和信息网络

获取知识和信息的渠道多寡，将影响人们参与意识、民主意识、权利意识的形成和能力建设。农村社会工作实践中要尽可能多的建设知识和信息传播的平台，改善农村社区村民获取知识和信息的途径缺乏、狭窄的局面，只有这样，才能更好地开展能力建设工作。

(3) 支持少数民族和文化少数派的能力

民族自信心表现为对自身民族的语言、服饰、文化习俗的认同，或者说少数民族和文化少数派面对外力文化入侵时，有能力发展变迁自身的文化。也就是说农村社会工作在少数民族地区开展工作时，民族自信心建设、文化变迁能力建设是能力建设的核心。具体包括人权保护行动、文化重塑行动、民族空间重构行动。

(4) 支持老年、儿童及残障人群能力建设

当社会变迁引起的社会功能失调时，老人和儿童最先受到影响。如当今我国农村社区大量年轻劳动力流动到城市务工，农村老人赡养和儿童抚养方面出现了很多问题。提升农村老人和儿童适应社会变迁的能力，建立和健全保障老人和儿童的救助机制是支持老人和儿童能力建设的重要工作内容。随着社区康复理念发

展，人们对残障人群的看法也逐步改变，从残缺、无用的病态概念逐步转向了使其有能力的概念，残障人群的权益争取、公共设施建设、公平就业机会争取成为支持残障人群能力建设的核心内容。

（5）农村社区组织发育和社区领袖培育

农村社区组织发育是农村社会工作实践的重要工作之一，目的通过发育组织，整合农村社区社会资本、人力资本、文化资本，以解决农村社区面临的资源短缺的困境。结合人本主义思想，农村社区组织发育，不仅仅要做好农村社区自治工作，同时也要结合实际，根据不同人群、不同需求，组建不同的农村社区组织。如农村经济合作组织、旅游开发管委会、留守儿童互助之家、老年人发挥余热组织。

传统意义上，我们十分看重农村社区领袖的领导能力、组织能力、资源获取能力、沟通外交能力和写作能力。在这样的视角下，农村社区中能成为社区领袖的人才十分有限，甚至有通过派遣或引进优秀人才到某农村社区担任领导职务。这种思想的局限性很多，如只强调优秀个体在农村社区事务中的核心作用，而忽视了所有农村社区村民都是一个社区的组成部分；只强调农村社区领袖技能素质，而忽略了如热爱社区事务、关心社区发展、具有大局思想等软性素质提高。为此，在农村社区领袖培育工作中，农村社会工作者要充分认识到每个农村社区村民都是潜在的领袖，要大力培养当地社区村民的领袖才能，也要注重领袖软性素质的培育。

（6）农村社区第三类教育和第三类市场

第三类教育主要指区别于主流学校教育之外的教育形式，上文中谈到的社会教育可以称之为第三类教育，社会教育等第三类教育对提升农村社区民众适应社会变迁能力、学习生活新技能十分必要，农村社会工作者要在实际工作中，积极探索新时期社会教育模式开展社区教育工作。

第三类市场主要是区别于主流的自由市场之外的市场模式。如公平贸易是一种典型的第三类市场，公平贸易是一个有组织的社会运动，它提倡一种关于全球劳工、环保及社会政策的公平性标准，其产品从手工艺品到农产品不一而足，这个运动特别关注那些自发展中国家销售到发达国家的外销。第三类市场是对自由市场的一种补充，在一定程度可以改变生产者在交换、销售环节中缺位的情况，对保障生产者的权益，促使公平交易具有重要意义。

三、团结经济为理论的工作视角

1. 团结经济的概述

自工业革命后，主流的经济学家一直宣称自由市场经济模式是唯一的经济模式，其是实现经济利益最大化、资源利用最大化、满足绝大多数人群利益需求及改善国与国、人与人贫富差距的不二选择。但经过几个世纪的发展，人们发现自由市场为核心的经济模式虽然极大地改善了人类生产生活水平，但并没能彻底解决经济发展与环境的关系，贫富悬殊越来越大、粮食安全令人担忧，而且这种情况有继续恶化的倾向。面对这些现象，人类并没有坐以待毙，20 世纪 80 年代，产生了一系列引人注目的不同于市场经济的另类经济模式，学者将其称之为团结经济或社会经济。团结经济或以隐蔽的，或以边缘化的形式在主流经济的夹缝产生发展。如工人、消费者与生产者合作社、公平贸易运动、理念村、另类货币、社区管理的联谊中心与资料图书馆、社区发展信用社、社区花园、免费软件资源共享行动、社区支持农业（CSA）计划、社区土地基金等。美国团结经济网学者伊桑·米勒颇有感触地谈道："这种新型的经济模式相信人具有非凡的创造力，可以根据自身所处的社会和生态环境找到解决经济问题的途径。而我们的任务是通过建立统一的、有力的社会运动识别他们、连接它们，从而实现另一种经济体系。因此，与其说团结经济是一种经济组织模式，不如说它是一个经济组织过程。它不是一种幻想，而是一个积极的、集体想象的过程。"①

社会经济常常试图补充或赞美现存的社会秩序，而团结经济则提倡使用更具改造力的手段解决经济行动主义的问题。1937 年西班牙内战期间，菲利普·阿莱兹（Felipe Alaiz）提倡在城市和郊区的工人集体间构建团结经济（economía solidaria），自此"团结经济"作为一个经济组织概念开始出现。② 这个概念出现于欧洲，源于"社会经济"行动主义悠久的传统，以及通过"第三部门"替代常规的市场和国家中心体系来解决社会和经济排外主义的政策。随后这一概念在法国、南美洲，特别是在哥伦比亚和智利得到进一步发展，现代意义的团结经济含义主要产生于这一时期。在哥伦比亚，团结经济（economía solidaria）是在国家

---

① 伊桑·米勒. 团结经济：主要概念和问题［J］. 开放时代，2012（6）. 原文载于 Emily Kawano, Tom Masterson and Jonathan Teller-Ellsberg（eds.），Solidarity Economy 1：Building Alternatives for People and Planet，Amherst，MA：Center for Popular Economics，2010.

② Felipe Lorda Alaiz. Por una economía solidaria entre el campo y la ciudad. Barcelona：Oficinas de Propaganda，CNT，FAI，1937.

的合作化运动中出现的，这个概念被认为是可以把合作主义（cooperativismo）置于一个更广泛、更有政治意义的、建立不同的经济模式的视野之中。[①] 在智利，经济学家路易斯·拉泽托（Luis Razeto）将团结经济这个概念拓展得更宽广、更理论化，将其视为经济横向设置的“部门”，包含的企业多种多样但享有共同的“经济理性”（economic rationality），即合作与团结。拉泽托说，那些试图进行经济变革的人们，其任务应该是连接并且加强已经存在的各种经济的替代性方案。[②]

2. 团结经济经济生活的蓝图

团结经济超越国家/市场的二分法，提出了新的经济关系模式。伊桑·米勒提出了团结经济经济生活六种可能性：

一是创造。基本的“原材料”从何处来？这里，我们不妨称之为“生态创造”（ecological creation）和“文化创造”（cultural creation），我们找到一种强大的礼物经济（gift economy）。生态创造参与的过程——出生成长、光合作用、呼吸、地质和化学变化等——它们是“生产的原点”（original points of production），维持并生产所有的生命和文化。承担起尊重并分享这些集体的“世界馈赠的礼物”的道德义务，是拥有团结经济视角的重要开端。同样，文化创造提供了诸如语言、故事、音乐、思想和技能等资源。千万年来，通过集体的创造、想象、直觉、观察和实验，对这些资源进行了生产和改造，它们是我们祖先传下来的礼物，应该分享并以共同信托的方式对其进行管理。

二是生产。物品和服务是怎样生产从而促进合作和团结的呢？这里我们能确定以下结构，诸如工人合作社、民主的非营利机构、草根生产合作社、各种家庭生产、自主创业和自给自足（狩猎、捕鱼、园艺、清洁和“自己动手”的项目），以及家庭社区护理服务。我们也许还可以考察是否有可能对某些“传统”形式的生产组织，比如市政和国有企业以及有价值理念的“正道”（“high road”）企业进行改造，使它们变得更具坚定的民主性与合作性。

三是转移与交换。物品和服务是怎样从生产转移到消费从而体现团结价值的呢？团结交换的形式包括社区货币、易货网络、公平贸易、“团结市场”以及滑动价格的使用。团结转移也通过单向运动出现，比如进步的/重新分配的税制和

① Deisy Arias etal. Estado del arte de la economía solidaria en Bogotá. Bogota，Colombia：Universidad Colegio Mayor de Cundinamarca，2006.

② Luis Razeto. Economía de Solidaridad y Mercado Democrático. Santiago de Chile：Ediciones PET，1984.

罗宾汉式的重新占用（那些因其资源过多而被调用的人将此称为“偷窃”）。礼物经济中的互利互惠是通过不期回报的给予而建立的，礼物经济也是强大的、普遍的资源转移方式。

四是消费或使用。通过什么样的合作机构将人和社区作为消费者组织起来呢？这方面的例子有消费合作社、住房合作社、集体自给自足、社区支持农业行动和实行参与式民主的地方与国家公民机构（参与式预算、社区委员会等）。如何从社会和制度两方面组织市场需求从而促进团结呢？在这里我们可以找到“道德消费”（ethical consumption）的各种形式，它们推动了地方、生态和公平贸易购买实践，以及制度性的“社会责任”购买政策。

五是盈余分配。经济循环中产生的盈余，如何调拨利用从而培育团结的价值观念呢？盈余又将如何重新进入并再次激发经济循环从而支持其他团结的经济行动呢？这方面我们有团结储蓄金融机构，例如信用合作社、合作社贷款基金、标会（民间筹资贷款）、馈赠与分享。我们也进行堆肥和回收利用（也是投资的形式），将过剩材料回收，重新投入到人们的生产系统以及更大的生命系统中去。

六是管理。什么样的制度政策、条例和程序会构成一个有利的环境，团结的各种力量由此得以蓬勃发展呢？这也许包含了组织和业务管理的各种要素（民主决策、民间问责、合作与平等的内部经济组织等），或者通过地方、国家或联邦政府实施的政策和程序（参与式预算、合作性结构的服务提供、金融支持、奖励机制和有利的法律架构等）。

3. 团结经济的基本价值观

香港学者潘毅等[①]将团结经济的基本价值观归纳为六点：第一，注重合作及互惠互补，以互助合作的精神替代放任竞争；第二，重视个体与集体，社会公益由人民议决而非专家所制定，并凌驾于利润与资本累积之上；第三，经济公义与社会平等，运动的重点是要为终结各种社会及经济不公义而进行抗争；第四，对生态及环境的保护，对大自然生态系统的敬畏与尊重，是运动中的一个着眼点；第五，民主参与及持份者的民主管理，民主参与须落实于不同社会层次及经济组织之中；第六，多元发展及多样性，相信发展并不是单一，而是可以有众多不同的路径，而这些路径必须由人民作为主体以团结互助及民主参与的精神开创出来。

---

① 潘毅，陈凤仪，阮耀启．社会经济在香港——超越主流经济的多元性实践［J］．开放时代，2012(6)．

4. 团结经济的具体实践

（1）教育、知识和技能的共享

团结与合作在经济学领域并非“主流”教育的一部分，在这样的文化背景下，不能低估为了共享知识和技能建立活动空间的重要性。关系网络的一个重要作用是为这种合作教育培育空间：集会与会议、工作坊与课堂、技能分享的专题会议以及扩大公共媒体影响范围。此外，关系网络可以发展与学术机构合作的能力，并且在现有教育体制下帮助开设团结经济课程与项目。这些协力完成的聚集空间有可能孕育出新的改革与“团结创业”（solidarity entrepreneurship）形式。工人合作社、社区货币、土地信托、社区支持农业计划、街坊互助网络，种种行动之间长期的“杂交”（cross-fertilization）过程中，可能会出现什么样的经济创新呢？当这些新观念、新方法出现时，我们又如何开发集体能力来支持和传播它们呢？

（2）团结市场

团结经济行动和社会运动之间的动态关系的发展能产生相互补充的作用方式，互相提供经济支援的坚实基础。社会运动的参与者可以为团结经济生产者构成忠诚的“团结市场”——这是基于团结精神有组织的需求网络——他们还能激活社会组织网络，并由此加强及维持以上所描述的经济链接。从反面看，团结经济行动有潜力为社会运动提供实质的物质援助，通过为运动社区提供就业、物资或服务以及分享部分盈余以支持社会改造事业，它们本身就是社会运动的一部分。

（3）融资

对于团结经济行动而言，融资是最不可忽略的后勤挑战之一。以非营利为架构的团体或许可以获得基金会资助、政府拨款和私人慈善家的赞助，但这些资金经常是要么极为有限，要么得为此付出很大的代价。这些团体对不稳定的外部资金来源变得依赖起来，结果他们的工作由任务驱动（mission-driven）转为投资者驱动（funder-driven）。非正式架构的团体，即那些“非传统”形式的团体（例如工人所有的合作社或集体），甚或那些执行非正统任务、使用非正统方式的传统企业，常常发现资金来源更难保证。尤其在这些企业因其活动的性质限制了对投资者可能的回报，或者企业本身的结构不可能为其带来外部的利益驱动的投资时，这种情况就会发生。

为了解决这些问题，团结经济企业网络可以集中资源为其他项目创造合作的资金筹集渠道以供选择。例如在意大利的艾米利亚—罗马涅（Emilia Romagna）

地区，一个人口相当于俄亥俄州东北部人口的地方，号称拥有 15 000 多个种类繁多的工人、生产者、消费者、住房以及服务合作社，每个合作社必须将其年收益的 3%拨给由地区网络管理的合作社发展基金会。这些基金会给在这一地区创建新的合作企业提供基本资金。[①] 在西班牙巴斯克（Basque）地区的蒙德拉贡合作社（Mondragon Cooperative）则是另一个例子。蒙德拉贡巨大的合作社网络集体拥有并支持一家名为劳动者（the Caja Laboral）的银行，不仅为其成员提供种类繁多的银行服务，而且还下辖一个部门，专门为创办新的合作企业提供重要的资金及技术支持。[②] 这些例子让我们粗略地了解到通过跨部门合作可能实现的各种融资的途径。

（4）提供共享服务

团结经济行动的大型网络利用集体资源为其成员服务的潜能是巨大的。在诸如保险、金融服务、法律服务、交流和设施、技术支援以及研究与发展方面，网络可以创造经济学家们所说的“外在经济”：把许多小企业的资金集中起来，可以举债经营，其效率规模近似于更大的公司。这种资源合作的例子出现在一些合作化运动领域，包括在艾米利亚—罗马涅和蒙德拉贡，已经发展了好几家“二级梯队”的服务合作社，为其成员提供保险、研发、营销以及其他产品。团结经济运动可以探索类似的行动。

（5）政策宣传和管理转换

在团结经济行动开展斗争、生存、蓬勃发展的经济政治环境中，公共政策发挥的作用不容忽视。与国家打交道有很多风险（例如依赖和价值妥协），一方面应当小心谨慎周密策划，但另一方面，公共政策可以成为一个有力的工具，动员支持性资源，培养一个“和谐的团结环境”（这与“和谐的商业环境”相反，后者通常是置私人利益于社区幸福之上的一种委婉说法）。这样说来，团结经济网络能够并且应该扮演影响政策的角色。这样的政策也许就包含各种合作及集体企业结构制定或改善可能的法规，制定向团结行动倾斜的税收政策，公共资金对各种发展团结经济的实践投资，对团结经济教育和技术援助的公共支持，或者要求任何公共服务私有化必须创建社区管理的社会合作社的政策（而不是逐利的私人企业）。

① John Logue. Economics, Cooperation, and Employee Ownership: The Emilia Romagna model. Ohio Employee Ownership Center. http://dept.kent.edu/oeoc/oeoclibrary/emiliaromagnalong.htm.

② William Foote Whyte, Kathleen King Whyte. Making Mondragon: The Growth and Dynamics of the Worker Cooperative Complex. Ithaca: Cornell University, 1991.

此外，这里关键的工作是：重新构建国家，以及努力实现管理结构转型以便更容易执行和维持支援性政策。参与性的预算是这种尝试的绝佳例子，政府开销的优先权是由公民通过直接民主的过程决定的。自从巴西的波尔图—阿莱格里（Porto Alegre）在1989年实施参与性预算以来，整个拉丁美洲出现成百上千个这样的项目，而且在世界其他地方也不断增加。[①] 这些改革和其他类似的创新有潜力开拓出空间，让有组织的团结经济网络和运动对基于团结的发展提供更多的公共支持。

团结经济为理论的工作视角对农村社会工作实务注入了新的活力，也开拓了农村社会工作实务的新领域，农村社会工作者可努力推动农村社区经济发展模式，构建有利于经济增长与环境和谐、人与人关系和谐的可持续农村经济发展实践。

四、青少年儿童为中心的工作视角

1. 青少年儿童为中心的工作视角含义

农村社区青少年儿童是农村社区长足发展的基础，也是农村社会建设所需人才资源库。做好农村青少年儿童服务工作，有助于农村社会工作目标的实现。农村青少年儿童为中心的工作视角是指以青少年儿童综合服务中心为平台，社会工作方法为方法，通过社区图书室、电脑室、培训室、活动室，为青少年儿童提供社区教育、社区照顾、社区服务，以期营造一种有利于农村青少年儿童全面发展的和谐社区环境，为农村社区建设培养可用性人才。

2. 青少年儿童为中心的工作视角的具体应用

（1）生命教育

生命教育的核心是“生”“死”教育。受传统文化影响，中国文化很忌讳谈“死”。孔子曰：“未知生，焉知死”。随着社会不断进步发展，死亡教育对个体健康成长，心理发育均具有十分重要的意义。农村社会工作者可通过讲故事、工作坊、小组等形式，积极开展农村社区青少年儿童生命教育服务。这对农村青少年健康成长意义重大。

（2）成长小组

个体在成长过程中，不同阶段有不同的需求和社会化要求。为此，农村社会

---

① Josh Lerner. Let the People Decide：Transformative Community Development Through Participatory Budgeting In Canada. Shelterforce，Issue 146，Summer 2006.

工作者可以针对青少年儿童心理发育特征，针对性开展各类成长小组，协作其平稳地渡过成长过程，如性教育、恋爱教育、自我认识等。

（3）社区意识教育

青少年儿童是农村社区生命源泉，其良好的社区认同感、归属感、责任感是当地社区可持续发展的根本。社区意识教育有助于当地农村社区青少年儿童社区认同感、归属感、责任感的建立。农村社会工作者可通过村庄口述历史、建设社区博物馆、陈列室等培养当地青少年儿童社区意识。

【本章小结】

本章主要分两节介绍了农村社会工作的理论基础和工作视角。第一节集中介绍了农村社会工作的理论基础，即生态系统理论、社会支持理论、社会批判理论、后现代理论和新女性主义等。生态系统理论提出作为个体的人处在不同的系统中，这些系统之间彼此关联、相互影响，这就启发农村社会工作者在实际工作中要具备系统分析的视角，在解决服务对象问题、回应服务对象需求时需要关注服务所处的不同系统。社会支持理论具体应用如社会支持网络、社会资产，既是农村社会工作服务策略，也是农村社会工作实务内容。社会批判理论、后现代理论和新女性主义均是比较前沿的社会科学知识，其观点对农村社会工作实务创新、理论建构均具有启发意义。

第二节重点介绍了四种农村社会工作工作视角，即优势视角为理论的工作视角、能力建设为理论的工作视角、团结经济为理论的工作视角和儿童为中心的工作视角。这些工作视角对农村社会工作实务意义重大，尤其是团结经济工作视角，是农村社会工作理论与实务结合的产物，也是当今社会比较前沿的思想，学习者要认真领悟和学习。通过自学不断丰富其内涵，为今后开展农村社会工作服务打下坚实基础。

【思考题】

1. 了解农村社会工作实务处境对农村社会工作学习有什么重要意义？
2. 请谈谈您对现代化理论的认识。
3. 请谈谈您对城乡二元体制的认识。
4. 您如何看待农村工业化、农村城镇化？

【讨论题】

1. 3～6 人一组，查阅跟农村经济相关的社会政策，谈谈这些经济政策对农村社会发展有哪些影响。

2. 3～6 人一组，讨论农村社会工作者在农村城镇化过程中可扮演什么角色。

【推荐阅读】

1. 王思斌. 社会工作概论 [M]. 北京：高等教育出版社，1999.

2. 张和清. 农村社会工作 [M]. 北京：高等教育出版社，2008.

3. 陈成文. 社会弱者论 [M]. 北京：时事出版社，2000.

4. 潘毅. 走向以社会经济为目标的城镇化 [N]. 南方都市报，2011－01－03. http://epaper.oeeee.com/F/html/2011－04/03/content_1326428.htm.

5. 潘毅等. 审视社会经济的公义想象 [N]. 明报（世纪版），2011－03－17. http://www.douban.com/group/topic/18686949/

6. [美] 詹姆斯·C. 斯科特. 农民的道义经济学：东南亚的反叛与生存 [M]. 程立显，刘建等译. 南京：译林出版社，2001.

7. 开放时代，2012 (6).

第六章　农村社会工作的价值观及工作守则

诚然到民间来了，可不一定就算到民间去。我们深居考棚，来往的无非我们自己，我们整个生活，不见得对于老百姓有什么影响。这样一来，无形之中，我们无异在定县造了一个小北京，我们无异过的是北京生活了。[①]

——晏阳初

农村社会工作价值观是农村社会工作专业的灵魂，职业伦理是农村社会工作者坚持专业操守的保障。很多农村社会工作者感觉专业价值观比较抽象，很难把握，久而久之就忘记了专业价值观。这是件很危险的事情，农村社会工作实务缺失了专业价值观，要么陷入唯工具论的死角，要么沦为唯技术论的胡同，这与农村社会工作的专业理想和职业追求是相违背的。农村社会工作价值观是农村社会工作实务的纲领，也是农村社会工作区别于其他种类社会工作实务的根本所在，这两者差异不是手法或策略的不同，而是持有的价值观和理论视野不同。

当然，要较深入地体会并内化（internalization）农村社会工作价值观并不是一件容易的事情。这不仅要求学习者知道农村社会工作价值观是什么，而且要理解为什么是这样。为此，农村社会工作价值观内化的过程是一种“活化”和“处境化”的过程。比如相信每个人都是有潜能的，农村社会工作者要内化这一价值观，就需要融入当地人的生活，去体会、去观察、去反思、去经历，才能明白相信每个人都是有潜能的不是一句口号，而是在个体的言行举止中表现出来的，只有明白这一点，农村社会工作者在实务行动中才会十分关注服务对象的参与、沟通、商讨、决策等过程。

本章就是通过“活化”和“处境化”过程，同大家一起经历活化价值观，从

① 晏阳初. 在除夕聚餐会上的讲话［G]. //宋恩荣. 晏阳初全集（第一卷）. 长沙：湖南教育出版社，1989：201.

而让学习者掌握好农村社会工作比较抽象的价值观。同时，结合现今农村社会工作实务经验，分享几点农村社会工作职业伦理。

第一节 价值观与农村现实生活

为实现“活化”和“具体化”的学习过程。我们先选取每一个社会工作者在开始社会工作服务时都在做的一件事情，即了解服务对象生活现状及需求。农村社会工作者则是要了解农村社区居民生活现状及需求。

一、农村社区居民生活现状及需求

农村社会工作者在进入农村社区后，通过社区行、入户访谈、主题工作坊等形式，就会得出所在农村社区居民生活现状及需求的答案，然后根据这一答案制订工作计划，在工作计划完成后进行评估。这是农村社会工作实务的工作过程。可见，农村社区居民生活现状及需求是农村社会工作实务的起点，这直接影响着农村社会工作服务的策略选择、方法选择。认为“现实”和“需求”为什么是这样其实就是某种价值观的具体体现。农村社会工作认为“现实”和“需求”哪样关键是由其价值观决定的。

但令人遗憾的事情是我们“刻板”地对农村社区居民现实及需求的认识总是在替代通过调查、评估得出的认识。人们总是这样描述农村社区居民的现实及需求：村民不懂现代科学技术，农业生产依然是自给自足的自然经济；农村交通不发达，制约了资源开发利用；农民健康意识薄弱，生活习惯差，不是很讲究卫生；农民思想意识落后，不重视孩子教育，很多农村青少年早早外出打工；农村公共服务单一，群众文娱生活匮乏……相信很多人对这样描述农村并不陌生。人们也想当然地得出既然农村社区居民生活现实是这样，他们需求就是科技培训、基础设施建设、环境卫生治理、素质教育、公共服务、社会保障等。为什么会有这样的逻辑呢？那是因为人们习惯了“想当然”，用比较学术化的解释就是人们喜欢“诠释”自己以为很熟悉了的事物。

“诠释”的事物是客观必然的存在，亦然可用一种方法去预防和解决。但现实很令人失望。我们发现上文所描述的农村社区居民生活现状及需求并不是客观必然的存在，人们也没有寻找到一种能预防和解决农村问题的方法。原因是我们陷入了用一种“诠释”去诠释“另外一种诠释”的怪圈，这不是在寻找客观必然的存在，也不可能寻找到有效的方法。

如何让我们的诠释更加接近农村社区居民生活现实及需求，决定着农村社会工作方向、目的是否得以实现。所以我们有必要进一步讨论人们的“诠释”是如何形成的。

二、反思主流“诠释”意识，构建农村社会工作价值观

主流意识形态影响着人们“诠释”思想形成。社会上盛行什么样的意识形态，人们就用什么样的标准认识“现实”及“需求”。人们很少会问为什么标准是这样而不是那样？标准是谁制定的？这样的标准是否对每个人都是合适的？香港学者杨锡聪[①]用“贫穷”为例为这些问题做了很好的回答，他认为在现代化、都市化盛行的当今社会里，人们用金钱、资本、物质享受的标准来判断生活质量，将年收入、消费能力、生产总值等作为衡量社会发展的指标。这一指标顶端代表生活质量较高的“富有”，低端代表生活质量较低的“贫穷”。因此处于低端的“贫穷”者要通过努力，不断改善自己的生活水平，步入“富有”，处于顶端的“富有”者也要不断努力，进一步提升自己的生活质量。“富有”和“贫穷”成了我们习以为常的价值判断。这是典型的非此即彼、是非对错的二元对立的分析逻辑。

在这样的逻辑下，农村社区居民生活现状相对于城市居民生活现状处于“贫穷”状态，为此“贫穷”是农村社会的主要社会问题，解决农村问题首先要解决农村“贫穷”问题。在有限资源限制下，人们划定“贫困”线，从而有了国家级“贫困县”“贫困村”，省级“贫困县”“贫困村”，县级“贫困村”的划分，不同的等级可获得的资源援助有明显的不同。由此社会上出现了一种比较怪异的事情，有些地方政府努力脱掉“贫困”的帽子，有些地方政府则努力争取“贫困”的帽子。“贫困”似乎成了体现政绩的工具，而不是客观“现实”。

由此可见，“贫困”有时是客观“现实”的存在，有时候是人为的存在。农村社会工作者认识到这一点，对其开展农村社会工作服务定位具有十分重要的意义。在实务工作中，农村社会工作者为了避免陷入非此即彼、是非对错的二元对立逻辑迷思中，需经常自我反省。要常常问自己以下几个问题：

（1）经济增长是否就等于社会进步？农村社会工作要推动农村社会进步，是否就必须搞经济开发？如果农村经济没有增长，农村社会工作就无他法实现农村

① 杨锡聪. 农村社会工作的价值取向［M］. //张和清. 农村社会工作. 北京：高等教育出版社，2008：115.

社会进步和发展吗？

(2) 消费水平提高是否就等于生活质量提升？农村社会工作要改善农村社区生活质量是否就必须提升农村消费能力？如果农村社区消费能力没有提升，农村社会工作就无他法实现农村社会进步和发展吗？

(3) 农业机械化、产业化、科技化是否必然能实现农民增产增收？传统农业生产技术对食品安全是否真的没有一点借鉴意义？

(4) 城市和农村是否代表一种社会发展必然关系？城市生活是否就等于进步的社会生活，农村生活是否就代表落后的生活方式？

(5) 贫困线划分让贫困线以下的人们可以得到援助，是否表明贫困线以上的人们就不需要援助？贫困是否等于素质低、能力差、懒惰？

(6) 科学技术是第一生产力，农民掌握了科学技术是否一定就能过上幸福快乐的生活？

(7) 农民进城务工是否真的可以改变自己的命运，过上“富有”的生活？

还有很多问题需要农村社会工作者来思考。我们也不需要急于给出以上问题的答案。其实提问的过程本身就是一种学习的过程，自我成长的过程，专业自我长大的过程。这些过程是农村社会工作者让自己的“诠释”更加接近客观的农村社区居民生活现实及需求的处境化、活化的不二选择。通过以上学习，让我们清楚地认识到农村社区居民现实及需求是复杂、多样的，农村社会工作者也只有将农村社会工作价值观置于如此复杂、多样的处境中，才能将其内化。

第二节　农村社会工作的价值观

通过第一节的学习，我们能够深深体会到价值观对农村社会工作性质、方法选择、角色定位均起到决定性的作用。结合社会工作的基本价值观，我们将农村社会工作的价值观归纳为全人类共同发展、团结合作、社会正义和社会工作价值观等四点。当然，价值观会随着人们认识的不断提升而不断改变，农村社会工作者需要将这些价值观放在具体工作处境中，以其为“灵魂”，找准自己的工作角色、选择合适的工作路径。

一、全人类共同发展

要彰显全人类共同发展的价值信念，学习者必须坚守“坚持充分的选择权”“坚持多元化的视角”“坚持改变的可能”和“坚持充分参与”等四项基本原则。

农村社会工作者在实务工作中时刻坚持这四项原则，全人类共同发展的价值观才能有效地体现。

1. 坚持充分的选择权原则

充分的选择权是个体或群体实现自身需求，满足自身发展的基本保障。其体现在每个人不分种族、信仰、国籍、性别，均有选择健康与安全生活的机会；每个人不分种族、信仰、国籍、性别，均有根据个体的能力、兴趣、特点选择平等教育的机会；每个人不分种族、信仰、国籍、性别，均有根据个体的能力、爱好选择合适的就业机会；社会有责任为个体提供实现其自身价值的机会。

现实生活中，农村社区居民以上各种选择机会均受到不同程度的限制，加之“负标签”如农民政治意识淡薄、参与能力差、不团结等，农村社区居民各种选择权被忽视。农村社会工作者要用批判的眼光分析这些“负标签”对农村社区居民造成的压迫和权力剥夺，借助各种服务，逐步改变这种压迫和权力剥夺的现状，方能坚持个体充分的选择权原则。

2. 坚持多元化的视角原则

长期以来，受二分法逻辑的影响。人们习惯了是非对错、非此即彼的推理逻辑，严重限制了生活多种可能的实现。农村社会工作者坚持多元化的视角，具体体现为：(1) 坚持多元文化的视角，相信每一种文化均是人类发展不可或缺的一部分；(2) 坚持多元发展的视角，相信没有一种发展模式是万能的，不同的发展路径均能产生积极的效益；(3) 坚持多元标准的视角，相信每一种标准只能代表部分人的利益，不可能体现所有人的利益。

在农村社会工作实践中，坚持多元化的视角原则，有利于农村社会工作者摈弃陈见，真真实实地做到与服务对象同行、包容和理解。要做到这一点，首先农村社会工作者须转变非此即彼、是非对错的直线逻辑思维为多元化视角；其次，农村社会工作者须学会反映对话的沟通技巧，要学会将自己置身于服务对象的生活情景中，去理解其所思所想所为；第三，农村社会工作者要做到心口一致，真正地尊重服务对象的主体性。

3. 坚持改变的可能性原则

农村社会工作者相信服务对象的潜能，就是要坚持相信改变的可能性原则。这就要求农村社会工作者在实际工作中要做到：(1) 不要因为现实处境的限制，而放弃投身到农村工作的选择；(2) 不要因为农村社区居民的不配合、不主动、不参与，而失去对农村社区建设的信心；(3) 不要因为没能得到主流社会的认同，而丢弃农村社会工作的理想追求。

现阶段，我国农村社会工作实务只经历了短短10多年的发展过程。存在很多不尽人意之处，相信改变的可能性的原则可激发农村社会工作者改变不如意处境的动力，摆脱诸多迷茫的困扰。真正做一名肩负社会责任的专业工作者。

4. 坚持充分地参与原则

参与是个体或群体实现多种权利的保障，也是个体或群体自我价值实现的重要平台。参与具有六项基本的功能（胡文龙、林香生，1994）[①] 即学习民主技能、引致最佳的政策、激发个人成长、减少垄断、满足个体的较高层次的需要、意识提升。由此可见充分参与的重要性。充分的参与原则包含：（1）不分种族、性别、年龄、民族、国籍，均享受基本的生产权、发展权、教育权和公民权，并参与其中；（2）参与过程中应充分保障参与者的发言权、决策权；（3）参与到多层面的社会实务中。

我国的村民自治制度为农村社区居民充分参与确定了制度保障。农村社会工作者要充分认识村民自治制度，借助这个平台实现农村社区居民权益最大化。

总之，农村社会工作只要坚持以上四点原则，全人类共同发展的价值目标就会实现。当然，任何事物都是在不断变化发展，这就要求农村社会工作者在实际工作中要有创新精神。

二、团结合作

团结合作的价值信念，体现了农村社会工作者对利他性社会关系、互帮互助的人文精神和包容性社会的渴望和追求。在拜金主义、个人主义等思想横行的当代社会，坚守团结合作的价值观，对改变日渐淡漠的人文关怀、人际和谐等均具有意义，也可以增强人类患难与共的精神，共同抵御灾害频发带给人们的伤痛。

1. 坚持利他性社会关系的伦理原则

王思斌在其文《社会工作：利他主义的社会互助》[②] 中谈到，利他主义是无私地关心他人福利的伦理原则，行动者以奉献为特征而不求索取。这一点体现了社会工作是一门福利性的专业助人活动。农村社会工作实务作为社会工作实务领域之一，也具有社会工作的特征，即农村社会工作也是一门助人活动。这就是说农村社会工作过程其实体现着一种社会互助——利他性的社会关系。

---

① 胡文龙，林香生. 社区工作价值观和原则［G］. //甘炳光等. 社区工作——理论与实践. 香港：香港中文大学出版社，1994：51—53.

② 王思斌. 社会工作：利他主义的社会互助［G］. //何国良等. 华人社会工作本质的初探. 台北：八方文化企业公司，2000：4.

比如在传统农村社区，邻里互助、农忙时换工帮工、对困难家庭的周济等现象时有发生，体现了较好的利他性社会关系，在农村社区生产和生活中发挥着积极的作用。但随着市场经济进入农村社区，农村社区居民之间的关系发生了巨变，人们开始用金钱多寡来衡量是否给予有需要的人帮助，严重制约了农村社会发展。农村社会工作者在实务工作中要积极恢复农村社区原有的利他性社会互助，以期农村居民彼此团结，集集体智慧和力量，建设宜居的农村社区。

2. 坚持互帮互助的人文精神原则

我国自古以来就有“一方有难，八方支援”的人文精神。其在解决特大天灾人祸造成的危害时发挥了积极的作用。农村社会工作者在实际工作中就是要发扬这种精神，借助各种平台，培育农村社区居民互帮互助行为。例如在九九重阳节组织村里的儿童青年看望村里的孤寡老人；积极鼓励农村妇女在农忙的时候彼此帮工；积极倡导有孩子的家庭轮流送孩子上学等。

3. 坚持构建包容性社会原则

包容性社会是指没有歧视，富有博爱的社会环境。综观当今社会，一些领域仍存在歧视。比如性别歧视，主要体现为女性社会地位低、就业机会狭窄；身体歧视，体现为人们对残障人士的有色眼镜，区别对待；疾病歧视，如人们对艾滋病患者、麻风病患者、精神疾病患者等的歧视；种族歧视等。诸多的歧视滋生了仇恨、引发社会动摇、导致了民族战争，这些均不利于人类社会和谐。

为此，农村社会工作者坚持建构包容性社会原则就是要积极开展消除社会歧视的工作。一是积极宣扬每个人均有被尊重的权力、人与人是不同的等包容性理念；二是积极开展消除歧视的工作，如为残障人士争取平等的就业机会，为麻风病患者争取保护性的生活环境等。

三、社会正义

谈及社会正义，人们自然会想到公平、公正、平等、自由等词汇。但什么是社会正义呢？学者何怀宏在其著作《公平的正义：解读罗尔斯〈正义论〉》[①] 中对正义相关概念做了比较全面的分析，正义、公正、公平、公道、公义均是与“正义”相近或同义的词汇，自由、平等、权力、功利、博爱、和谐、稳定、效率、安全、繁荣、富强、幸福等均是说明“正义”内容的描述词。一般意义上人们说社会正义既是指某种社会制度具有以上词汇所有的属性或这些属性的主要方

① 何怀宏. 公平的正义：解读罗尔斯《正义论》[M]. 济南：山东人民出版社，2002：55.

面，这种社会制度就会被人们认为是合乎正义的。

香港学者胡文龙等认为正义分为分配性正义和报应性正义。前者是指在不同的社会情况下，各个社会、法律、经济和政治组织是否有合理的秩序去达致合乎平等利益或负担的分配。其包含算数上的平等、才能功绩及需要。后者指违法或违背公理的行为与其后果是否相应。①

罗尔斯（J. Rawls）于1972出版的《正义论》（Theory of Justice）一书中提出了社会正义原则的概念。其认为第一正义原则是平等自由原则，即所有人都应平等地享受最广泛的基本自由，这种自由以不妨碍他人的同样自由为限。罗尔斯列举了四点人的基本自由：思想和信念的自由；政治方面的自由；人身自由和保障财产的自由；法治原则所规定的其他自由权利。第二正义原则是差别原则，即收入和财富的分配要符合最少受惠者的最大利益，故而补偿较少价值的自由，提高那些处于不利地位者的自由价值。②

罗尔斯关于社会正义的界定，为社会福利制度提供了哲学的基础和理论依据。农村社会工作相信社会正义的价值观，是因为农村社会工作的目标就是致力建设一个充分公平正义的农村社会环境，为农村社区弱势群体亦或困难群体谋求较为平等的资源分配制度、经济发展制度、社会建设制度。社会主义新农村建设是我国推动社会正义的重要举措之一。

四、社会工作价值观

社会工作价值观是农村社会工作专业价值观的基础。结合农村社区实际情况，我们将社会工作价值观具体化为四点原则，作为农村社会工作实践价值规范。

1. 尊重

尊重是人类最基本道德规范。在农村社会工作实践中具体体现为：一是相信个体的潜能；二是相信每个人都是不同的，每一个人都有不同的想法和追求；三是尊重服务对象不同的价值取向。

2. 融入

融入的原则要求农村社会工作者必须做到：一是身体力行，在同当地人同

① 胡文龙，林香生．社区工作价值观和原则［G］．//甘炳光等．社区工作——理论与实践．香港：香港中文大学出版社，1994：46－47．

② 何怀宏．公平的正义：解读罗尔斯《正义论》［M］．济南：山东人民出版社，2002：93

吃、同住、同劳动、同行中融入当地人的生活；二是处境化理解当地人的行为观念；三是参与与当地社区息息相关的各种社区事务。

3. 合作

对农村社会工作者而言，合作既是工作原则，亦是工作策略。农村社会工作者要努力构建农村社区村民之间的合作关系、农村社区与政府部门之间的合作关系、农村社区与其他社会团体之间的合作关系。有了良好的关系，才能有良好的合作。

4. 社会责任

对农村社会工作者而言，社会责任具有两个方面，一是希望政府有社会责任感，关心、关注那些需要帮助的弱者；二是农村社区民众对自己生活社区的责任感，积极关心社区实务，自觉参与社区建设。

第三节　农村社会工作的专业守则

农村社会工作专业守则是农村社会工作者从事助人活动正当和合法性的保障，也是农村社会工作区别于其他种类社会工作的鲜明特征。农村社会工作专业守则由农村社会工作的使命、农村社会工作的专业操守、农村社会工作的道德操守、农村社会工作的目标与标准等四个方面组成。

一、农村社会工作的使命

农村社会工作是我国社会工作本土化发展的产物，也是我国社会主义新农村建设的核心专业力量之一。随着全球化时代的到来，尤其是我国加入 WTO 后，国际经济对我国农村社区经济的影响越来越大，农村社区居民的生产生活方式也发生了剧烈的变化，这些变化有利也有弊。例如随着我国经济生产能力的增强，农村社会福利得到很大改变，新型农村合作医疗政策、新型农村养老保险制度、取消农业税等社会政策顺利实施。但经济发展也导致人地矛盾加剧、环境污染严重等社会问题。

农村社会工作者介入如此复杂的农村社会，则要担负应有的专业使命。农村社会工作的专业使命具体包括：（1）增进农村社区个体或群体社会福利，尤其是边缘和弱势人群，如农村社区残障人士、精神疾病患者、职业病患者。现阶段，我国用于农村社会福利的资源相对有限，这就要求农村社会工作者发挥专业优势，为农村职业病患者、精神疾病患者等特殊人群提供专业性福利服务，如康复小组、就业辅导、生计帮扶等。(2) 同服务对象一起，通过改善农村社区环境、影响农村社会政策，促进农村社会正义。例如在城乡二元对立的社会体制下，农村社区居民和城市社区居民所享受的社会福利存在明显的差异，城市社区居民的社会福利水平明显高于农村社区居民，要实现农村社区居民与城市居民一样的国民待遇，则必须改革社会福利制度。(3) 鼓励团结互助精神，倡导服务对象通过合作不断满足各种不同的需要。在农村社会工作实务中，农村社会工作者通过发现社区热心人士、培育社区骨干、培育社区组织等方式，增强农村社区工作的组织性和积极性，农村社区居民通过组织力量不断改善自己的生活环境。

二、农村社会工作的专业操守

农村社会工作专业操守是基于农村社会工作价值观建立的一套行为规范或原则。基于农村社会的工作是全人类共同发展、团结合作、社会正义重要组成部分的社会工作价值观，我们将农村社会工作专业操守归纳为以下七点：

1. 为农村社区有需要的个体或群体提供专业服务

提供专业服务给有需要的个体或群体是社会工作专业的基本要求。农村社会工作者可结合农村社区个体或群体不同的需要，开展不同的服务。例如为农村职业病患者提供社区康复服务、为农村残障人士提供社区照顾服务、为农村贫困家庭提供生计援助服务。抑或针对农村社区居民文体活动的需要，开展各种社区活动；针对农村社区居民学习技能的需要，开展各类技能培训班；针对农村社区居民组织缺乏，培育各种社区组织等。

2. 协调农村社区居民共同解决农村社会问题

预防和解决农村社会问题是农村社会工作又一重要工作目标。农村社会工作者可通过链接资源，整合社区资源，激发个体潜能，培育农村社区居民组织、社区领袖等方式，集群众的力量解决农村社会问题。例如在我国西部农村地区，因受地域特征的限制，农业不能实现规模化生产，农村产品的市场竞争力比较弱，针对这种情况，农村社会工作者可以倡导“散户种养殖，集中出售”为核心的合作社经济模式，以期增强这个地区农业产品的市场竞争力。

3. 一起改变社会不正义

社会正义是农村社会工作核心价值追求。农村社会工作者要动员遭遇不公平待遇的农村社区居民，一起行动，积极改变社会不正义的现实，从而确保每个人拥有平等的资源、服务和权力。要实现这一目标，农村社区行动能力、决策能力、沟通能力等能力建设工作是农村社会工作的核心内容。

4. 尊重服务对象的尊严和价值

农村社会工作者既要忠于专业价值，也要合乎社会道德规范。既要担负起社会责任，又要满足个体需求。这就要求农村社会工作者要以关怀和尊敬的态度对待每一个人。例如某农村社会工作者在甲农村社区组织开展关于传统刺绣的培训，想邀请本村刺绣技能十分精湛的石大姐来义务给培训者讲授，但石大姐拒绝了社工的邀请。本刺绣培训班完成后，项目有部分小额资金可无息借给想做刺绣的妇女，石大姐向社工提出了申请，希望能获得支持。如果你是这名社工，你会怎么做呢？相信答案有很多种，理由也有很多种。但无论我们最终将做出什么样的选择，千万不能忘记服务对象的尊严和价值的专业操守。

5. 诚实守信

诚实守信是农村社会工作者塑造良好专业形象的关键，也是农村社会工作者活化专业价值的表现。这就要求农村社会工作要处理好专业关系和私人感情的关系，我国农村社区居民热情好客，可能经常邀请你到他家吃饭，送一些土特产等。农村社会工作者在面对盛情难却的处境时，恰当的做法似乎是“礼尚往来”，但最好是保持良好的专业关系，避免建立过度的私人关系。诚实守信另一点要求就是农村社会工作不能随意承诺自己有可能做不到的事情，承诺的事情一定要尽力去兑现，如果实在做不到，要敢于说明。

6. 重视人与人互助的人际关系

关系是农村社会工作开启的核心。有了关系，改变才能发生。对农村社会工作而言，核心的关系是指专业关系和服务对象之间互助的人际关系。为了建立服务对象之间合作的人际关系，农村社会工作首先要搭建各种平台，如社区活动中心、兴趣小组、培训班等，借助这些平台，促使服务对象之间建立联系；其次在建立的联系中寻找共同点，比如共同遭遇的困难、共同的需求等，促使共同行为的产生；最后是农村社会工作者及时给予不同形式的支持，让服务对象之间的共同行为变成一种常态，引导建立互助性的人际关系。

7. 不断扩充自己的知识面，增强自己的专业能力

农村社会工作者应熟练掌握专业技能，有能力回应服务对象的各种需求。服务对象的需求复杂多样，农村社会工作者仅凭课本知识是无法满足服务对象日益增多的需求。这就要求农村社会工作者在工作之余要不断扩充自己的专业面，增强自身的专业能力。例如农村尘肺病社区康复服务中，需要教会尘肺病患者多种有利于尘肺病康复的物理治疗手法，服务初期，农村社会工作者可以邀请相关的物理治疗师进行培训和指导，但物理治疗师不可能长期参与当地的康复训练工

作，这就要求农村社会工作者必须学习相关的康复方法，协助物理治疗师完成日常的康复治疗工作。

三、农村社会工作者的道德操守（伦理原则）

道德操守是农村社会工作职业伦理的具体化。结合社会工作职业伦理，我们将农村社会工作道德操守归纳为增进服务人群的福祉、鼓励服务人群积极参与社区事务、及时给予服务人群不同的支持、促进合作避免冲突、退出机制等五点：

1. 增进服务人群的福祉

农村社会工作首要社会责任是增进农村社区社会福祉。福祉的含义十分广泛，在此处农村社区社会福祉主要指可以改善农村居民生产生活水平的社会制度、可以提升农村居民生活质量的社会福利政策、可以增进农村居民基本权益的政治制度和分配制度及各种公共服务设施、公共服务产品。农村社会工作者一是扮演好影响政策者角色，促进政府出台各种有利于农村社区居民福祉的社会政策。二是发挥专业优势，为服务对象提供优质的专业服务。

2. 鼓励服务人群积极参与社区事务

在农村社会工作实务中，服务对象积极参与社区事务是培育居民社区意识、增加农村社区民主、建设农村公民社会的重要工作。鼓励服务人群积极参与社区事务的核心是群众参与的发言权和决策权。为此，农村社会工作者要做好农村社区居民表述能力、谈判能力、沟通能力、决策能力的能力建设工作。

3. 及时给予服务人群不同的支持

农村社会工作有明确的社会理想和追求。但要实现这些理想和追求，前提是服务人群要有希望改变的欲望，在采取行动中，服务对象同样拥有选择什么路径、采取什么方式、甚至是终止行动的权利。农村社会工作者在这个过程中需要扮演好桥梁中介的角色，为服务人群改变行动做好后勤保障，及时给予不同的支持。例如乙农村社区的老年人想注册成立老年协会，不知道注册的程序，这时农村社会工作者需要及时为老年协会筹委会提供相关的资料；协会成立后希望在网上展示本协会开展的各项工作，不知道如何上网，这时农村社会工作者需要协助本组织开通网上博客，培训协会相关成员学习上网技能。

4. 促进合作，避免冲突

每个人有不同的利益追求，因此人与人之间时有冲突发生。农村社会工作者在实际工作中要促成集体行动，就要想办法处理好不同群体间的冲突，促进合作。一般情况下，农村社会工作者在介入社区公共事务时，宜采用集体行动。比如农村社区环境卫生治理、农村水利灌溉设施维护等。

5. 退出机制

农村社会工作者因工作需要或个体原因，需要离开仍然需要服务的农村社区。为了避免农村社会工作者离开给服务人群造成不便，农村社会工作服务应坚持退出机制，即农村社会工作者要离开服务社区，必然提前一个月告知服务人群，并做好交接工作，善始善终。

四、农村社会工作的目标与标准

1. 农村社会工作的目标或工作方向

结合以上农村社会工作的使命、专业使命、道德操守和农村社区现实处境，农村社会工作主要的工作目标或方向包括：

（1）建立和谐友善的农村社区生产生活环境；

（2）建设有助于发挥农村社区居民聪明才智、自我发展的社会保障机制；

（3）针对农村社区个体或群体需求，提供专业服务；

（4）营造社会综合发展的共融的农村社区；

（5）倡导团结经济模式。

2. 农村社会工作的标准

结合我国《社会工作者国家职业标准》[①] 和《美国全国社会工作者协会——社会工作从业服务标准汇编》[②] 关于社会工作职业标准，下文概述5条农村社会工作的标准：

第一项标准

农村社会工作者应严格遵守社会工作专业的价值观和伦理规范，须以我国《社会工作者国家职业标准》和中国社会工作者协会《社会工作者守则》作为涉及伦理问题的决定的指针。农村社会工作者应对包括农村社区居民接受社会服务的权利在内的基本人权有所认识，愿意按专业判断和专业信念采取行动，通晓我国社会工作者协会的伦理标准，认识到变化持续不断，身为农村社会工作者要与时俱进，不断审慎地察看和完善理论、政策与实践。

作为农村社会建设的专业人才，农村社会工作者有责任知道并遵守当地、省

① 社会工作者国家职业标准（劳社厅发［2004］7号）[S]. 2004—06—15. http://jnjd.mca.gov.cn/article/zyjd/mzxzy/201012/20101200118427.shtml

② 美国全国社会工作者协会——社会工作从业服务标准汇编［G］. 民政部社会工作人才队伍建设领导小组办公室组织译. 2007. 3.

和国家的立法、条例及政策。在出现互有冲突的情况时，农村社会工作者应以我国社会工作者协会的伦理标准作为决策的依据。

第二项标准

农村社会工作者综合考虑工作轻重缓急、优先次序，安排好时间、精力、工作量，履行职责，完成职责内的任务。农村社会工作者必须尽心尽力地完成本职工作。应与督导、服务对象共同制定工作的优先次序。优先次序是结合可用资源是否能及时回应服务对象需求、发挥农村社会工作者的专业技能、利于工作方案实施来确定。农村社会工作者应加强与当地基层政府之间的联系，及时了解相关政策。

第三项标准

农村社会工作者应给农村社区个体或群体充权，使其获得有效途径，有效利用社区、社会的正式及非正式资源。充权的原则是结合农村社区个体或群体的能力和权力结构，为他们自己争取权益。如农村社会工作者发现和培养社区热心人士，与其合作，培养其成为社区骨干或社区领袖。

第四项标准

要长期有效地开展农村社会工作，“专业督导＋专业社工＋在地专职社工”是最佳的工作模式。农村社会工作者在开展专业服务的同时，必须培养当地专业社工的发展，通过短期专业培训、参加专业会议、学习访问等策略，培养当地专职社工成为农村社会工作服务核心力量。

第五项标准

寻求跨专业联合，共同服务。当今农村社区资源相对单一、服务机构相对缺乏，但在农村社区需求众多的情况下，跨专业合作，对解决农村社区民众复杂的、多样的需求十分重要。农村社会工作者，要打破专业封闭，在坚守专业底线的同时，积极寻求与其他专业机构、人才合作，共同致力于农村社会发展工作。

【案例分析】

辽宁康平：村村都有“说和团”

辽宁省康平县162个村，活跃着162支“老年说和团”。7 000多名能说会道的“说和人”，解决了农村90%以上的纠纷。

3月16日，在辽宁省康平县四家子村采访，记者正好遇到村里的“三老”们碰头，合计最近要“说和”的事儿。

农村村村有“三老”：老字辈，老教师，老党员。“三老”是“三宝”：老字辈本乡本土、家族大、辈分高、为人正、有威望、说话有分量；老教师，有人缘，有文化，和群众处得好；老党员、老村干部，对政策、法规较熟悉，经验丰富、办事老练。近年来，康平县把“三老”组织起来，在农村组建“老年说和团”，“说”为手段，“和”是目的。他们身在百姓之中，动在田间地头，“说和”在茶余饭后，成为康平农村平安建设、促进农村社会和谐的重要力量。目前，全县“老年说和团”已遍布17个乡镇，村级“老年说和团”162个，自然屯“老年说和团”1 128个，成员7 000余人，在源头上化解了90%以上尚未形成信访、治安、刑事案件的矛盾纠纷。

不在编，不领资，“三老”是好帮手：老党员丁耀凡是康平县四家子村人，在村里说和团已10多年。76岁的人耳不聋眼不花，思路清晰，吐字清楚，说起话来，句句在理，在村里威信很高。

“有些事，村书记主任不好管的，我们就出面说和。”丁耀凡说。一边说一边举起了例子。村里宋作山老汉的儿子和儿媳张淑华离婚了。离婚后，张淑华和女儿的9亩地一直被大伯哥种着，每亩70多元的粮食补贴也占着；张淑华和女儿在沈阳边求学边打工。多次催要，没有结果。“这是老宋家的地，能让外人种么?”老汉很倔强。无奈之下，张淑华找到了村里。村支书谷全丰让说和团的丁耀凡带人去“说和”。“老宋，这个事你占不着理。你占人家地让她娘俩喝西北风啊?”丁耀凡多次找宋作山说和，“要真闹法院判你输，你脸往哪里搁?”

在老丁的说和下，最终宋作山和前儿媳达成协议：地暂由大伯哥种，但粮食直补每年600多元要给，地要给租子，租金低于市场价。

农村遇事有矛盾纠纷，找人“说和”是个传统。康平县北四家子乡首先兴起“老年说和团”。康平县综治委等单位因势利导，借鉴四家子乡经验，将这些“说和人”固定下来，成立“说和团”，处理排查矛盾、调处纠纷。如今，“老年说和团”团员活动在全县每个村的田间地头、左邻右舍。

“在这里，不领工资，相对松散。在家闲着也是抱孙子。”四家子村“老年说和团”团长朱俊营说，“这样能发挥余热，为村里老少爷们办点实事。”“老年说和团是我们这里的宝贵财富。这些老同志不在编，不拿工资，排忧解难，是党的好帮手，维护社会和谐的大功臣。”四家子乡党委书记郭伟说。“老年说和团”在地头、村头、炕头，处理了数不清的民间矛盾纠纷，康平县多年来农民上访量、民转刑案件在沈阳市都是最低的，康平县连续八年被评为辽宁省平安县。

讲“法律”，论“情理”，“三老”灭火是好手。清官难断家务事。农村户挨户、亲套亲，极易发生婆媳不和、夫妻反目、兄弟争斗、妯娌叽咕、邻里纠纷之类的“家务事”，大多属于法律管不着，可处理不好就可能出现民转刑案件，酿成悲剧。多年来，康平县各村“老年说和团”操碎心、费尽力、跑细腿、磨破嘴，用“法”和“情”来“掰饽饽说馅儿”，使无数发生矛盾纠纷的双方了却恩怨，重归于好。河信子村有位年近七旬的老汉，膝下5子，本想“养儿防老”，却被儿子们“踢”来“踢”去，儿子之间还经常吵吵闹闹。面对这个棘手的问题，王儒等几位老同志琢磨来琢磨去，上门施个“万全之策”——说和一个最“孝顺”的儿子负责照顾老人生活起居，其他四个儿子承担老汉的土地承包费等，如此一张“分工”契约，老汉的生活既有了着落，5兄弟之间也消除了隔阂。

2011年春天，康平县招商引资引来46户外地客商在胜利开发区建设塑编产业集群过程中，涉及占用小城子镇乡约村部分土地，这个村200多名群众由于缺乏对开发政策的了解，阻拦部分企业进厂施工。为既不激化矛盾，又能把农民引导到企业建设中，小城子镇党委发动全镇100多名与乡约村有亲属关系的“老年说和团”成员奔赴纠纷“战场”，发挥“老年说和团”成员本乡本土，家族大，辈分高，为人正直，有威望，说话有分量的优势，“说”建设开发区的好处，“和”农民群众的愿望，不但消除了这200多名群众的思想顾虑，平息了“战火”，农民心情愉快地投入到企业的建设中。

“发已千茎白，心尤一寸丹”。现如今，“老年说和团”的工作“职能”已由初始阶段的“说和”夫妻互敬互爱、邻里和睦相处、晚辈尊老敬老，扩展到帮助失足少年、调解干群关系、协助治安巡逻、资助贫困学生读书。工作“方式”也由走村串户“说事”、“和事”，发展到编印《老年之声》小报、举办青少年培训班、农业科技辅导班、形势报告会。

余热生辉，续火传薪，“老年说和团”已成为康平农村社会和谐的生力军。

资料来源：人民网 http://politics.people.com.cn/GB/14562/17430863.html

案例思考：1. 从专业伦理角度谈谈你对“清官难断家务事”的看法。

2. 结合案例，从专业角度分析“说和团”可能面临的伦理困境。

【本章小结】

农村社会工作价值观是农村社会工作专业的灵魂，职业伦理是农村社会工作者坚持专业操守的保障。为了将抽象的价值观“活化”和“具体化”，本章第一节结合人们对农村现实生活处境的认识，梳理认为主流意识“诠释”现实及需求习惯用二分法，即非此即彼、是非对错的逻辑，在这样的逻辑下得出的现实及需求不能代表客观存在的全部。

基于这点认识，本章第二节讲述以全人类共同发展、团结合作、社会正义和社会工作价值观等为核心的农村社会工作价值观体系。要体现全人类共同发展的价值观，必须坚守“坚持充分的选择权”“坚持多元化的视角”“坚持改变的可能”和“坚持充分参与”。要体现团结合作的价值信念，需坚守利他性社会关系的伦理原则、互帮互助的人文精神原则和坚持建构包容性社会原则。要体现社会正义的价值信念，必须坚持平等自由原则和差别原则。

最后，结合第一、第二节关于农村社会工作价值观的讨论和建构，第三节总结梳理出农村社会工作的工作守则，主要从农村社会工作的使命、农村社会工作的专业操守、农村社会工作的道德操守、农村社会工作的目标与标准四个方面进行了介绍。农村社会工作专业守则是农村社会工作者从事助人活动正当性和合法性的保障，学习者必须掌握。

【思考题】

1. “内化”农村社会工作价值观为什么必须经历“活化”和“处境化”过程？

2. 请谈谈您对农村社会正义价值观的理解。

3. 请谈谈您对农村社会工作使命的认识。

4. 您如何看待农村社会工作的五项标准？

【讨论题】

1. 3～6人一组，讨论农村社会工作者应该具有什么样的专业态度。

2. 3～6人一组，讨论农村社会工作者应该具备哪些专业能力。

【推荐阅读】

1. ［美］Frederic G. Reamer. 社会工作价值与伦理［M］. 包承恩等译. 台北：洪叶文化事业有限公司，2000.

2. 杨锡聪. 消灭贫困与社会工作［M］. //何洁云，阮曾媛琪. 迈向新世纪：社会工作理论与实践新趋势. 台北：八方文化企业公司，1999.

3. 罗肖泉. 践行社会正义——社会工作价值与伦理研究.［M］. 北京：社会科学文献出版社，2005.

4. 何国良等. 华人社会工作本质的初探［M］. 台北：八方文化企业公司，

2000.

5. 甘炳光等. 社区工作——理论与实践 [M]. 香港：香港中文大学出版社，1994.

6. 美国全国社会工作者协会——社会工作从业服务标准汇编 [G]. 民政部社会工作人才队伍建设领导小组办公室译. 2007.

7. 罗能生，杨能. 可持续发展价值观的建构 [J]. 学习与实践，2007.

8. 何怀宏. 公平的正义：解读罗尔斯《正义论》[M]. 济南：山东人民出版社，2002.

第七章　农村社会工作的过程

中国人易犯的毛病，思想主张用文字写出来以后，有人读了赞赏一下就完事，文字就是工作，理想等于幻想。现在有一班人，他们也是书生，但他们不仅有思想，而且进一步用功夫实践他们的理想，这是一件打破文人传统的大事，无怪要引起人家的重视。①

——晏阳初

农村社会工作的过程旨在阐明农村社会工作实务的一般性工作步骤。但我们知道我国农村社区存在很多差异，各个地方农村社区居民生活现实及需求也有所不同。学习了本章所讲述的农村社会工作过程后，农村社会工作者在实际工作中万不可照本宣科、照搬照抄，必须融会贯通，举一反三，才能给服务对象提供最优的农村社会工作专业服务。结合社会工作服务的一般过程，我们将农村社会工作的过程纵向划分为前期准备、中期服务和后期评估三个阶段，横向又将每个阶段分为二项工作内容。具体如下：

- 了解农村社区基本情况
- 参与式评估分析农村社区问题和居民需求
- 根据评估结果制订服务方案
- 实施服务方案
- 中期评估
- 终期评估

为让学习者“活化”农村社会工作以上六个方面工作。本章将结合一个农村社区实际案例，逐一介绍。

---

① 晏阳初. 实习区的意义［G］. //宋恩荣. 晏阳初全集（第二卷）. 长沙：湖南教育出版社，1989：128.

湖南省涟源市古塘乡白竹村社区

古塘乡，地处涟源市西北部，土地总面积56平方公里，平均海拔686米，素有“小青藏高原”之称；全乡辖24个村，2.3万人；耕地面积32 645亩，其中水田11 918亩；境内年平均气温16.2～17.3℃，常年降雨量在1 250～1 500 mm之间；林地面积7万亩，森林覆盖率42%，林木绿化率45%。与新化县田坪镇、温塘镇接界，与安化县毗邻，车田江水库与大江口水库南北相望，遥相呼应。古塘山清水秀，人杰地灵，文化底蕴深厚，农民诗人层出不穷，是涟源市最早荣获“中华诗词之乡”称号的乡镇之一。

白竹村位于古塘乡的东北方向，距离古塘乡5公里，属于比较偏僻的农村地区。全村共有108户，人口1 132人。其中60岁至80岁的老年人249人，80岁以上23人。村里人都是汉族，吴姓为大姓，有家谱和专门的祠堂。全村的农业人口总数为1 030人，非农业人口102人，享受低保福利政策的人数为26人。白竹村55%的农户从事纯农业生产，主要的农产品有水稻、蔬菜、金秋梨等；45%的农户生产方式为半农半工。其中半农半工的家庭有60%的家庭男性劳动力在煤矿工作，30%的家庭男性劳动力外出务工，10%的家庭从事个体经营。

白竹村居民就业途径主要有三类，一是在家从事农业生产，二是外出务工，三是在本地煤矿挖煤。白竹村在煤矿工作的人数为115人，工种为井下开采。白竹村在煤矿工作者工作年限30年以上者2人、20年以上者67人、10年以上者35人、10年以下者11人。因长期挖煤，白竹村在煤矿工作者已经被诊断患有尘肺病的患者22人，占总挖煤人数的19%。其中一期尘肺病患者12人、二期尘肺病患者8人、三期尘肺病患者2人。除尘肺病患者外，本村其他特殊人群还有残障人士9名、精神疾病患者2名。

2010年，为改善白竹村尘肺病患者生存环境，由长沙民政社会工作学院牵头，湖南社会工作协会、涟源市疾控中心执行，实施了为期两年的“湖南省涟源市尘肺病社区康复项目”。

（备注：本章节均以此案例为例，为便于描述，将本案例简称案例一）

第一节　农村社会工作前期准备工作

农村社会工作前期准备工作主要为农村社会工作服务计划的制定寻找依据，主要是指了解农村社区基本情况。

一、了解农村社区基本情况

为了制定更加切合实际的农村社会工作服务方案，解决农村社区问题、回应农村社区居民需求。在农村社会工作准备阶段首先要了解农村社区基本情况。

1. 基本内容

（1）村历及现状

村史是我们了解农村社区发展变迁过程、村庄名人、重大事件的重要文献资料，也是我们分析在地农村社区现实社会问题产生的历史根源的依据。目前，我国农村社区没有正规出版的村史出版物，但农村社会工作者可以通过查阅当地官方地方志、县志和家谱来了解农村社区的部分历史，另外关于村庄的历史我们只能通过了解村庄的集体记忆去认识。村庄的集体记忆抑或口述历史是农村社区历史的重要组成部分，受多种因素的限制，我国传统农村社区往往是通过口传心授的方法传承本地区的历史，比如民间故事、口头传说、碑刻等。农村社会工作者可通过口述历史的方法去了解农村社区村史。如果时机成熟，也可以鼓励农村社区居民一起来撰写属于他们的村史。例如香港理工大学、云南大学在云南平寨就成功推动村民一起撰写了《文化与发展的践行——平寨故事》[①]，在这一过程中推动了当地壮族民族的历史自觉、文化自尊和民族自信的建立，农村社会工作者农村工作的能力也得到很好地提升。农村社会工作者在实际工作中，应该重视所工作地区农村社区村史的挖掘和撰写工作，为推动当地农村社区文化建设贡献力量。

例如案例一谈及白竹村所在地区农民诗人较多，农村社会工作者可以通过搜集相关诗词了解当地文化，诗词是当地村史的重要组成部分。另外当地吴姓为大姓，有自己的族谱，吴姓族谱也是了解当地村史的重要手段。

了解村史后，我们还需要对农村社区现状进行全面认识，包括自然地理环境、生活环境、人口状况、公共服务状况、社区发展状况、生产生活状况、社区文化等。具体见表7—1。

（2）农村社区组织

农村社区组织从性质划分可分为正式的社区组织和非正式的社区组织抑或民间组织构成，从组织功能划分可分为政治组织、经济组织、文化组织、社会组织、宗教组织等。

① 张和清等. 文化与发展的践行——平寨故事［M］. 北京：民族出版社，2007.

表 7—1　　农村社区现状的具体内容

项目	内容
地理及自然环境	村庄面积、地理位置、地形特征、自然资源等
人口结构	人口数量、结构、家庭类型及规模、民族构成及分布、居住环境、就业类型及状况
公共设施及公共产品	如水、电、路、医疗、媒体、通讯等设施，学校、医院、商店、福利服务等公共产品
生产和生活状况	农业产品的种类、规模，劳动及生产方式，饮食起居等
风俗习惯和价值观念	如婚丧嫁娶、吃穿住行相关的风俗，宗教信仰、禁忌、村规民约等

依照社会组织性质划分，农村社区正式组织主要有两类：一类为当地组织（详见本书第一章第一节）；一类为农村社区息息相关的基层人民政府职能部门和群体组织。基层乡（镇）政府职能部门设置与当地社会经济发展有紧密的联系而有所差异，有些地方是“七站六所”、有些地方是“三个中心五个服务点”，归纳之主要指农业推广站、林业站、水电站、文化广播站、畜牧兽医站、经管站、计划生育服务站、财政所、司法所、民政所、派出所、土地所、工商所、粮管所、供销社、信用社、邮政局、卫生院、小学、中学等。群团组织主要是指共青团、工会和妇女联合会等。另外还有随着农村社会经济发展，为适应市场经济体制，农村社区出现各种经济组织，如新型经济合作组织、农村股份制经济组织等。

农村社区非正式组织也可归纳为两类：一类是与生产生活相关的组织，如宗教组织、宗祠种族、养殖协会、文化协会等；一类是与农村社区自身发展相关的组织，如社区发展管委会、民族文化保护中心、运动队、兴趣小组、刺绣加工小组等。

总之，农村社区非正式组织也直接影响着农村社区权力结构、资源分配、居民生产生活水平，农村社区非正式组织的蓬勃发展，有助于农村公民社会建设。农村社会工作者通过了解农村社区正式和非正式组织，可以掌握农村社区权力关系、资源分配情况、民众参与社区建设等情况，为下一步专业服务的开展奠定基础。

2. 认识农村社区的具体方法

香港学者莫邦豪[①]教授在其文《认识社区》对认识社区做出比较全面的介

① 莫邦豪. 认识社区［G］. //甘炳光等. 社区工作技巧. 香港：香港中文大学出版社，1997：3—11.

绍。这些方法同样适用于认识农村社区。要全面认识农村社区，需做好三项工作：一是探索社区背景，社区背景主要内容为社区基本情况、社区居民个体或群体关系、权力关系、社区问题及需求；二是探索工作方向，即结合社区背景，根据人力、物力等资源，做出工作的先后次序；三是探索社区动力，建立社区关系，主要是社区意识、社区领袖、社区支持网络等工作。

要实现以上三项工作目标，农村社会工作可通过多渠道的科学方法进行了解。

（1）文献分析法

文献分析法主要是通过图书馆资料、媒体资料、网络资料、历史资料、会议资料等，了解与农村社区基本情况。通过以上途径所获得的资料在社会科学研究中称之为二手资料。一般情况下，二手资料只能作为一种参考，不能不信，也不能全信。为了更进一步地了解农村社区基本情况，农村社会工作还必须通过实地考察、访问法等方法获取一手资料。

（2）实地考察法

实地考察是指农村社会工作者进入到农村社区具体环境中，通过社区行、社区探查、社区观察、绘制社区资源图、社区图等方法了解农村社区基本情况。实地考察过程中，农村社会工作者必须重视当地农村社区居民的参与，比如绘制社区图、社区资源图等时，农村社会工作者可邀请 3～5 名对本社区比较熟悉的村民，一起组成社区探查小组，一起开展考察工作。

（3）访谈法

访谈法是指农村社会工作者通过社区会议、入户家访、拜访关键人物、半结构式调查等方式获取与农村社区相关信息。一般而言，农村社会工作者需要拜访的社区关键人物有社区中德高望重的老者、社区组织的领导、社区中被视为有文化、有能力的能人，尤其是要拜访被社区视为“钉子户”“不听话”的个体和边缘化的人群。

二、农村社区基本情况调查报告撰写模板（湘西老寨社区为例）

1. 老寨社区基本情况概述

老寨社区是长沙民政社会工作学院农村社会工作实习基地。老寨村地处湖南省湘西州古丈县默戎镇下河 10 公里。从默戎到老寨坐车需要 25 分钟，全程为单车道的盘山公路。老寨三面环山，一面临水，与公路一河之隔，虽然老寨与几戎已合村，并有一座桥，但老寨大多数村民都是步行蹚水过河坐车，只有在涨水时期才从桥上过河，经几戎村到公路。从桥上过河到公路要绕道，所以村民一般在过河时都选择前者。村民希望在公路与村落之间架一座桥，以便出行。但由于多种原因，桥至今仍未架成。

老寨村农业资源——家菜、野菜。家菜如萝卜、白菜、瓜（青瓜、冬瓜、黄瓜、苦瓜、丝瓜）、藕、芥、豆芽、莴笋、胡萝卜、芹菜、菠菜、甜菜等。野菜为山中自然生长，如蕨菜、白蒿菜等。其他如豆类有把豆、豌豆、菜豆、绿豆、黄豆等。煮食方法简便，味道极佳。村中粮食以吃米饭为主，配之以杂粮，杂粮主要以高粱、小米、苞谷为主，油以茶油为主，寨中男子一般喜爱米酒，烟草在村中普遍流行。

2. 老寨村的历史由来

老寨村以前叫枫树坪（但现在已经没有多少人知道），在1990年之前与现在的几戎村同属一村，以几戎为名。由于人口增加，管理难度进一步加大，老寨从几戎村分离开来，叫老寨。2006年两村又合并为一村。

老寨现有4个村民小组，两个自然寨。村中以石、梁两姓为主，龙、向两姓较少。石姓原有大石、小石（施）之分。后来因为方便书写将大石、小石（施）统一为石。村民自称为太平天国翼王石达开的后代。原因是太平天国时期，石达开曾率军队在此地驻扎。村中梁姓据此族人讲起源于江苏后因战乱迁到桂林，后又迁至永顺。具体迁入的年代已无人知晓。龙、向两姓均为入赘而来，入赘的时间不长，听说只有两代。

3. 老寨村社区组织

老寨村基层组织为村支部、村委会、共青团组织、妇代会、民兵营组织、村治保会、村民调解委员会、村计划生育组织。其中许多组织只是挂牌无人，村中的大小事务均是由村支两委负责执行。老寨村现在共有党员15人，平均年龄58岁，高中文化3人，初中以上文化4人，小学文化6人，文盲2人。

4. 老寨社区人口及生产状况

老寨村全村139户共583人，其中有劳动力275个，常年外出打工78人。剩余在村中劳动力有197人，年龄大多在40至65岁之间。全村耕地面积576亩，其中稻田面积426亩。大小水利设施34处，灌溉面积180亩，有大型水坝一座。村中农用机械设备较为完善，其中有小型打谷机一台，抽水机3台，耕田机4台，榨油机2台，打米机4台，锯木机2台（均为个人所有）。另外，村内还有方便村民修理农具的铁铺1个。

村中粮食生产以水稻、玉米为主，经济作物以油菜为主，全部种植面积100

亩、0.7万公斤。在过去7年中由政府扶贫而开发橙柚、脆蜜桃320亩，但由于购苗不当及技术跟不上造成80%的失败。除此之外，没有任何经济作物。在畜牧养殖方面全村现在耕牛112头，存栏生猪203头，羊40多只，鸡鸭等家禽较为分散，数目不详。村民的经济来源以砍山竹、烧炭、挖盆景和外出打工为主。另外，村内糖烟杂货店5家，以便村民生活。

5. 老寨社区公共设施

村中有私办卫生室一所，设在自己家里，村部办公室6间砖房，没有图书室、广播室。全村已通电并已进行了低压农网改造，人畜饮水工程已通120户（没有得到政府的资金），19户还没有接通。全村共有地面卫星接收器2台，能接收5套节目，有4户自装有数码卫星接收器，可接收40多个频道。全村有电视机48台，其中彩电15台。

全村高中文化程度14人，初中文化程度63人，小学文化程度278人，有6名教师，其中退休教师两名，在中心完小任教2名，在排布村小任教1名，在寨中任教1名。村内有学校一间，名曰“几戎中寨片完小”，现只有2个年级2名老师。

6. 风俗习惯（服饰、饮食、丧葬文化）

老寨村内服饰多以汉服为主，男装苗服在村内至今仍未见过，女性穿苗服者均为45岁以上的女性。寨中女性苗服头巾缭绕，重叠极多。若遇严寒，加包短巾一节，长约三尺，由前额包向胸后中部，巾的两端紧包两旁连两耳都包在内，不透风寒。女子发型尚古式，不剪发、捆独辫，无论寒暑都包头，衣服腰大而长，袖短无领，袖口大约尺许，袖长齐过手腕。胸前及袖口照例要滚绣花边，加栏杆花编于其间，还有开衩及放摆，两面之边缘，均刺绣及挖钩。衣全是满襟，无对襟式。纽扣部位列五颗，腰系红、绿或黄色的湖绉细帕，帕两端吊悬于右方，间无有此绉帕是系花带和腰裙。裤子短肥，绲绣花边或纱边。

老寨村内的食物颇有地方特色和民族特色。寨中村民平日生活多为素食，只是逢年过节，或待客人宴会时以鸡鸭款待，以表示主人深情盛意。猪、牛肉为主要的食品。因为村落散居，人较少，交通不便，虽有五日一期圩场，距场所近有数里，远有数十里，购肉不易。虽然现在寨中有买肉的人，但并不普遍。

村民多用腌坛肉鱼为招待宾客的佳品，村民喜欢用平日购买的猪肉切成小块，用盐粉腌之，和以米粉，装入坛中，密封其口，倒扑于浅水盘内，使之不通气。经两周后，略变酸性，食之可口，还有腌酸鱼亦相当可口。

村中男女临终，无论老人或长者，所有儿女，均齐集左右，听训遗嘱，而送终时，当家主人，须备香一把及三斤六两白纸钱，俗称“落气钱”。到了断气的时候，就将该香纸放到锅内烧了。烧成灰烬，用布袋盛着，扎于死者身上。传说这样是为了使死者在阴间有钱可以用。另外，儿女还要放声大哭。同时，邀请异姓给提水一罐，扯水菖蒲一簇，熬水浴身。梳发换装，鞋袜一新。裤带带有线带者，按死者年龄，一岁一根，不能少也不能多。装尸完毕，合置于堂屋中，送死者仰面卧之，俗称“上柳床”。脚下摆饭一碗，熟蛋一个，碗上插些草秆节祭之。传说死者若完成饭蛋祭时便成饿鬼，随其子出门，分赴他处，他人不请饭者，必降祸于人，齐家大小，便起头痛、肚痛危急之灾。用米撒之，立刻止痛。所以社会上有的人在肚子痛得很厉害的时候就会拿米到门外，撒送给饿鬼要求放他一命。

7. 民族节日

每逢废历正月间，由初四起是儿女郎婿团拜之期。相传初一是过国家年，初二是过地方年，初三是过家庭年。遇此日期才往各方拜亲友。拜年多于四日至十二日，再迟不得过十五日。在此期内，一般新婚者，做粑粑，买酒肉、糖点、面条为礼品，去拜访岳家。拜年担子最少一担，新春路上，男女访亲，往来如流，入岳家为客，设饭款待。若有女婿不来时，岳家即派人去迎接。故有俗语“六月望行雨，正月望郎女”，因一农忙，劳苦不暇，行亲日少，乘新年之时团聚。女家族兄族弟，排门备客欢迎，坐宿三五日或七八日不等。岳家例春粑粑配衣料送回家，以表示回盘敬之礼物，但现在时过境迁有好多礼节已有删减，现只是年初一不出门而已。每到过年，村中都会举行活动进行庆祝，娱乐活动包括舞狮、打苗鼓、举行文艺晚会、篮球比赛（活动资金来源自村民——多为外出打工者，村部出一部分），举行庆祝活动在中寨村已成为传统，篮球比赛外村也有球队参加，竞争相当激烈。

清明时节是村中一个较为隆重的节日，传说清明时节要戴杨柳圈帽，小孩也不例外，因为“清明时节要戴柳，不戴杨柳，将来老死转猪狗”。寨中村民一般会在清明时节走访亲戚。重阳节也是一个较为隆重的节日，村民会在重阳节那天做春粑粑，俗称重阳粑，酒肉及饭例行照办。除以上节日外，一般节日在村中都不太隆重。

8. 文化娱乐（舞狮、苗歌苗鼓、棋艺的介绍）

村中文化娱乐活动有传统舞狮、苗歌苗鼓，还有经常作为娱乐项目的各种棋艺，以及小儿戏。这些都表现出村里文化气息很浓。

老寨所舞之狮是苗族传统项目之一，相传古时苗乡有两条恶龙，雄狮为了保平安历经艰险把两条恶龙赶出苗地，后人为了纪念而舞狮。舞狮之法一般有：一个舞球，二个扮狮，后面有人扮罗汉。平常舞狮只是一些玩耍动作，惊险的是舞狮上桌梯，村中舞狮上得最多的时候为二十张大桌。舞狮时也必须锣鼓相伴，以便舞狮之人行动。

苗乡舞狮由来已久，然苗歌苗鼓更是苗族特色，村中唱苗歌者人少，年轻人大多不懂。苗歌内容丰富涉及极其广泛，格律严密。传统苗歌一般七言为一句，两句组成一联，两联为一首，仿照七言回复，后发展到六句以至数句。苗歌虽然通俗，但寓意深刻。究其辞藻都有框架结构及一定之方法，而非东拉西扯、信口乱唱。音韵平仄一字也不得乱用。由于苗歌唱法较难，歌词较为严谨，所以村中一般人不懂苗歌的意思。村中还有苗鼓之乐，苗鼓为苗人自娱自乐的活动，苗鼓多用庆年、庆神两种，其打法也多表现苗人的生活，其设备是用大鼓一个斜置于木架上，一人站立鼓旁，手持木棒两根，力击鼓边，俗称敲边鼓。左手打一捶，右手打两捶，即二夹一之打法。其声音按“呱、打、打，呱、打、打”如法敲之，为鼓舞者伴奏。鼓舞者手执短棒两根，于鼓正面，随着敲边节奏快慢缓急，两手轮换，施以打击“咚咚咚，咚咚咚，咚咚咚咚咚咚，咚咚咚咚咚，咚咚咚咚，咚咚咚咚咚咚”地击之。左手击鼓，右手舞；右手击鼓，左手舞之。忽快忽慢，若断若续，前后旋转，疾徐应节。闻之有趣，看之尤佳，古名鼓舞。鼓舞有男鼓，女鼓亦有男女合鼓等。

第二节　制订服务计划及服务实施

了解农村社区基本情况后，农村社会工作者首要任务是对所收集的资料进行整理分析，整合可以利用的资源制订服务计划。

一、农村社会工作服务计划

农村社会工作服务计划主要由服务背景、服务目标及内容、服务方式及策略和服务可行性评估等四部分组成。

1. 服务背景

农村社会工作服务计划服务背景主要指根据农村社区基本情况，总结分析农村社区所面临的社会问题及需求。然后邀请社区热心居民一起就问题和需求的轻重缓急、优先次序进行排序，并整合出解决这些问题及需求可以利用的资源，以及短缺的资源、获取短缺资源的途径等。

农村社会工作者在确定农村社会问题时，需要反复斟酌以下几个问题，以便澄清所列的问题是农村社区居民真真实实面临的问题，而不是农村社会工作者“诠释”后总结出来的问题。问题确定后，我们就可以分析得出服务人群的基本需求。

(1) 在叙述问题时，尽量用比较详尽的语言描述，少用判断性、形容性的词汇，如很差、很破、不好等；

(2) 要协助农村社区居民确定问题的性质，并找出导致这些问题的原因；

(3) 要协助农村社区居民确定问题的严峻程度及影响范围；

(4) 引导村民思考通过自身努力有哪些解决问题的办法。

如案例一，通过分享白竹村尘肺病患者生存现状，可归纳出尘肺病患者面临的问题主要有：对尘肺病的危害及康复知识了解很少、白竹村没有专门针对尘肺病患者康复的康复资源等。农村社会工作者可针对这些问题，分析得出白竹村尘肺病患者最迫切需要解决的是让尘肺病患者认识尘肺病的危害性并学习有利于尘肺病康复的康复方法；其次是多渠道增加尘肺病患者的康复资源；最后是协助尘肺病患者争取合理的赔偿。

2. 服务目标及内容

农村社会工作计划的服务目标包括两方面，即长期目标和短期目标。长期目标是比较宏观的目标，一般涉及社会政策的改变、社会不公平状况的改变。短期目标是近期可直接实现、可量化的目标。以案例一为例，白竹村尘肺病患者服务的长期目标可以是改善白竹村尘肺病患者生存状态、促使相关政府职能部门制定相关政策解决尘肺病康复难的问题；短期目标可以是每月开展1～2次尘肺病相关知识讲座、尘肺病康复方法培训、组织病友/照顾者小组、生计援助等。

目标确定后，制订服务内容则相对比较容易。如案例一中，农村社会工作者可为白竹村尘肺病患者提供社区宣传、社区教育、小组、辅助就业、政策倡导等服务。

在确定服务目标及内容时，农村社会工作者必须综合考虑可应用的人力、物力、财力。服务目标及内容必须切合实际，不可好高骛远，也不能畏手缩脚。

3. 服务方法及策略

农村社会工作服务方法即社会工作方法，有小组工作方法、社区工作方法、社工行政方法等。行动策略主要是指农村社会工作者将采取什么方式动员社区居民、调动资源及面对突发状况时的应急机制。农村社会工作服务策略主要包括冲突策略和合作策略。前者是服务对象通过合法的上访、集会、新闻发布会、静坐等形式，给相关部门施压，达到改变的目标；后者是服务对象通过沟通、谈判、协商等形式，选择双赢的方式到达改变的目标。农村社会工作者无论采用何种策略，均须以农村社会稳定为前提、遵纪守法为前提、不给农村社区居民造成伤害为前提。

4. 可行性评估

可行性评估在农村社会工作服务计划中占有重要的地位，它直接影响到农村社会工作服务计划能否顺利完成、顺利达到预期目标。一般情况下，可行性分析主要包括三个层面的评估：一是是否有可靠的行政资源保障，如政府部门的支持、社会工作服务督导系统等；二是是否有一定的资金保障；三是是否有人力保障，如农村社会工作是否能坚持按项目周期完成，农村社区是否有热心人士愿意一起参与服务项目的实施等。

结合以上三方面的评估，农村社会工作者必须做出相应的应急方案。如项目工作人员因各种原因，突然离职，项目组是否可以及时招募合适的社工继续跟进项目。

当然，农村社会工作服务计划并不是一成不变的。随着服务的实施，服务对象的需求也会发生变化，所面临的问题也会不同，农村社会工作者要及时评估这些变化，及时做出合理的调整。

二、具体实施

制订服务计划后，农村社会工作者就要实施服务计划。下文以案例一为例，讲述如何为白竹村尘肺病患者提供社区康复服务。

1. 选择合适的合作伙伴

为了更好地为白竹村尘肺病患者提供社区康复服务，项目社工首先跟尘肺病相关的政府部门涟源市疾控中心取得联系，达成合作意向，选定涟源市相对偏远的古塘乡作为项目实施点。在涟源市疾控中心的协助下，跟古塘乡人民政府、古塘乡卫生院、古塘乡 24 个村村医建立了合作关系。在这些相关部门的大力支持下，本项目得到很好地实施。

2. 搭建活动平台

为了尽快动员白竹村尘肺病患者参与到项目中来，项目组社工通过联系白竹村村委会，利用村委会活动中心作为本次尘肺病培训、交流的基地。为了进一步扩大尘肺病患者活动空间，项目组与本村村医协商，利用村卫生室部分空间，建成了白竹村社区综合服务中心，服务中心设有活动室、康复运动室、培训室、图书室。项目社工以综合服务中心为平台，为尘肺病患者/照顾者及社区所有的居民提供各种社会工作服务，增加了尘肺病患者康复资源，丰富了尘肺病患者生活，并吸引社区其他居民参与其中。

3. 建设社区支持网络

在农村社区开展康复服务，支持网络建设是比较核心的工作内容之一。通过支持网络建设，增强尘肺病患者之间、照顾者之间的联系，尘肺病患者支持网络（见图 7—1）的建立，保障了尘肺病患者通过支持网络系统获取相关资源。

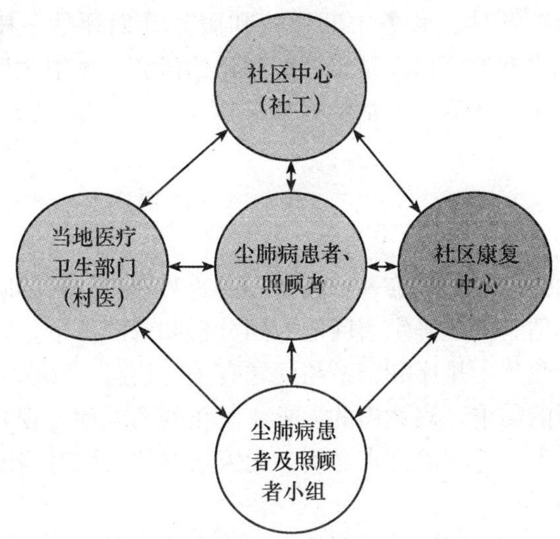

图 7—1　白竹村尘肺病患者支持网络

4. 培育社区组织

为了更有效地激励白竹村尘肺病患者康复锻炼的日常化，实现尘肺病患者自我服务、自我管理、自我发展。项目社工培育组建了白竹村尘肺病社区康复互助协会，协会设会长 1 名，副会长 3 名。主要的职能部门有综合服务中心、生计发展中心、康复训练中心。

5. 构建可持续服务机制

白竹村尘肺病社区康复项目周期为 2 年。为保障项目结束后，项目所开展的各个服务项目能继续开展，并发挥积极作用，项目社工主要开展了三方面的工作努力：一是培养小组领袖；二是推动当地尘肺病服务民间组织建设，如涟源市同济社康社会工作服务中心；三是积极协助白竹村申请新的项目。

综述之，农村社会工作者在具体实施服务计划中，要综合考虑当地社区的特征、服务对象的特征及资源的多寡不同，采取不同的实施方法。以上五点实务经验具有很好的借鉴意义，尤其是第五点建构可持续服务机制，每一个农村社会服务计划都应该重视。

第三节 后期评估

评估是指利用研究技术以评价农村社会工作干预的结果的过程。农村社会工作评估包括服务前期评估、服务中期评估和服务终期评估。托马斯（Thomas，1984）指出有两种类型的评估即结果评估和评估研究。本节主要介绍几种常用的评估类型和农村社会工作项目评估的五个步骤。

一、评估类型

1. 问题评估

在制订农村社会工作计划前和过程中，需要对农村社区的问题做出评估。问题评估包括需求评估、问题确定、问题原因分析和资源评估。

需求评估包括收集、排序和分析与问题有关的信息。我们把社区居民的需求分为 4 种：感觉到的需求、表达出的需求、禁止的需求和比较需求。感觉到需求是那些被有需求的人感觉到的需求。例如无家可归的村民对房屋的需求，辍学儿童对学费和书本的需求。

确定问题的困难在于问题的主观性强，客观性难以保证。问题原因分析包括经济、政治、文化价值和个人态度等几个方面。资源评估包括对所有解决问题的实际的和潜在资源的分类，具体工作包括搜集参与或赞同该项社会工作服务计划的机构和社区组织，列出潜在的资金资源、确定社区中的支持者等。

在进行问题和需求评估时，要从两个层面来进行：一是对涉及个人、家庭的问题进行评估，例如夫妻关系紧张、家庭陷入困境等；二是对涉及较多个体、家庭或组织甚至社区的问题进行评估。例如在一个农村社区，大半以上的家庭都面临着用水难的问题；整个农村社区都存在着与外界交通不便的问题。

2. 计划评估①

计划评估主要是为了改善目前和将来活动的计划和施行而进行的评估。在制定计划时，要系统地收集相关资料和成果，以评估计划的可行性和有效性。对计

① 史铁尔. 农村社会工作［M］. 北京：中国劳动社会保障出版社，2007：117.

划进行评估的目的是设计更适合农村社区的农村社会工作计划，同时通过评估可了解计划实施后目标有可能实现的情况、预期效果等。通过计划评估可以达到以下目的：

➢提供资料以改善进行中的计划；

➢让农村社会工作者检测计划的施行；

➢使机构能够选择对组织及其参与者最为有效的计划；

➢提供在农村什么方法行得通和什么方法行不通的资料，以便机构能从经验中学习。

3. 过程评估

农村社会工作者按照农村社会工作步骤，实施服务计划，解决社区问题，达到服务目标。对农村社会工作实施过程进行评估，其目的一是获取有关服务的类型和数量的描述性资料，二是关注项目实施时在哪种程度上符合原定的设计。例如，一个机构在一个城乡交接的农村社区设立医疗点的计划，机构每周在这个地区人口比较集中的地方设立医疗点，医疗点的主要目标是免费为当地村民提供身体健康状况检查，回答村民提出的有关身体健康方面的知识。机构现在想要知道这个计划进行的情况如何，可通过收集以下材料：

➢提供多少服务？

➢有多少人接受服务，他们的身体健康状况如何？

➢受助者提出哪些有关身体健康的问题？

➢参与这项工作的工作人员之间如何分工合作、安排时间等。

通过这些资料收集，机构和工作人员对计划进程有了一个基本的了解。当发生突发性情况，工作人员可以及时做出计划调整。

在实际工作中，计划做好了，项目实施了，往往会忽略对计划实施过程的监督和评价。过程评估是对实施过程进行有效监督和评价的重要工具。过程评估工具包括：(1) 资金流动情况、人事变动情况、培训和吸纳进项目的参与者的报告表；(2) 适当的实地考察；(3) 建立案主反馈机制。

4. 结果评估

结果评估是为了了解项目是否实现预期目标。即目标是否达到？结果评估是农村社会工作实施过程组成部分之一。结果评价可以促进和改善农村社会工作者的实践。例如，针对社区组织领袖培养计划，可进行这样的结果评估，接受训练的村民是否达到了预期的改变？他们是否知道可以给当地群众带来经济收入的渠道和资源？组织和计划的能力是否提升？等等。

通过结果评估，获得的信息可以帮助机构清楚地了解服务计划在服务对象中产生了影响及这种影响有多大，也有助于确定计划成功或失败的原因。

二、农村社会工作项目评估的五个步骤

农村社会工作项目评估的主要内容包括项目设计是否合理、项目是否达到预期效果和项目经验。结合这些内容，我们将评估过程概括为五个步骤，为便利学习者更好地掌握这些步骤。下文以白竹村尘肺病社区康复项目为案例进行介绍。

【案例】

白竹村尘肺病社区康复项目

白竹村是古塘乡尘肺病康复项目服务村之一。该项目由湖南省社会协会负责实施，项目是集尘肺病知识宣传、患者/照顾者小组、生计援助等服务为核心的社区康复。该项目主要的服务对象为白竹村150名患者和照顾者，通过开展小组工作，协助患者/照顾者建立支持网络，另外通过建设康复中心增加当地尘肺病患者社会资产，通过生计项目积极探索农村尘肺病患者再就业有效途径。

项目以“社区照顾”为基本理念，着重个人、家庭和社区的照顾能力和资源运用能力的提升。项目目标首要是提高患者和他的照顾者的医护知识和能力，其次是建立病者之间和照顾者之间的社区互助关系，并加强患者和照顾者与正规服务系统（包括医院及当地政府）的联系。最后，是提高社区预防疾病危害的能力。

1．评估项目目标设计是否具体（第一步）

评估农村社会工作服务项目是否合理可行，第一步首先是评估项目设计的目标是否具体、可量化、可达到。下面介绍几种可以帮助农村社会工作者设计较为具体的目标的方法：

（1）农村社会工作项目设计的服务目标应当同干预的焦点是一致的，这样才能评估农村社会工作服务介入后服务人群是否在变化，干预是否成功；

（2）设计的目标应该是与机构的期望和目标相关联，与农村社会工作使命相关联，农村社会工作项目不能脱离所在机构的服务宗旨、服务范围和发展目标，也不能背离农村社会工作的终极社会目标；

（3）农村社会工作者应该尽可能设计可行的、可测量的目标。

如上述案例，农村社会工作者可将服务目标具体化为：项目点为50位医护人员（医院、卫生部和职防院）提供两次培训，为10个村委会人员及地方政府人员提供两次培训，让医护人员及基层政府工作人员掌握尘肺病社区康复项目的理念、知识和实践能力；项目点为150位患者，每两个月举行一次、两年共9次不同主题的培训讲座，一方面让患者能掌握尘肺病的病因、病理、医药、治疗、护理、照顾、康复的基本知识，另一方面掌握该地区附近的医疗、社会保障、残疾、教育、法律、NGO、志愿者服务信息。培训由当地医护人员及项目工作人员当培训老师。

2. 设计评估指标，评估项目效果（第二、三步）

为了检测农村社会工作项目所取得的效果，我们需要设计一些操作化指标。操作化指标是通过项目目标具体化为可观察、可度量的过程而得出的。在设计评估指标时，农村社会工作需要注意以下几点：

（1）操作性指标应使用具体的、可测量的术语

必须要用可测量的术语来界定成果指标。因为只有这样，农村社会工作者才能够找到与成果指标相关的可用资料。结合上述案例，我们可借助表7—2白竹村尘肺病社区康复服务效果说明这一点。

表7—2　　尘肺病患者社区康复服务成效及测量指标

成效	测量指标
建成尘肺病社区康复中心	• 有多少尘肺病患者参与到中心开展的活动中 • 中心通过哪些方式有效地鼓励尘肺病患者参与 • 中心为尘肺病患者交流和互动提供了什么样的平台 • 尘肺病患者参与中心活动后有哪些改变
尘肺病支持网络形成	• 尘肺病患者之间的往来是否增多 • 尘肺病患者通过支持网络得到哪些资源 • 通过支持网络尘肺病患者有哪些变化

（2）测评指标应是有效的测评标准

测评指标要测评其可测评的内容。例如，我们要了解某农村社区居民生活质量的状况，以便设定以经济收入多少作为评估标准。显然，经济收入高低只能测量本农村社区居民生活质量的一方面，要更全面地了解本农村社区居民的生活质量，应该还要评估当地居民的安全感、幸福感、成就感等方面。

（3）使用多元化的测评标准

为了更好地评估农村社会工作项目的服务成效，我们应该设计多元化的测评标准。比如某地农村社会工作项目是建立本社区综合服务中心，我们要评估综合服务中心的成立有哪些作用，可评估本综合服务中心对个体产生的作用、对社区群体的作用、对当地社会公共服务产生的作用。只有这样，我们才能较全面地认识到其产生的效果。

3. 收集评估资料，总结分析（第四、五步）

资料收集有很多不同的方法。一般我们常用的方法有：（1）问卷调查，通过结构性访谈，收集人们的态度和行为的资料；（2）深入访谈，针对性选取不同的利益相关人群进行访谈；（3）观察法，进入项目场域，记录你所见所闻。

应用不同的资料收集方法，所获得的资料会有所不同。这些不同的资料对农村社会工作项目评估都很重要。农村社会工作者在项目评估时，应用不同资料收集方法收集资料。例如，改善当地道路交通状况计划中，可以通过观察当地社区环境和交通状况的改善进行测评，也可以利用有效的资料，包括政府所记录当地交通状况的资料。

完成以上几个方面的工作后，我们就可以应用电脑等相关设备检测或分析资料，总结分析相关成果的经验和不足之处。

【案例分析】

依托农村社会工作人才促进农村文化大发展大繁荣

一、农村社会工作人才在农村文化大发展大繁荣中的特殊地位

党的十七届六中全会提出“努力建设社会主义文化强国”的目标，队伍是基础，人才是关键。没有一支德才兼备、锐意创新、结构合理、规模宏大的文化人才队伍，文化的发展与繁荣就不能落到实处。

农村社会工作人才是具有良好的思想道德素质和一定的社会工作专业知识或技能，立足农村、服务农民、构建和谐农村，在农村经济和社会发展中从事社会工作的人，是在农村学习贯彻党的十七届六中全会精神的一支重要生力军，能在推进文化改革发展的过程中，始终牢牢抓住文化“魂”，创新和用好各种文化的“体”，使二者相互促进、相得益彰，做到形神兼备、强“魂”健“体”，推动社会主义文化在农村大发展大繁荣，不断巩固全党全国各族人民团结奋斗的共同思想道德基础。

二、切实发挥农村社会工作人才在农村文化大发展大繁荣中的作用

一是依托农村社会工作人才，学习宣传贯彻十七届六中全会精神。历史和实践表明，什么时候农民积极性高，农业就发展，农村就繁荣，农民就富裕，农村矛盾发生的概率就低，反之则不然。发挥农村社会工作人才的作用，通过他们宣传十七届六中全会精神，让社会主义先进文化更加深入人心，推动社会主义精神文明和物质文明全面发展，不断开创农村文化创造活力持续迸发、社会文化生活更加丰富多彩、人民基本文化权益得到更好保障、农民思想道德素质和科学文化素质全面提高的新局面，宣传各地农民通过自立自强、建设美好家园的先进典型和新思想、新观念、新风尚，让农民学有榜样、做有目标、干有信心，提高农民的积极性，从而形成村村谋发展、家家忙致富、人人思创业的良好风气。

二是依托农村社会工作人才的主动进入，调解农村建设的各种矛盾。《决定》指出：我国文化领域正在发生广泛而深刻的变革，推动文化大发展大繁荣既具备许多有利条件，也面临一系列新情况新问题。我国文化发展同经济社会发展和人民日益增长的精神文化需求还不完全适应，突出矛盾和问题主要是：一些地方和单位对文化建设重要性、必要性、紧迫性认识不够，文化在推动全民族文明素质提高中的作用亟待加强；一些领域道德失范、诚信缺失，一些社会成员人生观、价值观扭曲，这些问题在农村尤为突出。从当前新农村建设中出现矛盾的表现来看，多是农民与农民、农民与政府、农民与企业、农民与干部等之间的纠葛。认真分析出现各种矛盾的根源，大多是因为当前人们的心理比较脆弱、行为比较浮躁，以至于常常因为农村小事最终沉积为矛盾和纠纷，甚至出现过激的行为。农村社会工作人才可以发挥心理辅导等方面的专业知识，引导农民如何将矛盾解决在萌芽状态，在出现小事之初就解决问题，不断努力创造一个和谐的农村生活环境。同时，作为与群众同吃同住同劳动的农村社会工作人才，因知识、需求比较一致，对各种矛盾始因的真实性比较了解，往往能够在处理、化解这些矛盾时，考虑方方面面的关系，最大限度地将矛盾处理得公正公平。他们让群众自己的事情自己办、自己管，有利于避免行政命令，解决那些行政手段难以解决且解决不好的问题。

三是依托农村社会工作人才的率先垂范，培养建设农村的新型农民。文化建设既为提高农民生产生活条件描绘了美好蓝图，也对农民的综合素质提出了新的要求，必须大力培养新型的农民生力军。培养新型农民，一方面需要农民具有良好的道德素养。“国之所以存者，道德也”。农村文明发展程度取决于农民道德建设水平。农村社会工作人才可以结合新农村建设实际，积极倡导以“八荣八耻”

为主要内容的社会主义荣辱观，引导农民褒荣贬耻，不断增强识别真假是非和抵制各种反动、腐朽、落后思想文化侵蚀的能力，做到明礼诚信、团结友善，使“知荣辱、树新风、促和谐”成为农民的自觉追求和行为规范。另一方面需要农民养成良好的文明习惯。文明生活习惯不是与生俱来的，要靠不断地教育与实践。农村社会工作人才可以“新农民、新生活、新家园”为主题，扎实推进文明礼仪进农村、文明习惯进农户，教育引导农民从点滴做起，知行合一、言行一致，克服饮食起居、待人接物、社会交往等方面的陈规陋习，抵制家庭暴力、拉帮结派、聚众赌博等社会丑恶现象，强化文明意识、科学意识、卫生意识，自觉认同和践行健康、科学、向上的生活方式。（中共秭归县委党校　宋琼）

资料来源：光明网—理论频道。

案例思考：1. 结合农村社会工作步骤，设计推动农村社区文化工作的工作步骤。

2. 谈谈你对案例中所列推动农村社区文化工作方法的看法。

【本章小结】

本章集中讲述了农村社会工作的过程。通过对农村社会工作过程的学习，学习者可以说真正走进了专业农村社会工作者的行列。农村社会工作者可以根据本章介绍的步骤、方法，了解农村社区基本情况、分析农村社区问题、评估农村社区居民需求，从而制定出一份针对性极强的农村社会工作服务方案。

本章第一节、第二节重点介绍了农村社会工作过程的前期准备工作和农村社会工作服务计划的制订。前期准备阶段，农村社会工作者需要做好农村社区基本情况的了解和农村社区问题及需求评估工作。在农村社区基本情况了解中，尤其要重视了解村史，村史是农村社区集体记忆的载体，农村社会工作者可促使当地社区积极参与村史撰写的工作，村史撰写的过程可以说是社区凝聚力形成、社区意识增强、社区动力行动的过程。通过农村社区问题及需求评估，农村社会工作者就可以制订农村社会工作服务计划，主要包括服务背景、服务目标及内容、服务方式及策略和可行性评估四个部分。

最后一节重点介绍了六种评估方法和农村社会工作项目评估步骤。掌握这六种方法，将其应用到农村社会工作项目评估，对推动农村社会工作服务专业化、职业化、本土化，总结农村社会工作实务经验都十分重要。

【思考题】

1. 怎样做才能制定切合实际的农村社会工作服务计划?

2. 认识农村社会的技巧有哪些?

3. 了解农村社区基本情况的方法有哪些?

4. 社会工作项目评估的意义是什么?

【讨论题】

1. 3～6人一组，分享自己对村历史意义的认识。

2. 3～6人一组，制定一份农村社会工作服务计划方案。

【推荐阅读】

1. 张和清等. 文化与发展的践行——平寨故事［M］. 北京：民族出版社，2007.

2. 甘炳光等. 社区工作技巧［M］. 香港：香港中文大学出版社，1997.

3. 苏景回. 社区工作：理论与实务［M］. 台北：巨流图书公司，1996.

4. 毛泽东. 关于农村调查［M］. 北京：人民出版社，1978.

5. 陈丽云等. 社区工作——社区照顾实践［M］. 香港：香港社会工作人员协会，1989.

6. 李春波. 劝导说服的艺术（第二版）［M］. 济南：黄河出版社，1991.

7. 莫邦豪. 社区工作原理和实践［M］. 香港：聚贤社，1994.

8. 李炎巨. 宣传工作概念［M］. 长沙：湖南人民出版社，1986.

9. 杨罗观翠. 社会网络的理论与应用［J］. //香港社会服务联会. 社联季刊. 香港社会服务联会，1994.

第八章　农村社会工作服务内容

建乡须先建民，一切从人民出发，以人民为主，先使农民觉悟起来，使他们有自动自发的精神，然后一切工作，才不致落空。……我们所谓开发民力，就是开发人民的知识力、生产力、健康力、组织力。人民自己有了这种力，才能称作“自力”，有了“自力”才能做到“更生”![①]

——晏阳初

农村社会工作是我国社会工作实务重中之重。我国是一个农业大国，受多种因素的影响，我国不可能走西方国家工业化发展的道路。为此，社会工作者必然要走向农村社区，为当地有需要、有困难的农村社区居民提供专业服务。

我国专业农村社会工作虽然只有短短十年的历史，但在解决农村社会问题、回应农村社区居民需求、促进农村社区社会建设、探索农村社区发展路径等方面均积累了大量的实务经验。这些经验模式成为农村社会工作实务内容的重要组成部分。根据不同的划分标准，农村社会工作实务内容领域有所不同。如果按农村社会工作服务提供的机构或组织性质分，有政府部门为主的农村社会工作服务、民间组织为主的农村社会工作服务和农村社会工作研究者为主的农村社会工作服务；按农村社会工作介入层面分，有宏观层面的农村社会工作服务、中观层面的农村社会工作服务和微观层面的农村社会工作服务；按服务人群特征分，有农村老年人社会工作、农村妇女社会工作、农村青少年儿童社会工作、农村特殊人群社会工作。

结合我国农村社会工作服务处境，本章综合介绍农村老年人社会工作、农村妇女社会工作、农村青少年儿童社会工作和农村灾害社会工作。

---

① 晏阳初. 开发民力，建设乡村［G］. //宋恩荣. 晏阳初全集（第二卷），长沙：湖南教育出版社，1989：340.

第一节　农村老年人社会工作

国际上将65岁以上的人界定为老年人，我国老年人界定为60岁以上。据第六次全国人口普查数据显示，全国60岁及以上老年人口达1.78亿人，占总人口的13.26%，其中65岁及以上人口1.19亿人，占总人口的8.9%，农村人口老龄化趋势尤为突出。2011年9月22日由中国老年学学会和重庆市人民政府共同举办的“全国农村老龄问题高峰论坛”[①] 形成了对我国农村老龄化问题的三个基本判断、四个共识。三个基本判断为：(1) 农村人口老龄化程度高于城市，形成了老龄化城乡倒置的严峻格局；(2)“劳动力老化”使农村整体发展活力严重不足，形成了潜在的危险；(3) 农村老龄问题日益突出，老年人生活改善严重滞后。四点共识为：一是推动发展和促进公平是解决农村老龄问题的根本指导思想；二是按照“城乡一体”原则推进“制度养老”，是解决农村老龄问题的关键措施和根本途径；三是老龄工作重点放到农村，是实现社会公平和社会共享的客观要求；四是重庆市在统筹城乡改革、缩小三个差别、促进社会公平方面为全国提供了重要示范。本次论坛产出的成果，对我国今后农村老年人工作将产生积极的影响。据统计我国目前农村留守老人达4 000万，占农村老年人口的37%，其中65岁以上农村留守老人达2 000万。留守老人是我国农村老年人的核心部分。

一、农村老年人社会工作概述

1. 相关数据

为全面解决我国人口老龄化问题，2011年9月17日，国务院印发了《中国老龄事业发展“十二五”规划》[②]。规划指出“十二五”时期，随着第一个老年人口增长高峰到来，我国人口老龄化进程将进一步加快。从2011年到2015年，全国60岁以上老年人将由1.78亿增加到2.21亿，平均每年增加老年人860万；老年人口比重将由13.3%增加到16%，平均每年递增0.54个百分点。老龄化进程与家庭小型化、空巢化相伴随，与经济社会转型期的矛盾相交织，社会养老保障和养老服务的需求将急剧增加。未来20年，我国人口老龄化日益加重，到

① 重庆老年网.“全国农村老龄问题高峰论坛”在重庆举行. http://www.ygzl.org.cn/newsShow.aspx? id=1063

② 中华人民共和国中央人民政府网. 国务院关于印发中国老龄事业发展“十二五”规划的通知（国发［2011］28号）. http://www.gov.cn/zwgk/2011-09/23/content_1954782.htm

2030年全国老年人口规模将会翻一番。

2. 相关政策

关于我国老年人政策法规主要有《中华人民共和国老年人权益保障法》《中共中央国务院关于加强老龄工作的决定》及新近实施的《中国老龄事业发展“十二五”规划》。尤其是《中国老龄事业发展“十二五”规划》明确指出十二五期间老年人工作的指导思想、工作目标、基本原则、工作任务及保障措施。据规划分析，十二五期间我国老年人工作共有11项，特别指出要重视老龄服务，明确指出要建立健全县（市、区）、乡镇（街道）和社区（村）三级服务网络，城市街道和社区基本实现居家养老服务网络全覆盖；80%以上的乡镇和50%以上的农村社区建立包括老龄服务在内的社区综合服务设施和站点；大力发展社区照料服务，将日间照料中心、托老所、星光老年之家、互助式社区养老服务中心等社区养老设施，纳入小区配套建设规划。

3. 农村社会工作与农村老年人社会工作

面对严峻的农村人口老龄化问题，以提供服务为使命的农村社会工作必须介入农村老年人服务工作。农村社会工作者在遵守我国与老年人相关的政策法规的前提下，结合《中国老龄事业发展“十二五”规划》要求，积极开展多种形式、多种内容的农村老年人服务工作。比如农村老年人社区照顾、农村老年人社区教育、农村老年人康乐服务、农村老年人临终关怀等。

农村社会工作介入农村老年人服务具有积极的社会意义，具体表现为（1）改善农村老年人生活质量；（2）减轻农村老年人因疾病、贫困等造成的心理、生理、精神方面负荷；（3）改善农村老年人所遭遇的社会排斥和不平等的待遇；（4）激励农村老年人发挥余热，为农村社会发展贡献力量。

4. 老年学与农村社会工作

老年学是农村社会工作者开展农村老年人服务的知识基础。老年学抑或社会老年学（Social Gerontology）主要是研究与老龄化过程有关的社会心理、政治、经济和文化方面的因素与老人生活质量的关系。农村社会工作者通过学习老年学，可以全面认识老年人心理、生理的特征，为提供符合其真实需求的服务奠定基础。有学者认为老龄化过程有四个方面，即年龄老化、生理老化、心理老化、社会性老化，这四个过程彼此影响，相互关联。[①] 这就提醒农村社会工作者要用综合的眼光看老化问题，提供的服务也必须是综合性的服务。

---

① 梅陈玉婵等. 老年社会工作［M］. 上海：上海人民出版社，2009：1.

二、农村老年人社会工作的服务理念及工作角色

为了更好地为农村老年人提供专业服务，本部分重点介绍农村社会工作者在农村老年人服务中的理念及工作角色。农村社会工作者在实务工作中要内化这些工作理念，提升自己的各种能力，成功扮演好工作所赋予的角色，为改善农村老年人生活质量贡献力量。

1. 服务理念

“积极老年”是农村老年人服务的核心理念。2007 年世界卫生组织（WHO）编辑出版的《突发事件中的老年人：积极老龄化的前景》报告中就已提出了积极老龄化的概念。其指出健康并非单指身体机能良好，事实上老年健康受到各种因素影响，因此积极老年比健康老年更能带出一个多元化的信息。梅陈玉婵等人认为“积极”一词不单是指健康，也包括能持续参与社会、经济、精神和文化活动，老人就算是有病或伤残，仍可以积极地对家庭、朋友、社区甚至国家有所贡献。①

基于积极老年服务理念，农村社会工作者一是要推动积极的老年政策制定，二是用积极老年的理念设计老年人服务项目。以此回应农村老龄化问题，通过激励农村老年人积极的心态，从而发挥其潜能、维持其健康及积极参与社会生活。

2. 工作角色

基于积极老年的理念，农村社会工作者在农村老年人服务中的角色主要有服务提供者、支持者和老年政策影响者。

（1）服务提供者

农村社会工作者可结合农村老年人心理、生理、健康等方面的需求，针对性地提供各种服务，如居家养老、老年人康复中心、老年人日托服务、老年人护理服务等。

（2）支持者

农村社会工作者支持者的角色主要体现为：一是针对老年人失落感、挫败感、无用感，通过个案咨询等专业方法，促使老年人树立积极的心态；二是针对老年人对新生事物学习的需求，通过培训、提供信息等方法，促使老年人适应社会的变迁发展；三是为遭遇虐待、遗弃等困境的老人提供援助服务。

（3）老人政策影响者

① 梅陈玉婵等. 老年社会工作［M］. 上海：上海人民出版社，2009：8.

农村社会工作者要积极开展各种有利于改善农村老年人福祉的工作。要积极参与改善农村老年人社会保障、社会救济、社会医疗、社会福利等社会政策的倡导和影响工作。

三、农村老年人社会工作的服务内容

农村老年人工作有很多，本节主要针对农村老年人面临的突出问题比如死亡、遭受虐待、生活照顾等，主要介绍农村老年人临终关怀服务、农村受虐老年人支援服务和农村老年人社区照顾服务。

1. 农村老年人临终关怀服务

死亡是人生必经的阶段。很多人都很难接受死亡现实，如何处理临死前对死亡的恐惧和亲人的离去带给家庭成员的伤害是每个人均会面临的难关。尤其是老伴的离去，给老年人带来的心理创伤十分巨大，很多老年人因无法接受老伴的离去，抑郁成疾，相继离开人世。为此，对于农村社会工作者而言，要在农村社区开展老年人工作，不得不去面对这一挑战。开展临终关怀在我国刚刚起步，农村社区更是空白。为此，希望农村社会工作者通过学习相关知识，积极参与农村老年人临终关怀服务中。

首先农村社会工作者要了解临终老人的各种需求。香港学者梅陈玉婵[①]等人将临终老人的需求归纳为三点，即临终老人身体的需要、临终老人的心灵需要和临终老人的社交需要。农村社会工作者可结合这三方面的需要，尽力满足临终老人的需要，如鼓励家庭成员有专人照顾临终老人；满足老人的临终前的愿望等。

其次农村社会工作者要做好信息传递、资源整合、情绪稳定等工作。很多时候，家庭成员在面对老人临终的消息时，会不同程度地陷入慌乱中。这就需要农村社会工作者协作家庭成员处理一些事务，比如跟医生的沟通、家庭成员悲伤情绪的抚慰等。

最后农村社会工作者要做好丧亲后家庭成员的悲伤情绪抚慰工作。防止家庭成员因悲伤过度自杀、自虐、社交恐惧等现象的发生。也要及时缓解家庭部分成员内疚、自责、恐惧、思念等情绪。

2. 农村受虐老年人支援服务

虐待老人是一个世界性的社会问题和人权问题，联合国也将虐待老人列为人权问题之中。据世界卫生组织估计，全球每 100 名 60 岁以上的老年人当中，就

---

① 梅陈玉婵等. 老年社会工作［M］. 上海：上海人民出版社，2009：162—165.

有 4 到 6 人曾经在身体、精神或经济等方面遭受虐待，而实际数字很可能还要高得多。虐待老人可导致严重的身体伤害和长期的心理后果，但这一严重的社会问题一直隐藏在公众的视线之外，得不到重视和解决。为了鼓励各国及人们关注老年人被虐待问题，2011 年 12 月，联合国大会通过决议，决定将每年的 6 月 15 日定为“认识虐待老年人问题世界日”，这一举措对改善日益严重的老人被虐待问题将会起到积极作用。

不同学者关于老人受虐待（elderabuse）的定义有不同的界定，如美国及国际老年学及老年医学协会、联合国经济及社会理事会等组织对老年人受虐待予以不同的界定。联合国经济及社会理事会于 2002 年提出“在本应充满信任的任何关系中发生的一次或多次致使老年人受到伤害或处境困难的行为，或以不采取适当行动的方式致使老年人受到伤害或处境困难的行为”[①]，具体包括四种类型的虐待即身体虐待、精神虐待、经济剥削和疏于照料。美国早在 1965 颁布的《美国老人法》第 102 条就对老年人受虐待做出了具体规定。

通过以上关于老年人受虐待严峻性和定义的学习。我们认为农村社会工作者在老年人受虐待支援服务主要包括：（1）个案辅导，支援、帮助受虐老人；（2）增强老年人自身能力，改善居住环境，提升老年人自我照顾能力，减少照顾者压力，从而减低虐待发生；（3）积极倡导建立健全保护老年人权益的政策法规。

3. 农村老年人社区照顾服务

随着大量农村青壮年外出务工，农村留守老人问题日渐严重，农村老人照顾已成为我国农村社会问题焦点之一。农村社会工作者可以利用专业方法，积极开展农村老年人社区照顾服务，为保障农村老年人生产安全，提升老年人生活质量，维护农村社会稳定发挥积极作用。

现阶段，可用于农村老年人社区照顾资源十分有限。农村社会工作者只能结合所在社区的实际，针对性地开展社区照顾服务。比如老年人健康讲座、老年人日间看护、老年人陪聊等。

---

① 联合国老龄化议题. 人权：老年人虐待问题. http://www.un.org/chinese/esa/ageing/humanrights31.htm

第二节　农村妇女社会工作

两性平等一直以来是女权主义追求的目标，而两性不平等也是世界性的问题。追求两性平等，改变两性不平等是妇女社会工作的核心内容。2002 年 4 月 8 日至 12 日在马德里举行的第二次老龄问题世界大会通过的《政治宣言》中，重申承诺将促进两性平等，承认有必要将两性平等观念纳入所有政策和方案的主流，以顾及老年妇女和男子的需要和经验。大会通过的《马德里计划》明确指出：妇女应积极参与社会和发展，包括妇女平等地参与决策；重视妇女对社区做出的无偿贡献，包括照料家人、操持家务和志愿工作，以及生产性维持生计的工作；制定旨在兼顾工作与照料他人的责任的、对性别问题有敏感认识的政策；保护妇女参与劳动力市场以及相关的为退休和年老时能够自立积攒养恤金方面有限的能力；妇女获得知识、教育和培训以及利用信息和通信技术的机会。

为进一步保护和关注农村妇女生产生活，1996 年联合国确定每年的 10 月 15 日为“世界农村妇女日”（World Rural Women's Day），希望各个国家的人们在每年的这一天，组织各种活动关注农村妇女，更多的人认识到农村妇女在实现粮食安全和可持续发展战略中的地位以及所发挥的重要作用。2011 年 10 月 15 日，联合国秘书长潘基文在《国际农村妇女日致辞》[①] 中指出：“农村妇女是解决饥饿、营养不良和贫穷问题的关键。她们是农民和养育者，是企业家和教育家，是民间医士和帮手，她们在世界最偏远和弱势环境中促进粮食保障和经济增长。虽然农村妇女肩负重担，却不能平等地获得机会和资源。这阻碍她们提高自己的地位，因而也阻碍所有人改善生活。根据联合国粮食及农业组织的资料，如果农村妇女能够与男子一样获得生产资源，则可使 1 亿多人脱贫。妇女所拥有农场的生产力可增长高达 30%。饥饿人口将下降多达 17%，其影响所及，将使多达 1.5 亿人的生活得到改善。产生的效益将进一步扩展，因为这些妇女的子女将获得较好的保健服务、教育和营养。”

以上信息对农村社会工作者开展农村妇女工作具有很好启发作用。随着我国农民工群体越来越壮大，我国农村留守妇女的数量逐年增加。农村留守妇女工作是农村社会工作者开展农村妇女工作的重中之重。

① 潘基文. 国际农村妇女日致辞. http://www.un.org/zh/sg/statements/2011/ruralwomen.shtml

一、农村妇女社会工作概述

1. 相关数据

据《中国妇女发展纲要（2011—2020 年）》统计，到 2009 年，女性占全社会就业人数的 46%左右；妇女参与决策和管理的程度进一步提升，省、地、县级政府领导班子中女干部配备率由 2000 年的 64.5%、65.1%、59.8%分别提高到 2010 年的 87.1%、89.4%、86.2%，2010 年，居民委员会成员中女性所占比重为 49.55%，村民委员会成员中女性所占比例达到 21.36%；城乡免费九年义务教育全面实现，2010 年小学男女童净入学率分别为 99.68%和 99.73%，女童高于男童 0.05 个百分点，男女性别差消除；妇女平均预期寿命由 2000 年的 73.3 岁提升到 2009 年的 75.25 岁，全国孕产妇死亡率从 2000 年的 53.4/10 万下降到 2010 年的 30.0/10 万，婴儿、5 岁以下儿童死亡率分别从 2000 年的 32.2‰、39.7‰下降到 2010 年的 13.1‰、16.4‰。

随着我国农民工群体越来越壮大，农村留守妇女的绝对数量也在逐渐增加。据国家民政部 2011 年统计，目前全国有 8 700 万农村留守人口，其中有 4 700 万留守妇女，留守妇女占留守人口的 54.2%。而来自全国妇联的统计则显示，妇女已占中国农村劳动力的 60%以上，她们挑起了农业生产、抚育小孩、照顾老人的担子，还成为参与农村管理、建设的主力军。①

2. 相关政策

我国关于妇女的政策法规有《中华人民共和国妇女权益保障法》；1989 年国务院发布了《关于坚决打击拐卖妇女儿童犯罪活动的通知》；1991 年全国人大根据有关党派、团体的建议，又制定了《严惩卖淫嫖娼的决定》和《严惩拐卖、绑架妇女、儿童的犯罪分子的决定》；1995 年制定了《中国妇女发展纲要（1995—2000 年）》；中国又于 2001 年颁布了《中国妇女发展纲要（2001—2010 年）》，纲要明确了妇女与经济、妇女参与决策和管理、妇女与教育、妇女与健康、妇女与法律、妇女与环境六大领域的 34 项主要目标和 100 项策略措施。2011 年 7 月 30 日，国务院又颁布了《中国妇女发展纲要（2011—2020 年）》②，纲要明确了未来十年我国妇女工作的指导思想、基本原则、总体目标、发展领域、主要目标和策

① 新华网：中国五千万农村留守妇女的艰辛与期盼. http://news.xinhuanet.com/society/2011－03/07/c_121159626.htm

② 中华人民共和国中央人民政府网. 中国妇女发展纲要（2011—2020 年）. http://www.gov.cn/zwgk/2011－08/08/content_1920457.htm

略措施。其中主要的发展领域有妇女与健康、妇女与教育、妇女与经济、妇女参与决策和管理等七个方面。

3. 农村社会工作与妇女社会工作

农村社会工作者在遵守与妇女相关的政策法规的基础上，积极参与《中国妇女发展纲要（2011—2020年）》所提出的各项工作中，为农村妇女社会地位的提升、生活质量的改善贡献力量。农村社会工作对农村妇女工作的意义：（1）促进农村社会性别平等工作；（2）开展农村社会性别教育，消除社会性别歧视；（3）为农村妇女提供多种形式、多种内容的专业服务，增进农村妇女社会福利；（4）积极推动有利于农村妇女福祉的社会政策法规出台。

4. 女性学与农村社会工作

女性学是20世纪70年代由美国兴起的一门跨学科的综合性的独立学习。其主要研究女性的本质、特征、生产条件、存在状态及发展规律的科学。[①] 我国学者啜大鹏将女性学的功能归纳为三点，即女性学能够帮助人们认清女性现状，探究女性问题、找出问题根源、揭示女性发展规律，为解决女性问题提供理论依据；女性学可以唤醒女性觉悟，提高女性素质，开放女性人类资源，解放、发展生产力；女性学研究有利于促进实现事实上的男女平等，推进社会的文明进步和人类解放的进程。农村社会工作者通过学习女性学，可以全面了解女性生理、心理、社会发展等特征，奠定开展农村妇女工作的理论基础。

二、农村妇女社会工作的服务理念及工作角色

1. 服务理念

农村妇女解放和农村两性平等是农村妇女工作的核心理念。自西方启蒙思想产生以后，女权主义者一直致力于妇女解放运动和两性平等工作。通过多年的努力，妇女解放运动和两性平等取得了巨大的成绩。1945年在旧金山签署的《联合国宪章》第一项将男女平等宣布为一项基本人权的国际协定。2011年2月22日召开的联合国妇女地位委员会第五十五届会议秘书长报告中明确指出，将性别观念纳入国家政策和方案制定、执行和评估主流方面的进展，特别侧重妇女和女孩接受和参与教育、培训、科学技术，包括促进妇女平等获得充分就业体面工作。

基于以上两点理念和联合国妇女地位委员会关于妇女工作的相关建议，农村

---

① 啜大鹏. 女性学［M］. 北京：中国文联出版社，2001：1、3—7.

社会工作一是要努力改善农村妇女劳动分工的不平等现象；二是努力改善农村留守妇女家庭婚姻现状；三是努力改善进城务工女性的劳动环境；四是为农村妇女提供专业社会工作服务。

2. 工作角色

农村社会工作者在农村妇女工作中主要的角色包括教育者、倡导者和资源链接者。

（1）教育者

要促进农村妇女解放和两性平等，性别意识教育工作十分重要。农村社会工作在开展农村妇女工作时，必须扮演好性别意识教育者角色，通过培训课程、主题工作坊、政策宣传等工作，逐步培养农村社区居民两性平等的观念。

（2）倡导者

虽然我国妇女权益保护法、婚姻法等法律颁布实施了很多年，但农村社区妇女的社会地位、婚内冷暴力、财产保护等方面均存在很大问题。农村社会工作者要扮演好倡导者角色，积极宣传与妇女相关的政策法规，干预家庭暴力，为农村妇女生产生活营造公平和谐的社区环境。

（3）资源链接者

随着我国户籍管理制度的改革，农村青壮年外出务工越来越多。农村妇女成为农业生产的主力军。我国许多地方产生了以女性为主的社会主义新型经济合作社，农村社会工作者可以发挥专业优势，为女性为主的合作社链接各种培训资源、销售资源、人力资源。

三、农村妇女社会工作的服务内容

1. 性别教育

性别教育的核心是性别意识培训，首先重新认识与性别有关的词汇如性别、性别平等、性别不平等、妇女、女孩、男性、男孩、性别歧视、性别角色、女性主义、男权主义等，要深入了解这次词汇背后所隐含的权利。其次，倡导性别为核心的立法，我国有《妇女儿童权益保护法》，是否应当有《男性权益保障法》，香港已出台《性别歧视条例》与《家庭岗位歧视条例》，国内是否有可能出台相近类型的条例。

2. 家庭暴力中女性施暴者与男性施暴者工作

家庭暴力主要包括婚姻暴力、儿童青少年虐待、对尊长的暴力行为、手足间的暴力行为。其原因主要有根深蒂固的夫权思想、家长制的父权思想、封建遗留的重男轻女思想、望子成龙棍棒教育（吴美娜，2003）。[①] 尤其在农村社会，家庭暴力情况十分严峻，加上传统“家丑不可外扬”“清官难断家务事”等观念的影响，家庭暴力干预服务在我国社会工作实践中举步维艰，但这不等于说，这个领域的人群不需要社会工作服务。农村社会工作者可以从性别视角出发，针对性地尝试女性施暴者和男性施暴者的工作，为遏制家庭暴力探索出路。

3. 妇女为主农村经济新模式

21 世纪初期，我国农村社会出现了新型农村经济合作社，综观这些合作社，我们惊奇地发现，妇女在这些合作社中人数较多。妇女参与经济合作社具有十分重要的意义，农村社会工作者以此为契机，加强妇女就业、妇女家庭充权等工作。

4. 城市务工男性/女性工作

城市务工男性/女性人群的工作，也是农村社会工作者新的服务领域，城市务工男性/女性面临诸如两地分居夫妻情感问题、无法照顾子女老人的内疚感、生理需求无法满足等。针对这些问题，农村社会工作者要多开展探索。

第三节　农村儿童社会工作

儿童工作的核心是保障儿童健康权、受教育权和免遭家庭暴力等。全世界各个国家十分重视儿童权利保护工作。1989 年 11 月 20 日，联合国大会通过了《儿童权利公约》，公约明确将“儿童”界定为“18 岁以下的任何人”。公约强调，各国应确保其管辖范围内的每一儿童均享受公约所载的权利，不因儿童或其父母或法定监护人的种族、肤色、性别、语言、宗教、政治或其他见解、国籍或社会出身、财产、伤残、出生或其他身份等而有任何差别。结合《儿童权利公约》，1991 年我国政府颁布了《中华人民共和国未成年人保护法》，该法的颁布实施，为我国儿童工作提供了法律依据。

一、农村儿童社会工作概述

1. 相关数据

通过实施《九十年代中国儿童发展规划纲要》和《中国儿童发展纲要

① 吴美娜．试析现阶段中国家庭暴力问题的成因［J］．嘉应大学学报（哲学社会科学），2003，21（2）：96－99．

（2001—2010年）》20年的努力，我国儿童工作取得显著成效。据《中国儿童发展纲要（2011—2020年）》统计显示，截至2010年，我国儿童健康、营养状况持续改善，婴儿、5岁以下儿童死亡率分别从2000年的32.2‰、39.7‰下降到13.1‰、16.4‰，孕产妇死亡率从2000年的53.0/10万下降到30.0/10万，纳入国家免疫规划的疫苗接种率达到了90%以上；儿童教育普及程度持续提高，学前教育毛入园（班）率从2000年的35.0%上升到56.6%，小学学龄儿童净入学率达到99.7%，初中阶段和高中阶段毛入学率分别达到100.1%和82.5%。[①]孤儿、贫困家庭儿童、残疾儿童、流浪儿童、受艾滋病影响儿童等弱势儿童群体得到更多的关怀和救助。新纲要也对未来10年我国儿童工作提出新的要求。

随着农村大量青壮年劳动力外出务工，农村留守儿童成为我国农村儿童工作核心人群。2008年中华全国妇女联合会发表了《全国妇联关于全国农村留守儿童状况研究报告》[②]，报告中将留守儿童界定为："父母双方或一方从农村流动到其他地区，孩子留在户籍所在地农村，并因此不能和父母双方共同生活的17周岁及以下的未成年人"。本研究报告通过对2005年1%人口抽样调查数据的统计得出0～17周岁留守儿童在全体儿童中所占比例为21.72%，据此推断，全国农村留守儿童约5 800万人，其中14周岁以下的农村留守儿童约4 000多万。和2000年相比，2005年的农村留守儿童规模增长十分迅速。在全部农村儿童中，留守儿童的比例达28.29%，农村留守儿童已非常普遍，而且这一比例还在不断扩大。

2. 相关政策

我国关于儿童权益保护的相关的法律法规有《中华人民共和国未成年人保护法》《中华人民共和国预防未成年人犯罪法》《中华人民共和国收养法》《九十年代中国儿童发展规划纲要》《中国儿童发展纲要（2001—2010年）》等。2011年7月30日，国务院又颁布了《中国儿童发展纲要（2011—2020年）》，纲要明确了今后我国儿童工作的指导思想、基本原则、总目标、发展领域、主要目标和策略措施，指出今后我国儿童工作的重点是儿童与健康、儿童与教育、儿童与福利、儿童与社会环境、儿童与法律保护等五个方面。

3. 农村社会工作与农村儿童社会工作

---

① 以上数据引自《国务院关于印发中国妇女发展纲要和中国儿童发展纲要的通知》（国发［2011］24号）。

② 全国妇联关于全国农村留守儿童状况研究报告［R］. 中国德育，2008（4）：3.

农村社会工作者在遵守与儿童相关的政策法规的基础上，积极参与《中国儿童发展纲要（2011—2020年）》所提出的各项工作中，为农村儿童健康成长、享受教育资源、权益保护努力工作。农村社会工作对农村儿童工作的意义：(1) 关注农村儿童心理生理疾病，为农村儿童健康成长提供保障；(2) 为农村儿童提供多种形式、多种内容的专业服务，增进农村儿童社会福利；(3) 关注农村留守儿童，辅助其健康成长；(4) 为受虐待儿童提供多种援助服务。

4. 儿童社会工作与农村社会工作

1993年出版的《社会保障词典》词条中将儿童社会工作界定为："以儿童为案主的社会工作，不仅限于对贫苦无依儿童的收容教养，而且扩展为对全体儿童的福利服务。"① 儿童社会工作的主要内容有与儿童福利相关的服务工作和特殊儿童服务工作。儿童社会工作为农村社会工作者开展农村儿童服务提供了理论支持、专业方法和服务方向指引。

二、农村儿童社会工作的服务理念与工作角色

1. 服务理念

保护儿童权益是农村儿童工作的核心服务理念。根据《中华人民共和国妇女儿童权益保护法》规定，儿童权益主要包括：未成年人享有生存权、发展权、受保护权、参与权等权利，国家根据未成年人身心发展特点给予特殊、优先保护，保障未成年人的合法权益不受侵犯；未成年人享有受教育权，国家、社会、学校和家庭尊重和保障未成年人的受教育权；未成年人不分性别、民族、种族、家庭财产状况、宗教信仰等，依法平等地享有权利。

为此，农村社会工作者在开展农村儿童服务时要特别注意：(1) 农村儿童生活环境的改善；(2) 积极促使农村儿童享受教育资源；(3) 须特别关注农村留守儿童家庭教育；(4) 为受虐待儿童提供多种形式的援助。

2. 工作角色

结合儿童社会工作者工作角色和农村儿童现实处境，农村社会工作者在农村儿童服务工作中主要的角色有使能者、咨询者和合作者。

(1) 使能者

使能者就是协助服务对象分析自己所面临的困境或问题，协同服务对象一起找到走出困境或问题的办法。例如针对留守儿童家庭教育缺失、普遍缺乏安全

① 王思斌. 社会工作概论［M］. 北京：高等教育出版社，2002：152.

感、自信等心理困扰，农村社会工作者可以跟学校老师、照顾者、外出务工的父母共同协商，寻找出可以给他们情绪安抚、爱的支持的方法。

（2）咨询者

农村儿童服务中，前来咨询的服务对象主要是儿童的照顾者、在外的父母和学校老师。所咨询的内容主要是孩子的健康成长和学习。农村社会工作者可评估儿童的需求，给咨询者不同的建议。

（3）合作者

为了系统地解决农村儿童面临的问题或需求，农村社会工作者要扮演好合作者的角色，即农村社会工作者需要调动与儿童相关的各个系统，如孩子的父母、老师、亲人、同伴等，共同协商、共同参与。

三、农村儿童社会工作的服务内容

1. 助学

针对农村留守儿童、边远山区无法实现学前教育的儿童及因家庭困难辍学的儿童，农村社会工作者可以开展针对性的各种助学服务。如课业辅导、联系有关助学机构资助辍学儿童上学等。

2. 助乐

农村社会工作者可为农村社区儿童提供各种趣味性活动，如趣味运动会、绘画展示、才艺展示等。通过这些活动，一方面可以极大地丰富儿童成长环境，另一方面可以通过活动培养儿童参与、展示自我、团队合作等方面的能力。

3. 助长

儿童时期的成长经历将直接影响着个体正常人格的形成。为此，农村社会工作者要结合儿童的心理特征和发展需求，给予不同的辅导。如针对行为存在偏差的儿童，可开展治疗性小组；针对儿童人际沟通动力不足，可开展各种发展性小组，提升儿童的自信心等。

第四节　农村灾害社会工作

2008年“5·12”汶川地震以来，灾变成为人们十分关注的话题。灾害事件接连不断发生，如青海玉树遭遇强震，西南干旱持续大半年，甘肃舟曲、四川映秀、广东茂名等地接连遭遇特大泥石流侵害，南方凝冻与北方干旱又使国人祸不单行……这些事件牵动着每一个关注个体生命的知识分子，尤其是以人为服务对象的社会工作，必须深入灾区，开展社会工作服务，灾害社会工作成为社会工作实践的重要领域，也是农村社会工作实务工作的基本服务内容。

一、灾害社会工作概述

1. 灾害社会工作含义

灾害社会工作概念随着“5・12”汶川大地震成为我国社会工作界广泛讨论的课题，经过不到3年的发展，成为我国社会工作实务的重要领域。边慧敏[①]等人指出“5・12”汶川大地震发生后，先后有40多家社会工作机构和500多名社会工作者在灾区开展了各类社会工作服务。

关于灾害社会工作的含义国内外学者还没有提出比较明确的界定。大陆学者郝杜[②]等人从系统视角出发，对灾害社会工作的目的、专业关系的建立、问题与需求评估等做了系统的梳理。灾害社会工作目的是指期望社工与案主的共同努力达致增强案主与社会资源之间的联结，使案主能够自主地运用外界资源解决自身问题。灾害社会工作中专业关系的建立主要是指社会工作者不仅要与受灾案主建立起专业关系，同时社工也要与各种灾害救助主体建立起专业的工作关系。灾害救助主体是指与灾害受害者息息相关的各种系统，如家庭成员、亲戚朋友、政府部门等。

受灾害的影响，灾害社会工作的服务对象所处的各种系统均受到不同程度的破坏，集中表现为：（1）可利用的社会支持网络中断，现有的资源无法解决案主的需求；（2）服务对象因惊慌、失去亲人等处境的影响，利用资源的主动性降低；（3）获取资源的能力受到限制；（4）建立新的社会支持网络需要较长的过程。

2. 我国灾害社会工作面临的困境

结合社会工作介入“5・12”汶川地震服务情况，我国灾害社会工作面临的困境主要体现在四个方面：

（1）介入途径有限，长期性无法得到保障

汶川地震发生后，社会工作机构进入受灾地区的主要途径有：争取对口援建单位支持，以援建项目方式进入；争取基金会资金支持，以民间身份进入；社会

---

① 边慧敏等. 灾害社会工作：现状、问题与对策——基于汶川地震灾区社会工作服务开展情况的调查［J］. 中国行政管理，2011（12）：72.

② 郝杜等. 系统视角下的灾害社会工作［J］. 社会工作实务研究，2008（10下）：19.

工作教育机构由单位组织服务队，以专家或研究者身份进入。但无论是哪一种服务，这些社会工作机构均不是国家救灾系统的组成部分。随着紧急救援期的结束，很多社会工作机构均面临抽离受灾地区的困境，只有部分机构通过民间注册方式，注册成为当地一家社会团体。今后，社会工作机构要在灾区重建工作中发挥更大、更多的作用，政府相关部门必须将社会工作机构纳入国家救助系统，社会工作机构在灾害重建服务的长期性才能得到有效的保障。

(2) 无固定资金来源，服务持久性很难保障

目前，我国社会工作服务还没有正式纳入国家财政购买服务的范畴。服务于受灾地区的社会工作机构普遍面临无固定资金来源的困境。这在一定程度上影响现在我国灾区社会工作发展，间接影响社会工作专业在灾后重建工作中的积极作用。政府部门尤其是受灾地区的政府相关部分，在特大灾害发生后，应该设立专项服务资金，支持社会工作专业机构能持久地服务受灾地区，通过社会工作专业服务，预防次生灾害的发生，协助受灾地区民众逐步走向正常的社会生活，维护受灾地区社会稳定和和谐。

(3) 实务经验不足，服务专业性、规范性很难保障

我国社会工作专业大规模地介入灾害重建工作，只有短短3年的时间，可以说我国灾害社会工作还处于探索发展阶段。换言之，我国灾害社会工作服务标准、评估体系、服务规范、员工素质等均存在明显不足或缺位的现象。这些因素限制了灾害社会工作服务的效果，灾害社会工作的社会影响力大打折扣。

(4) 具有丰富经验的一线社会工作者十分缺乏

一线社会工作者是灾害社会工作服务得以完成的核心要素。一线社会工作者的专业素质、实务经验将直接影响着灾害社会工作服务的效果。但目前，我国还没有一批专业过硬、经验丰富的灾害社会工作服务队伍，很多一线的社会工作者或是刚刚毕业的学生，或是具有一定的城市社会工作服务经验的社工。为此，社会工作教育必须重视灾害社会工作人才培养。

二、灾害社会工作的服务理念与工作角色

1. 服务理念

灾害社会工作的服务理念主要由五点组成：(1) 相信服务对象走出灾害影响的能力和信心；(2) 没有服务对象充分参与的灾害重建是不能持久的；(3) 灾害重建应该是多方面的重建，包括物质的，也包括精神的；(4) 灾害重建应当坚持地方特色与现代特色相结合的原则；(5) 灾害重建必须重视社区资本支持网络、

社会支持网络重建。总之，在灾害社会工作服务中，农村社会工作者时刻反思自己，以防自己出现弱化服务对象等不利于服务对象全面发展的行为。

2. 工作角色

灾害社会工作服务中，农村社会工作者扮演的工作角色有很多。(1) 资源获取者，农村社会工作者要及时为服务对象提供与灾后重建相关政策、项目等信息，积极促使服务对象参与到影响其利益的资源分配工作中。(2) 支持者，农村社会工作者要深入了解服务社区所有民众的受灾情况，尤其是灾害中有家庭成员遇难的人群，随时评估他们的心理状况，掌握他们投入灾后重建的行动情况，予以不同形式的干预和支持。(3) 同行者，特大灾害给人造成的最大伤害是心理创伤，心理创伤因个体差异有不同的表现，对个体的影响时间有长有短，农村社会工作者要陪伴服务对象走出心理创伤。

三、农村灾害社会工作的服务内容

1. 哀伤辅导

哀伤、悲伤、哀悼是哀伤辅导三个核心概念，陈维梁、钟秀筠在其著作《哀伤辅导：概念和方法》一书中清晰地界定了这三个概念，他们指出哀伤指任何人在失去所爱或所依附之对象（主要指亲人）时所面临之境况，这种状况既是一个状态、亦是一个过程；悲伤是哀伤的一部分，主要指一个人在面对损失时出现的内在生理及心理反应，心理方面则主要包括情感与认知的层面；哀悼属于哀伤的另一个层面，主要指一个人在面对失丧时，因身心的反应而带来的外在、社交及行为表现。哀伤辅导过程中要注意性别差异、文化差异和性格差异不同而应有所不同。

哀伤辅导的目标是协助生者完成与逝者间的未竟之事并向逝者告别（Worden，1991），陈维梁，钟秀筠将其分解为增加失落的现实感、处理已表达或潜藏的感觉、克服失落后适应过程中的障碍、向逝者告别、以健康的方式将情感投注在新的关系里。农村社会工作者可通过个人、家庭、小组开展哀伤辅导服务。

2. 危机干预[①]

危机一词源于希腊字 Krisis，意指决定或转折点。拉博柏特（Rapoport）提到危机事变对生活目标造成的威胁，加上欠缺应对机制是构成危机的因素；狄臣（Dixon，1979）将危机界定为危机产生是由于某一事变被个体视为带来危机，而个体通常的解决方法无效，因而感到无助，并影响个人的功能。综合来看，危机的含义具有四个共同特征：引起危机的事件具有突发性和不可预测性；个体陷入困境是因为缺乏应对事变的机制或事变超出个体能力范围；事变给个体生活和功能带来损伤；事变发生后个体会出现紧张情绪和压力。

危机一般可分为两类即成长危机和事态危机（天灾人祸），其目标主要有帮助服务对象应对危机，恢复损坏的功能（个体、家庭、社会功能）和建立新的平衡，以及危机应对能力建设。雅各布森（Jacobson，1980）、斯特里克勒与莫利（Strickler、Morley，1997）将危机干预的方法归纳为综合法和个人法。因危机种类不同，介入的步骤也有所不同，一般包括评估危机及问题、分析危机程度、处理情绪及支持、建立专业关系、共同制定解决方案。

在农村社会工作者务必要重视危机干预在农村社会工作实务中的应用，随着农村社会变迁，大量农村青壮年外出务工过程中遭遇的危机事件与日俱增（工伤致残或死亡、婚变等），这将影响农村社会家庭正常功能，农村社会工作者通过危机介入，及时干预，提出农村社会家庭或个体应对危机的能力。

3. 个案管理

个案管理在社会工作实务中有很长的实践历史，在不同的社会工作实务领域个案管理以服务协调的种种模式出现。面对农村社会急剧变化的社会变迁和日益增多的社会问题，农村社会工作者需要应用个案管理模式服务农村社会现实。

个案管理（Julius R. Ballew、George Mink，1996）指："提供给那些正处于多重问题且需要多重助人者同时介入的案主的协助过程。"[②] 个案管理通过跨专业合作，强调发展或强化案主的资源网络和通过提出案主的知识、技巧和态度提

---

① 关于危机干预有意者请阅读：

［美］詹姆斯，吉利兰. 危机干预策略（第 5 版）［M］. 高申春译. 北京：高等教育出版社，2009；

高刘宝慈，朱亮基. 个人工作与家庭治疗——理论及案例［M］. 香港：香港中文大学出版社，1997；

廖荣利. 危机调式模式：社会工作理论与模式［M］. 台北：五南图书出版公司，1987；

莫利拉，李燕凌. 公共危机管理：农村社会突发事件预警、应急与责任机制研究［M］. 北京：人民出版社，2007.

② Julius R. Ballew，George Mink. 个案管理［M］. 王玠，李开敏，陈雪真译. 台北：心理出版社股份有限公司，2002.

升案主获取、使用资源的能力，在个案管理中社会工作者主要扮演整合者、倡导者和咨询者的角色。工作流程主要有建立专业关系、评定案主需求、协调案主制订计划、整合资源实施计划和关系结束五个阶段构成。

个案管理实务模式是农村社会实务的重要模式，这对改变农村社区个体、家庭面临资源短缺、支持网络单一或薄弱、应对社会变迁能力弱等现状，尤其是解决灾变问题均十分有效。

4. 社区重建工作

社区重建工作是一个系统的工作。其包括社区重建目标、规划、形式、原则、内容等。如台湾“9.12”灾后社区重建就提出了生态社区、通畅社区、自主社区、文化社区的社区重建目标。[①] 农村社会工作者介入灾后社区重建工作的服务内容主要包括：社区公共服务重建、社区组织重建、灾后社区照顾服务、灾后社区教育服务等。

总之，农村社会工作服务内容除农村老年人社会工作、农村妇女社会工作、农村儿童社会工作和农村灾害社会工作外，还有很多。诸如农村残障人士服务，特别是农村特殊人士，如慢性疾病患者、癌症患者、肺结核患者、艾滋病患者、职业病患者等，农村社会工作者要结合残障人社会工作、企业社会工作、医务社会工作等社会工作实务知识，为农村社区这些人群提供必要的专业服务，以期营造良好的生活环境。

【案例分析】

从农村妇女到乡村社工的蜕变

人民网成都11月4日电（朱虹）四川省雅安市芦山清仁乡仁加村的李传俊原来是一个只喜欢打麻将的农村妇女，偶尔外出务工。“4·20地震”后更加不愿意离开家乡，但一年时间，她完成了一个农村妇女到乡村社工的转变。

“白天带领乡里乡亲奔生计，晚上给他们放电影。”李传俊说一年前，这个念头没有过。如今，她成了村里的农业领袖，正在申报由公益基金资助的“魔芋种植合作社”生计项目。

将时间从麻将桌挪到了电脑桌

① 刘斌志. 5·12震后的社区重建：含义、策略及服务及其服务框架［J］. 城市发展研究，2009，16（4）：52.

和所有的四川人一样，李传俊喜欢和村里的朋友们打打小麻将。务工时节外出打工挣钱，但为了照顾家她并不会常年在外。

“那时候挣点钱自己花销，打点小麻将心里踏实。”说到这，李传俊不好意思地说，以前真的没想过除了这些还能做些啥。地震后，自己更加不愿意离开家乡了。也是这时候，她开始接触到社工组织。

“4·20”地震后，来到清仁乡仁加村的公益服务组织住在了李传俊家过渡房的隔壁，在招募乡村社工的过程中，李传俊成了第一批接受本地社工培训项目的成员，她坦言，刚开始既不明白为什么有人会以帮助别人为生，培训后也不知道能做什么。

李传俊说，对于当地的居民来说震后除了安顿生活，重新建立生计来源是迫切的需求。所以当她和志愿者做一些娱乐性服务活动时，老百姓的参与度并不高。“在相处的过程中，最初是有很多挫败感的。”但一段时间后，她心里就意识到作为当地人，应该为老人和小孩做些事。于是，李传俊报名参加了公益服务项目在扶持当地生计方面的培训课。“生计水平提高了，乡亲们才会更好地参加社区活动。”从看别人的项目策划和项目报告，到自己完成季度报告，经过了漫长的学习过程。她告诉记者，基本的电脑办公软件操作，如今已经不那么难了。

今年，李传俊以发起人的名义向中国扶贫基金会递交了2015年“魔芋种植合作社”生计项目，鼓励当地其他农户一起参与，成立魔芋种植互助小组。为了说服乡亲们参社，她做了科学的市场调研，上网搜寻了相关资料，包括魔芋的经济价值、市场需求和产后销路。

“只要家里生计搞上去了，有了收入来源，大家不用外出打工。”李传俊说，在农村只有农产品的收入提高了，才真正满足了当地老百姓的需求。

不仅如此，她和愿意加入的乡亲们还约定，自己掏三分之一的种子钱，鼓励农户的生产积极性。剩下由基金会扶持占比三分之二种子钱，等项目挣了钱再还回去。据悉，该项目将通过推动社区互助小组发展为农民专业合作社，由合作社带领和组织农户发展规模化、标准化魔芋种植产业，同时开发市场销售渠道，提高农户经济收入水平，最后实现该项目在当地社区的可持续生计发展，促进当地灾后经济重建与社区自治组织的发展。

“大家对社工没有概念，但有感情”

记者在与李传俊的谈话中，感受到了乡村社工这个身份的转变带给她生活的改变。采访当晚，李传俊正在给村里的老人们放电影。“以前这些都是没有的，现在很多留守老人觉得晚上有个地方去了。”她说自己的生活变了，服务于村里的老人、孩子是快乐的，更重要的是社区里所有人的生活都有了改变。“一年了，其实大家对社工没有概念，但有感情。”李传俊说村里很多人说不上什么是社工，也不知道有以这种生活方式为生的人。但是，希望这些志愿者可以留下来，一直陪伴大家生活。

这个让村民们留恋的公益项目叫“成都心家园社会工作服务中心”，属于2013年由中国扶贫基金会发起的“乡村·公益同行——NGO合作社区发展计划”，是四川省雅安市芦山地震灾区16个公益项目中的一个。

中国扶贫基金会项目合作部主任助理王毅告诉人民网记者：“‘美丽乡村·公益同行——NGO合作社区发展计划’，旨在通过项目创新、乡村人才培育、乡村基层公益组织孵化，为推动社会、行业、乡村共同发展而持续努力。”“我们在灾区有一些扶贫的模式，但只是作为国家扶贫和社会扶贫的补充。我们更专注于某一个社区，比如服务于老人、妇女和儿童的生活、生计问题，让一些以扶贫济困为使命的社区组织为他们做服务，共同探索社区扶贫新模式，进而找到美丽乡村的可持续发展之路。”王毅说，在未来的探索和发展过程中，希望可以做得更多。

2015年灾区将进入全面建设阶段，关于中国扶贫基金会扶持的项目规划和资金计划，相关负责人称，因当地发展需求变化，援助方式会依照双方的发展需求而调整。由于目前的合作项目都非常出色，愿意持续地给予支持。

资料来源：人民网—四川频道。

案例思考：1. 结合案例，谈谈你对农村社会工作的认识。

2. 以小组为单位，分析当地人参与农村社会工作服务的优势。

【本章小结】

本章详尽介绍了四类农村社会工作服务内容，即农村老年人社会工作、农村妇女社会工作、农村儿童社会工作和农村灾害社会工作，希望学习者通过本章学习，认清这4类农村社会工作服务的现实处境、相关政策、社工角色，掌握具体内容，为改变这些人群的生活质量发挥积极的专业作用。

面对全球老龄化时代的到来，农村社会工作者必须为农村老年人提供专业服务。在农村社区开展老年人社会工作时，要坚持“积极老年”的服务理念，扮演好服务提供者、支持者、政策影响者的角色，做好农村老年人临终关怀服务、农村受虐老人援助服务和农村老年人社区照顾服务。

随着农村大批青壮年劳动力外出务工，农村妇女成为农村社区的主要人群。农村社会工作要坚持农村妇女解放和农村两性平等为核心农村妇女工作理念，要努力改善农村妇女劳动分工的不平等现象，改善农村留守妇女家庭婚姻现状，努力改善进城务工女性的劳动环境，为农村妇女提供专业社会工作服务。

农村社会工作要充分了解我国儿童工作相关政策法规，为保障儿童健康权、受教育权和免遭家庭暴力贡献专业力量，做好助学、助乐、助长领域的服务工作。灾害社会工作是农村社会工作服务的新领域，也是农村社会工作实务的重要服务内容，农村社会工作者要了解我国灾害社会工作服务面临的四点困境，把握好相信服务对象的走出灾害影响的能力和信心；没有服务对象的充分参与的灾害重建是不能持久的；灾害重建应该是多方面的重建，包括物质的，也包括精神的；灾害重建应当坚持地方特色与现代特色相结合的原则；灾害重建必须重视社区资本支持网络、社会支持网络重建等为核心的五点理念，通过哀伤辅导、危机干预、个案管理和社区重建工作，协助受灾群众走向正常的社会生活。

【思考题】

1. 请谈谈你对老年人临终关怀服务的看法。
2. 为什么农村妇女社会工作要坚持两性平等的服务理念?
3. 儿童社会工作的核心内容是什么?
4. 开展农村灾害社会工作服务的意义有哪些?

【讨论题】

1. 3～6 人一组，制定一份农村慢性病患者服务方案。
2. 3～6 人一组，制定一份农村残障人士服务方案。

【推荐阅读】

1. 孙琼如. 受虐待老人社会工作新理念 [J]. 南京人口管理干部学院学报，2004 (4).

2. 陈功，庞丽华等. 中国老龄政策的发展、现状和未来走向 [D]. 中国老龄科学研究中心，2003 年度优秀论文集.

3. 孙晋富. 老年人参与社会的中日比较研究 [D]. 华东师范大学硕士毕业论文，2006.

4. 啜大鹏. 女性学 [M]. 北京：中国文联出版社，2001.

5. 詹姆斯，吉利兰. 危机干预策略（第 5 版）[M]. 高申春译. 北京：高等教育出版社，2009.

6. 高刘宝慈，朱亮基. 个人工作与家庭治疗——理论及案例［M］. 香港：香港中文大学出版社，1997.

7. 廖荣利. 危机调式模式：社会工作理论与模式［M］. 台北：五南图书出版公司，1987.

第九章　农村社会工作实务模式及工作技巧

不是救济而是开发。为人民做一些事情，这是救济。因而有些事情一定要依靠人民去办。但是，如果我们让这个钟摆摆得过了头，事事都要人民去办，办法要人民出，头儿要人民去带，那么就没有什么事情需要我们做了，我们到乡下来也就毫无意义了……“中庸”即是既不完全替代，也不完全依靠，而是一道去做。……我们强调了不仅要向人民学习，而且要同人民一起设计，这就是一道的意思。①

——晏阳初

农村社会工作实务除应用社区工作经典的三种模式②，即地区发展模式、社会策划模式、社会行动模式外，还有如能力建设模式、青少年儿童为中心的模式、社会资产模式和团结经济模式。本章重点介绍这四类农村社会工作实务模式。

农村社会工作技巧主要有进入农村社区及专业关系建立技巧、农村社区组织发育技巧、策划技巧、共识和冲突策略、评估方法等五个方面。农村社会工作者熟练地掌握这些工作技巧，是开展农村社会工作的基础。

随着我国社会主义新农村建设和和谐社会主义建设深入，将会给农村社区带来许多社会变迁。农村社会工作者担负着预防和解决农村社区问题、回应农村数千万民众需求的重大社会责任，学习掌握农村社会工作实务模式和农村社会工作技巧，对提升农村社会工作者专业能力和服务品质，具有十分重要的意义。当然，因我国农村社区存在地域差异大、社会发展不一等特征，农村社会工作在应用这些实务模式和工作技巧时要结合当地农村社区情况，灵活应用。

① 晏阳初. 对国际乡村改造学院全体职员的讲话［G］. //宋恩荣. 晏阳初全集（第二卷）. 长沙：湖南教育出版社，1989：417.

② 甘炳光. 社会工作——理论与实践［M］. 香港. 香港中文大学出版社，1994：120—174.

第一节　农村社会工作实务模式

农村社会工作实务模式是指农村社会工作者实务工作的一般策略和操作流程。本章结合近十年来我国农村社会工作实践经验，重点介绍能力建设模式、青少年儿童为中心的模式、社会资产模式和团结经济模式。学习者在实际应用时，要活学活用，充分结合我国农村社区本土文化和地域特征，不断总结和创造出符合中国农村社区特色的农村社会工作情景模式。

一、能力建设模式

现今，能力建设概念被广泛地应用到各种社会实践领域中。农村社会工作实践也十分重视这一概念的应用。这一概念蕴含公众参与、增权、公民社会、解放教育等含义。农村社会工作实践十分重视服务对象参与、公民意识、组织建设等能力的提升，为此能力建设模式被广泛地应用到农村社会工作实务中。

（一）问题假设与工作策略

英国学者艾德（Deborah Eade）在著作《能力建设——通向以人为中心的发展之路》[①] 对能力建设的概念、内容等做了全面梳理。其关于能力建设背后的问题假设可归纳四个方面：

• 每个人都有平等、公平获取资源的权力；

• 每个人都应该是自身发展的主体，也有成为发展主体的权力；

• 每个人都有自我发展、自我成长的潜能和能力，不管这种潜能和能力是否被他人认识到或自身意识到，都应该受到肯定和重视。

• 一切抑制发展主体的能力发展、剥夺以上言及的权力的行为或力量都是造成贫困和困难的症结。

基于对以上四点假设的认识，可以说能力建设既是一种方法，又是一种策略。它是一个动态的过程，这个过程本身就是结果和目标。

结合能力建设背后关于问题的基本假设，我们将能力建设模式的工作策略归纳为以下三点：

• 应用能力建设模式，必须充分考虑当地农村社区所处的社会政治和社会经

① ［英］Deborah Eade. 能力建设——通向以人为中心的发展之路［M］. 应维云等译. 北京：九州图书出版社，1999.

济方向，要深入理解嵌入当地农村社区居民生活的社会政治和社会经济环境对当地居民的一言一行及思想的影响。只有认清当地居民所处的社会政治和社会经济发展变化的脉络，我们才能辨识当地社区哪些方面缺乏能力？哪些人群缺乏能力？缺乏什么能力？为什么缺乏能力？梳理清这些问题，农村社会工作者才能有的放矢地制定能力建设服务方案。

• 虽然我们坚信每个人都有自我发展、自我成长的潜能和能力，不管这种潜能和能力是否被他人认识到或自身意识到，都应该受到肯定和尊重。但个体能力和潜能挖掘和建设是一个长期的过程，不可能一蹴而就，这就要求农村社会工作者在应用这一模式时，必须做好开展持久工作的心理准备。不要因我们半途而废的行为造成服务对象自信心的“再次”伤害。

• 在应用这一模式时，农村社会工作者必须坚守个性化原则。因当地农村社区每个人的身份、地位、阶层、性别、年龄、社会关系、权力关系等存在不同，每个人的潜能挖掘和建设的能力会有所不同。

总之，农村社会工作者在应用能力建设工作策略时，同时需要做好社区组织发育、社区居民参与能力、社区意识、社会居民行动能力等工作，只有这样能力建设工作才能取得较好的成效。

（二）农村社会工作者角色及模式评价

1. 角色

能力建设模式作为农村社会工作实务的新模式，农村社会工作者一方面是这一模式倡导者，积极推动这一模式的实际应用。另一方面农村社会工作者与服务对象是同行者，一起参与挖掘潜能和建设能力工作，农村社会工作者扮演同行者的角色。

农村社会工作者与服务对象“同行”，唤醒服务对象的自我发展、自我成长意识，促使服务对象对自身能力和潜能进行全面评估，让其认识到造成自己困境的原因，通过建设自身能力和潜能挖掘，寻找可能的出路。从而改变其受歧视、排斥、资源剥夺等现状，营造公平公正的社区生活环境。

2. 模式评价

能力建设模式十分重视社会公平公正社会环境的营造，农村社会工作者持优势视角，重视服务对象潜能挖掘。因此，这一模式强调自助—互助关系的建立，摒弃依赖关系；强调当地社区利益最大化，对主流经济模式持有高度敏感性；强调当地社区的全面发展，如文化、生计、环境等可持续发展，强调这一过程中个体能力的提升，对单一的发展模式持批判态度。

二、青少年儿童为中心的模式

随着我国城市化、工业化建设不断深入，农村社区大批青壮年劳动力涌入城市务工，农村社区留守老人问题、留守儿童问题日趋严峻，加之主流媒体对城市化、工业化的高度美誉，农村社区居民的社区认同感、社区归属感日渐衰弱。我们知道，农村社区作为社会生活的有机组成部分之一，无论社会怎样发展，其都不可能消亡。为此，增强农村社区居民社区认同感、社区归属感是新的历史时期农村社会工作的重要工作之一。青少年儿童为中心的模式是农村社会工作实务回应这一任务的重要实践模式之一。它以社区综合服务中心为平台，应用社会工作方法，为农村社区青少年儿童提供如课业辅导、成长小组、村史教育等服务，增强青少年儿童对自身社区的责任感、认同感、归属感、自豪感，从而保障农村社区建设后继有人。

（一）问题假设与工作策略

青少年儿童为中心的农村社会工作模式，其背后关于问题假设主要有三点：

• 青少年儿童是农村社区发展核心主体，其有利用社区资源建设宜居社区的权利；

• 农村青少年儿童作为农村社区建设接班人，其有选择不同生活模式的权利，社会应该尊重其选择机会，并保障其能实现人生意义；

• 农村青少年儿童作为未来社会建设的核心人群之一，其有权利平等地享受未成年人可以享受的各种权利。

可见，青少年儿童为中心的农村社会工作模式，既是一种服务，又是一种农村社区建设的方法。其旨在通过农村社会工作服务，改善和改变农村社区青少年儿童生活品质，同时，通过提升青少年儿童村史教育、参与社区事务，增强青少年儿童建设自己生活社区的责任心。

青少年儿童为中心的模式重点是：第一，青少年儿童为中心的模式特别关注当地社区青少年儿童对本社区的认同感、归属感建设，为此，农村社会工作者要清楚地梳理清主流价值观对当地青少年儿童的自我认同和社区认同的影响。只有清楚地认识这些影响，我们才能认识到影响当地青少年儿童自我认同、社区认同的原因是什么？为什么会造成这样的影响？这些影响产生什么样的后果？第二，虽然我们坚信农村青少年儿童作为未来社会建设的核心人群之一，其有权利平等地享受未成年人可以享受的各种权利。但要让农村社区青少年儿童享受未成年可以享受的各种权利是一个长期的过程，农村社会工作要认识到这一点，要做好持久工作的准备。第三，青少年儿童为中心的模式的目标是以改善青少年儿童生活品质，增强农村青少年儿童自我认同、社区归属感。

（二）农村社会工作者角色及模式评价

1. 角色

青少年儿童为中心的模式中，农村社会工作者扮演很多角色，其中最为重要的角色是服务提供者和教育者。服务提供者主要是指农村社会工作者根据农村社区青少年儿童生活、学习、成长中面临的各种问题和需求，针对性地提供各种社会工作服务，诸如课业辅导、心理咨询、自我认识等。教育者主要是农村社会工作通过村史撰写、村史教育等形式，增强农村社区青少年儿童对当地社区的认同感。

2. 评价

青少年儿童为中心的模式十分重视青少年儿童在农村社区发展中的主体地位，强调其积极参与当地社区建设和发展，强调青少年儿童自助和互助能力的建设，强调青少年儿童对所处社会主流价值观的认识。希望青少年儿童树立正确的价值观，选择适合的路径实现自身的人生价值。

三、社会资产模式

社会资产为本视角越来越受农村社会工作者的重视。其强调在开展农村社会工作服务时，要立足需求为本，整合社区资源，服务社区民众。我国目前农村社会工作服务中，农村社会工作者在根据农村社区居民需求制定服务计划方面做得比较好，但在整合社区资源方面，农村社会工作者有诸多阻碍。其表现为一是因社工权能限制，可调动的社区资源十分有限；二是社区本身所有的资源比较匮乏。而资产为本的视角提出了新的资源视角，其认为农村社会工作的服务对象“人”本身就是一种资本、公共空间的塑造也是一种资本、重构农村社区公共资源更是一种资本建设。社会资产模式很好地解决了农村社会工作者对农村社区资源狭隘的认识，增强了农村社会工作者整合农村社区资源的能力。

（一）问题假设与工作策略

社会资产模式其背后关于问题的假设，可归纳为三点：

• 每个个体都是一种资源；

• 资产包括无形资产和有形资产，每个人均有丰富的无形资产；

• 每个人可以充分利用个体的无形资产，与他人建立资产网络，可有效地解决个体及群体面临的问题及需求。

社会资产模式的核心是服务对象的资产网络建设，资产网络建设的核心是农村社会工作要树立大资产观，即资产应该由无形资产和有形资产组成，无形资产的挖掘和建设对问题解决和需求回应同样有效。

社会资产模式的重点是：第一，社会资产强调从优势视角出发，重建服务对象的无形资产，农村社会工作者协助服务对象认清主流资产观的局限性，令其树立新的资产观，即个体的无形资产同样重要。第二，我们相信资产包括无形资产和有形资产，每个人均有丰富的无形资产，但受自由市场物质观的影响，让服务对象改变只看重物质资本而忽视社会资本的观念需要一个过程，这就要求农村社会工作将优势视角的理念贯穿工作始终，在工作过程中逐步树立服务对象的社会资产观。第三，社会资产模式的目标一定是促使形成适合农村社区特色的社区发展模式。

（二）农村社会工作者角色及模式评价

1. 角色

社会资产模式中农村社会工作者的核心角色是咨询者和支持者。咨询者是指农村社会工作在服务对象面临资源短缺的时候，协助服务对象从自身出发，挖掘可利用的社会资产，通过资产网络建设，整合多种资源，从而解决服务对象面临的困境。支持者是指农村社会工作者根据服务对象对社会资产的信赖程度、整合社会资产的能力、支持网络建设的情况等而针对性地给予不同形式的支持，如提供信息、必要的物质支持等。

2. 模式评价

社会资产模式中，农村社会工作者坚守能力建设和优势视角，强调服务对象通过自身社会资产的建设，应对社会变迁所带来的各种困境。其强调个体无形资产的挖掘，强调个体之间社会资产网络的建设，强调服务对象利用自身已有的（潜在的）资源走适合当地农村社区发展的道路。

四、团结经济模式

团结经济概念于1973年在西班牙、南美等地出现，当前已在全球各个国家广泛应用。团结经济是一个人人有份、持续不断的学习过程，它让每个人都能够在自己的位置上发挥作用；人人推动包括合作社、公平贸易、社会企业、小区货币、良心消费等经济行为；其反对以市场经济名义制造的社会不公平、倡导人人都参与社会经济实践中，提出经济发展是为了人及社会进步；团结经济强调关系、关爱、合作等，寻求发展的多样化道路。

（一）问题假设与工作策略

团结经济模式背后的问题假设是：

• 经济生产是为了人及社会进步，每个人都有参与社会经济活动的权力；

• 生产不仅是人与物的关系，更是人与人的关系，每个人都有权参与经济活动的每个环节，保护生产、销售、消费等；

• 自由市场经济模式只是社会经济模式的一种形式，不是唯一形式，每个人都有权选择符合自身利益最大化的社会经济模式；

• 生产过程中重视互助合作和民主团结，自由市场经济过分强调利润最大化、竞争和资源剥夺是造成诸多社会问题、自然生态恶化的关键原因之一。

团结经济模式不仅是一种新的社会经济模式的探索，更是对现今人类社会无限制的物欲、拜金主义的反抗，是社会边缘人群和弱势群体改善生活品质的有效途径。

团结经济模式的重点是：第一，社会经济发展模式必须重视个体全面发展和社会的整体发展；第二，强调经济生产的多元化主体；第三，生产关系中重视互助合作和民主团结的社会关系建立；第四，重视经济生产与生态环境和谐共生原则。

（二）农村社会工作者角色及模式评价

1. 角色

团结经济模式中，农村社会工作者的核心角色是推动者。推动者指农村社会工作者要促使服务对象参与经济生产的各个环节中，提升服务对象在生产活动中的主体地位，强调服务对象在生产活动中人与人的互助关系的维系。

2. 模式评价

虽然团结经济模式在我国刚刚起步，但其充满人性关怀的理念和改变日益严峻的贫富差距悬殊、生态恶化等社会问题的有效性，值得农村社会工作者借鉴。农村社会工作者在实务工作中，要大力推动服务对象积极参与社会经济生产活动，积极尝试多元化的经济模式。

第二节　农村社会工作工作技巧

农村社会工作服务开展，在应用社会工作个案、小组、社区三大方法的同时，针对农村社区的特色和工作需要，还需掌握如关系建立技巧、组织培育技巧、策划技巧、共识和冲突策略、评估方法等专业技巧。专业技巧是农村社会工作专业性的又一重要特质。

一、进入农村社区的途径和专业关系建立技巧

1. 进入农村社区的途径

根据这些年农村社会工作实践经验和农村社会工作机制，介入农村社会主要有五种途径。

（1）以村民身份介入：以当地村民身份介入的优点是：容易获取村民对工作人员的身份认同；工作员知晓当地村民之间复杂的人际关系，使农村社会工作开展过程中少走弯路，提升工作效率；工作人员可以利用之间在社区中的人际关系资源，较好地开展工作。缺点是：工作人员容易陷入人情关系和工作原则之间的两难处境，使工作变得较为被动；农村社会工作者有可能存在刻板印象，可能出现认识的片面。

（2）通过农村社区组织介入：农村社会工作者以指导者、组织者的身份进入农村社区。比如村官、驻村工作队等。其优点是工作人员的身份很明确，村民对工作人员的认同很容易形成；工作人员以农村社区组织的专业身份介入，在许多有关农村社区组织发展的工作可以得到村民的认可和积极参与；开展社区组织的建设和培育，名正言顺。缺点是：村民很容易对工作人员产生依赖，不易达到村民建设的目标；工作人员和村民的不对等关系，容易减弱村民的自信心；工作人员将面对离开或如何留下来继续开展工作的问题。

（3）通过农村社区事件介入：社区事件如农村社区留守儿童、老人照顾、家庭暴力、农村青少年犯罪等问题，农村社会工作者以解决这些问题为切入点，进入农村社区。其优点是：工作人员以直接解决农村社区问题为工作目标，工作人员的身份是专家，村民也希望通过工作人员的服务，解决社区问题，其身份认同得到肯定；工作人员通过解决某些社区问题，为农村社会工作继续在此开展提供了可能；提升村民对农村社会工作技能的认同。缺点是：如果因各种原因，工作人员不能完全解决某农村社区问题，可能降低村民对农村社会工作的认可；很大程度上，农村社区事件，基本上与资源短缺有很大的关系，这就要求农村社会工作者，需要拥有这方面的巨大资源，如果不能寻求到解决这些问题需要的资源，就不能在当地继续工作。

（4）以公务员的身份介入：以公务员的身份介入当地农村社区，一方面工作人员身份的合法性则得到保证，工作人员也可以通过在政府部门的资源，致力于为当地社区服务，赢取村民的支持和信任为农村社会工作得到群众基础；另一方面，因工作人员是以公务员身份进入村庄，村民可能会认为你是政府下派到当地

执行政府工作任务的，村民可能不太积极主动参与，跟你一起工作。所以，农村社会工作者以这种模式介入时需要谨慎处理直接与村民的关系。

（5）通过农村社区项目介入：通过农村项目进入，一方面，因每一个农村社区项目都是为当地村民解决他们生活中存在的困难，工作人员很容易得到村民的热烈欢迎，方便工作人员能更好、更多通过农村社会工作方法和理念为当地服务，同当地群众一道寻求发展之路；另一方面，因工作人员受聘在第三部门，一定要遵循这些部门服务宗旨和工作任务，工作可能只是为了项目要求完成任务，而村民的其他真实需求不能兼顾。

2. 专业关系建立的技巧

专业关系建立是农村社会工作者开展服务的基础，专业关系包含农村社会工作者与服务对象彼此信任、有效的沟通方式、处理矛盾机制等。在农村社会工作实务中建立专业关系技巧有田间地头工作、上门家访、召开村民代表会议、绘制社区图、主题工作坊等。

（1）田间地头工作：走进农村社区民众比较熟悉田间、地头建立关系。农村社会工作者与服务对象在劳动中开始建立关系，一方面可以引发服务对象对农村社会工作的好感，有利于信任关系的建立；另一方面农村社会工作感同身受服务对象的劳动酸甜苦辣，才能制订更加适合的服务计划。

（2）上门家访：在农村社会，家是比较私密的地方，农村社会工作者能够赢得农村家庭的接纳，说明农村社会工作者与服务对象已经建立了良好的信任关系。与农村社区家庭关系，可以先从与家庭某个成员建立联系开始，比如通过课业辅导，与家庭中小孩子建立关系，通过小孩子再与家庭中的其他成员建立关系。

（3）召开村民代表会议：召开村民代表会议，一方面是为了讨论、计划、决定开展农村社会工作服务项目。另一方面，通过多次的村民代表会议，农村社会工作者与服务对象探索有效的沟通方式和矛盾处理的规范。为实现这一目的，农村社会工作者可以技巧性地设计，比如全程录像，通过录像回放，让服务对象直观地认识每个人的沟通、表达、处理矛盾的方法，共同讨论这些方法的局限性，共同改进。

（4）绘制社区图：绘制社区图，是农村社会工作者与服务对象建立专业关系重要技巧。绘制社区图时，一是农村社会工作者一定要多邀请农村社区中有一定威信、身份的人参与，二是农村社会工作一定要邀请绘制成员一起探查社区情况，一起社区行。

（5）主题工作坊，农村社会工作者可以通过开展主题小组，这是农村社会工作者与具有共同需求、面临共同问题、共同爱好的人群建立专业关系的重要技巧。主题工作坊中农村社会工作者可以将自己的专业身份、角色、工作方法介绍给这些人群。

二、农村社区组织培育和管理技巧①

农村社区组织建设是农村社会工作核心工作之一。农村社区组织的建设一方面是为了让农村社区民众联系起来，以解决面临的共同问题。另一方面社区组织建设有利于村民持续关注社区发展。农村社会工作实务中社区组织工作的技巧主要是组织培育技巧和组织管理技巧。

1. 组织培育技巧

农村社区组织培育技巧的内容包括制定组织目标和宗旨、培育社区组织领袖、建设有效的组织体系、组织有效沟通模式、组织动力等。

• 制定组织目标和宗旨

成功的农村社区组织核心是制定清晰明了的组织目标和宗旨。清楚的使命感是组织构建长期性策略的基础，给组织成员指明了方向，是组织成功成长的原动力。农村社会工作者要应用参与式技巧。

• 培育社区组织领袖

培养社区组织领袖是农村社区组织发育的另一核心要素，培育优秀的组织领袖，农村社会工作不仅要看重领袖的领导素质，另一方面要有热心、爱心、耐心、平民心的公益素质。

• 组织动力

组织动力一是源自于组织成员对组织愿景的信心，二是有效的组织奖罚机制。要培育好组织动力，农村社会工作者在实务工作中要掌握共识策略、变冲突为合作的策略、预测未来的技巧。

2. 组织管理技巧

农村社区组织管理技巧有领导技巧、团队建设技巧、良好的沟通技巧、有效会议技巧、筹款技巧、志愿者队伍建设技巧。

• 领导技巧

一个成功的农村社区组织，离不开一名优秀的组织领导（当然也离不开组织

① ［美］詹姆斯·P. 盖拉特. 21世纪非营利组织管理［M］. 邓国胜等译. 北京：中国人民大学出版社，2003.

的每一个成员），领导技巧是优秀组织领袖的核心能力。一般而言，组织领袖要掌握授权技巧、会议技巧、激励技巧。

• 筹款技巧

农村社区组织管理者一定要掌握筹款技巧，能否成功筹款，将直接影响这一组织发展能否长远、目标宗旨能否达成、留住和吸引新的组织成员。成功筹款，首先要组建筹款团队，选定筹款目标；其次制定详尽的筹款策略和计划。

• 志愿者队伍建设技巧

志愿者是农村社会组织重要人力资本，农村社区组织管理中志愿者队伍建设技巧主要吸引有能力、有志于从事志愿服务的各界人士，理清志愿者对志愿者角色不切实际的角色期望，建立有效的工作机制和奖励机制，提供发挥个人才能的机会。

三、策划技巧

在农村社会工作实践中，策划主要内容有项目策划书（建议书）和服务（活动）策划方案两项。项目策划书主要用于寻求农村社会服务所需资源、资金，服务（活动）策划方案主要用于具体的工作操作。

1. 项目策划书（建议书）

好的项目计划书要包括以下几个方面的内容：

（1）封面页：封面页是资助机构了解和认识我们的一个很重要的窗口，封面可以只简单地写上项目名称和日期，也可以包括以下信息：项目名称；申请（执行）机构；通讯地址；电话、传真、E-mail；联系（负责）人；还可以把银行账户、律师、审计机构等信息列在封面页上。如定向向某机构申请，可附上信件。

（2）项目概要（总论）：在概要部分主要是让资助方了解申请者的基本信息，为此，这部分包括机构的背景信息、使命与宗旨；项目要解决的问题与解决的方法；项目申请方的能力和以往的成功经验等。

（3）项目背景、存在的问题与需求：在这一部分要详细介绍存在的问题以及为什么你要设计这个项目来解决这些问题。要充分地说明问题的严重性与紧迫性，提供一些数据，这样不但可以充分地说明问题，同时还能表明你对这一项目的了解。此外，你还可以使用一些真实、典型的案例，以便在情感上引起资助方的共鸣。要说明项目的起因、逻辑上的因果关系、受益群体及其与其他社会问题之间的关联等。主要包括项目范围（问题与事件、受益群体）；导致项目产生的宏观与社会环境；提出这个项目的理由与原因；其他长远与战略意义。

（4）目标与产出：在这一部分中要详细地介绍的项目计划、项目的总体目标、阶段性目标与任务，以及各目标的评估标准。总体目标是一个长期的、宏观的、概念性的、比较抽象的描述。由总体目标可以分解成一系列具体的、可衡量的、可实现的、带有明确时间标记的阶段性目标。

（5）受益群体：在这一部分中，要对项目的受益群体做一个更加详细的描述。有必要时，你还可以把受益群体分为直接受益和间接受益群体。许多资助方都希望受益群体能从始至终地参与到项目之中。尤其是在项目的设计阶段，受益群体的参与更加重要。可以在附件中列出受益群体参与项目的活动，包括组织受益群体参加的讨论会、会议主题、时间、参加人员等；同时，也让资助方了解到项目不但是针对受益群体而设计的，而且得到了他们的广泛支持与认可。

（6）解决方案与实施方法：本部分需要介绍如何达到目标，即采用什么方法、开展什么活动来实现这些目标。在介绍方法时，要特别说明这种方法的优越性。总之，要充分说明选择的方法是最科学、最有效、最经济的。同时，也要说明在采用这种方法时，也存在一定的风险与挑战。此外，还要提到为了执行这一解决方案，在行政保障、人力保障和相关物质保障等方面具体情况。

（7）项目进程计划（时间表）：在这一部分中，要详细地描述出各项任务的先后顺序以及起始时间。可以用一个带有时间标记的图表来表示，这样，就可以一目了然地告诉读者。

（8）项目组织架构：在这一部分中，要描述为了达成上述目标，需要什么样的执行团队和管理结构。执行团队应包括所有项目组成员：志愿者、专家顾问、专职人员等。项目团队人员相关的工作经验、专业背景、学历等也非常重要。执行团队的经验与能力往往在很大程度上决定了项目的成败。另外，还要明确项目的管理结构。应该明晰地写出项目总负责人、财务负责人及其他各分项目的负责人。如果是两个或多个机构合作完成一个项目，还要说明各机构的分工。

（9）费用、预算与效益：这一部分所要提供一个费用预算表，是要叙述和分析预算表中的各项数据、总成本与各分成本，包括人员、设备的费用等。其中，人员经费类别可以包括工资、福利和咨询专家的费用；非人员经费类别可以包括差旅费、设备和通讯费等。如果已经有了一部分资金来源，也要注明。而且，要很明确地写出你还需要总数为多少的经费支持。

（10）监控与评估：监控是项目实施过程中非常重要的部分，监控的执行机构与人员（可以是理事会、资助方或其他第三方机构）、监控任务等都应该写在项目计划中。与之相关的还有项目团队的自我评估计划。项目进行中的评估报告比项目结束的评估还要重要。在项目的不同阶段进行评估，可以使你及时地发现问题，尽早地解决。

附件：将重要的文件或篇幅太长而不适于放在正文中的文件，都可以放在附件当中，比如：机构的介绍、年报、财务与审计报告、名单、数据、图表等，见表 9—1。

表 9—1　　项目策划书（建议书）模板

封面页：（日期、项目名称、公司名称及联系方式）
* 目录
* 项目概要（总论）
* 项目背景：（问题、现状、数据）
* 目标与产出：（针对“问题”的解决方案、进程划分、可量化的阶段性结果）
* 项目受益方：（目标群体、数据、范围）
* 项目实施计划：（需要的投入、必要的内外部资源、计划的执行程序）
* 时间表：（每一阶段、每项工作的开始和结束的时间）
* 项目组织架构：（参与人员的责、权、工作流程）
* 费用控制：（费用预算、财务规则、审计制度）
* 监控与评估：（如何发现问题并及时纠错）
* 附件：
文件
名单
预算清单
图表

2. 服务（活动）方案

服务（活动）方案是农村社会工作者就具体服务内容而制定的详尽计划，因每个农村社会工作机构、服务对象、服务方法不同而有所差异，但大体结构不变，本章只列出一个大概的模板，不做具体介绍，见表 9—2。

四、共识和冲突策略

在农村社会工作中，策略是一种有计划的尝试，通过不同策略的应用，有计划地实现社区居民所期望的目标。农村社区发展的工作是一项长期而艰巨的任务，不可能一蹴而就，这就要求农村社会工作者要有打持久战的心理准备。同时，农村社区的复杂和多样性要求农村社区工作人员要学习一些相关的策略思想。

表 9—2　　某机构针对老年人社区照顾的方案

背景：（描述服务对象整体现状和服务实施地服务对象的现状） 服务理念/理论：（介绍开展服务的具体理念和利用依据） 目的/目标：（目的可分长远目标和短期目标） 服务对象：（具体的服务对象） 服务内容：（具体的服务内容） 服务策略/方法：（具体的服务策略和方法） 时间及人事安排：（时间进程表和人员安排） 预测困难及应对办法：（预测可能出现的困难及切实可行的解决办法） 资金预算：（详尽的资金使用预算） 评估方法：（具体的评估工具和方法）

1. 共识策略

所谓共识策略，顾名思义跟合作有关系，运用相互接受的渠道去找寻彼此都接受的解决方法。

在利用共识策略时，需注意以下几点

•运用制度化的或已建立的程序向相关部门提出他们的需求和问题；

•指出村民和相关利益团体之间的需求具有（包容）一致性；

•直接与政府相关部门接触；

•建立合作共事的良好渠道；

•提供需求报告、对特定问题的解决方法的建议等资料。在正常基础上，通过合作过程，帮助有关方面对问题有一个共同的定义或达致一个共同的解决方法。

共识策略适用于寻找问题的解决方法。实际上，服务对象和农村社会工作者开始时都会使用共识策略。但是，不是每一个问题都可以应用共识策略得到解决。

2. 冲突策略

（1）冲突策略的特点

冲突策略具有以下特点：

•利益或原则上存在分歧：集中体现为服务对象与有关部门之间的利益或原则上有明显分歧。例如，在改善外出务工人员社会福利的政策与相关企业主的利益之间存在明显的利益冲突。

• 不合作：在冲突策略中，不合作意味服务对象对相关部门设定的规则不予理睬。他们可能觉得现有的规则对自己不公平或无法解决他们面临的实际困难，不得不采取不遵从已有的规则表达他们的要求，以期完善或改变不合理的规则。

• 暴力或威胁：其主要是指服务对象面临实际或潜在的暴力或威胁时采取冲突策略。当然，暴力或威胁的类型并不包括伤害他人身体或侵害他人的财产。服务对象可以集体诉求，寻求舆论等外界的支持，从而改变服务对象面临的实际或潜在的暴力或威胁。

（2）使用冲突策略的原因

你或许会问为什么要使用冲突策略？这是解决问题的唯一方法吗？这是一个好问题。在农村社会工作实务中当面临时间有限而相关部门不愿意或不能在短时间内通过制度化的程序去回应服务对象的要求时，服务对象可以选择这种策略，促使相关部门行使执行力。

（3）应用冲突策略的一般原则

农村社会工作者在使用冲突策略时，必须坚守以下原则：

• 冲突策略应是合法的、现实可行的。农村社会工作者要充分考虑采取冲突策略现实处境，分析参与者能做或不能做的事情。

• 冲突策略应是有弹性的：这包括假如发生意外的事，我们将怎么做；如果事情不成功，我们又会怎么做。

• 冲突策略应考虑失败和胜利的可能性：接受一个重大的损失绝非易事，特别是努力几年的工作失败。因此，参与者在行动前必须做好可行的行动计划。

• 冲突策略应总结以往的成功经验：使用冲突策略必须结合参与者实际经验，以便服务对象更好地参与其中。同样，行动中所要开展的事情均由参与者共同决定。

• 冲突策略应该是用来实现参与者共同的目标，而不是发展对抗或成为服务队、工作员宣泄情感的工具，在冲突策略中要谨防过激的个人行为出现。

（4）冲突策略的主要方式

在农村社会工作实务中，采用冲突策略的最终目的不是冲突，而是为了农村社区的社会稳定和和谐。我们建议刚刚从事农村社会工作的工作人员，一般不应采用冲突策略。下面是一些在法律允许的条件下服务对象可以应用的冲突策略。

• 直接给相关部门的领导或负责人写信。在应用这个策略时，以下几点需要注意：保留信件的复印件；包含对解决问题的相关建议；限定回应的最后日期，用电话跟进回应和安排；包括联系人的详细资料。

• 寻求选举出来的代表支持（当地人大代表、村民委员会相关负责人等）。

• 上访。上访的影响将取决于动员居民的数量。计划上访时要注意在上访信中要运用准确的措词和清楚表明要求；尽可能将上访信直接送给相关部门的直接负责人；借助社会力量协助上访（媒体监督等）。

• 举行集体集会。集体集会是受影响的广大村民通过集会讲述他们所面临的困难和经历。在集体集会中，要求相关部门负责人解释其相关规则。在集体集会中要注意预备一个进程表；列举被邀请发言的人和人数、会场主持人；选择一个方便的地方，这个地方必须为参与者熟悉；邀请媒体、通知警方；利用扩音器向不能出席的居民广播进程；为村民家庭提供儿童照顾；设计解决困难的措施以应对阻碍集会的事件；在集会中准备好问题的环节；说明提出问题的规则；准备一些村民需要解决的问题，特别是那些关键性的问题。

• 媒体曝光。曝光是有计划地开放资料。例如，通过广播稿、新闻报道、刊物中透露信息，或请求能为民做主的大众传媒对受害者事件进行报道。

• 静坐和游行：静坐和游行对改善某些不完善的社会政策较为有效。但是应用这一策略，需要三思而后行。因为这些行为可能会被不怀好意的分子乘机利用，引起动荡，社会治安受到破坏，导致一些人被逮捕、报复或其他危险的行为。只有在组织过程中村民清楚地做出集体决定、严密组织、维持秩序、善始善终。将行动升级到这个过程，要知道这种行为的后果并有良好的驾驭能力才能使用这样的策略。

【本章小结】

本章集中介绍了农村社会工作的实务模式和农村社会工作的技巧。农村社会工作实务模式主要有能力建设模式、青少年儿童为中心的模式、社会资产模式和团结经济模式；农村社会工作的技巧主要有进入农村社区及专业关系建立技巧、农村社区组织培育技巧、策划技巧、共识和冲突策略。

第一节主要讲述了农村社会工作的实务模式。学习者要充分理解这四种模式背后关于问题的不同假设及应用策略，充分掌握这四类模式中农村社会工作者的核心角色。比如能力建设模式十分强调农村社会工作者倡导者和同行者的角色、青少年儿童为中心的模式中强调农村社会工作者服务提供者和教育者角色、社会资产模式中强调农村社会工作者咨询者和支持者角色、团结经济模式中强调农村社会工作者推动者角色。学习者要结合实际，活学活用。

第二节主要讲述了农村社会工作的工作技巧。农村社会工作技巧是农村社会工作专业特质之一，也是农村社会工作者业务能力核心素质。学习者必须熟悉掌握五种专业关系建立技巧、农村社区组织培育和管理技巧、两类策划技巧、共识和冲突策略。

总之，要做好农村社会工作，必须熟悉农村社会工作实务模式具体应用、熟练掌握各种工作技巧。

【思考题】

1. 请谈谈能力建设模式有哪些优点？

2. 请谈谈你对团结经济的看法。

3. 你对共识和冲突策略有什么看法？

【讨论题】

1. 3～6人一组，起草一份农村社会工作项目建议书。

2. 3～6人一组，起草一份农村社会工作服务（活动）计划书。

【推荐阅读】

1. 甘炳光等. 社区工作——理论与实践［M］. 香港：香港中文大学出版社，1994.

2. 陈丽云，罗观翠. 社区工作——社区照顾实践［M］. 香港：香港社会工作人员协会，1989.

3. 甘炳光等. 社区工作技巧［M］. 香港：香港中文大学出版社，1997.

4. 伊桑·米勒. 团结经济：主要概念和问题［J］. 开放时代，2012（6）.

5. 潘毅，陈凤仪，阮耀启. 社会经济在香港——超越主流经济的多元性实践［J］. 开放时代，2012（6）.

第十章　社会工作方法在农村社会工作中的应用

我去法国，原是想教育华工，没想到他们竟教育了我。他们的智力和热诚，渐渐引导我发现一种新人。这新人的发现，比考古学家发现北京人，也许还要重要。几千年来，这种人被认为是没脑筋的人，没有时间读书，也没人教他们。士大夫对中国贫苦大众，一向是无知的。但是，重教育是中国的好传统；而且，孔子早就提出了“有教无类”，可惜他的门徒没有实现理想。①

——晏阳初

社会工作方法是社会工作专业性特质的重要构成要素。国内外将个案工作、小组工作、社区工作、社会工作行政统称为社会工作方法。这些方法因时因事因景不同而有不同的应用，但这些方法之间不是彼此隔绝的，而是必须关联的，只是在不同时间点有所侧重而已。例如，在某农村社区虐待老人的问题比较突出，农村社会工作者首先要应用个案工作方法，开展个案家庭工作服务，解决个别老人受虐待的处境；其次，可组建被虐待老人的互助小组，增强老人之间的互帮互助行为，也可组建施虐者教育小组，改变他们的思想认识、行为，增强他们对老人的关心和照顾行为；最后，农村社会工作者还可以在社区层面开展各种针对虐待老人的社区教育、社区宣传、社区活动等工作，增强当地社区尊老的社会风尚。

本章主要讲述个案工作、小组工作、社区工作、社会行政方法的概念、特征及在农村社区的具体应用。为学习者进入农村社区开展农村社会工作实务服务奠定方法基础。

---

① 晏阳初．九十自述［G］．//宋恩荣．晏阳初全集（第二卷）．长沙：湖南教育出版社，1989：547．

第一节　个案工作在农村社会工作中的应用

个案工作英文为 social casework，所以也有翻译为社会个案工作。在社会工作发展的不同历史时期，各国不同学者对个案工作给出了不同的定义。概述之，个案工作是以个人或家庭为服务单位，根据个人或家庭的问题及需求，开展社会工作专业服务的活动。

一、个案工作的含义

随着社会工作学科知识的不断发展，各国社会工作界学者对个案工作给予不同的理解。个案工作这一概念最早由美国社会工作专家玛丽·里士满提出，她指出："个案工作包括一连串的工作过程，它以个人为着手点，通过对个人及其所处的环境做有效的调整，以促进其人格的成长。"① 随后美国社会工作学者鲍尔斯（Swithum Bowers）做了进一步发展，他指出："个案工作是一种艺术，这种艺术以人际关系的科学知识和改进人际关系的专业技术为依据，启发和运用个人的潜能和社区资源，促使服务对象与其环境之间有较佳的适应关系。"②1965 年美国社会工作协会出版了《社会工作百科全书》，其书条目中将个案工作定义为："个案工作所注重的不是社会问题本身，而是'个案'，尤其注重为社会问题所困扰或无法与社会环境或社会关系圆满适应的个体或家庭。个案工作的目的在于帮助人与人或人与环境的适应遭遇困难的个人及家庭，恢复、加强或改造其社会功能。"③

我国关于个案工作的定义，最早出现在 1994 年出版的《中国社会工作百科全书》一书中，其书条目将个案工作定义为："社会个案工作是社会工作的一种基本方法，是以个别化方法，对感受困难、生活失调的个体或家庭（案主）提供物质帮助、精神支持等方面的服务，以解决他们的问题，增强其社会适应能力。"④ 此后，北大王思斌教授指出："社会个案工作是由专业社会工作者运用关于人与社会的专业知识和技巧，为个案或家庭提供物质或情感方面的支持与服务，目的在于帮助个人和家庭减轻压力，解决问题，达到个人和社会的良好福利状态。"⑤

---

①②③ 转引自：全国社会工作者职业水平考试教材编写组. 社会工作综合能力（中级）[M]. 北京：中国社会出版社，2007：137.

④ 中国社会工作百科全书编委会. 中国社会工作百科全书 [M]. 北京：中国社会出版社，1994.

⑤ 王思斌. 社会工作概论 [M]. 北京：高等教育出版社，2002：79.

以上概念均对个案工作的服务对象、方法、目的给予了具体的界定。结合以上国内外关于个案工作的定义，笔者认为："个案工作是社会工作实务中以个体或家庭为服务对象，应用社会工作专业知识，为有需要、面临问题或困境的个体或家庭提供专业服务，以期达致个体或家庭更好地生活、再社会化，令其发挥完善的社会功能，适应社会变迁、社会流动和社会关系。"

二、个案工作的功能

从"去问题"视角出发，我们认为个体或家庭在社会生产和生活中出现的不适现象，只是个体或家庭与社会环境的关系出现了障碍，影响了个体或家庭正常的生产生活和社会功能，只要将个体或家庭所面临的障碍放在具体的社会环境中，找到这种障碍所在，通过改善或改变不利于个体或家庭的社会环境关系，增强个体或家庭适应社会变迁、社会流动的能力，个体或家庭的生活品质就能有良好的保障，社会功能就能有较好的发挥。为此，个案工作具有以下六点功能：

（1）恢复正常的社会关系

在农村社会工作实务中，因受农业生产和生活环境的影响，个体或家庭社交圈子相对单一，寻求支持的途径十分狭窄，获取有效信息的方式较少。个体或家庭的部分社会功能受限而不能正常发挥。农村社会工作者通过个案工作服务，建立健全个体或家庭良好的社交圈子、支持网络等，恢复其正常的社会关系，从而保证个体或家庭社会功能的正常发挥，令其适应社会环境，摆脱困扰。

（2）增强适应社会环境的能力

社会环境不断发生变化，这就要求个体或家庭要不断提升其能力，适应社会环境变化。但受各种因素影响，每个个体或家庭的适应能力有所不同，当某个体或家庭适应能力滞后于社会环境的变化，个体或家庭就会面临很多困扰，陷入不适中。例如，随着电子信息技术不断革新，网络已经成为人们了解各种信息的主要途径，很多与农村生产、农产品销售、社会政策等有关的信息都可以通过网络来了解，这就要求农村社区居民需要掌握上网的基础知识，如果个体或家庭不能适应这一变化，生产生活就会受到影响。农村社会工作者可以通过协助个体或家庭学习上网技术，及时提示其适应新的社会环境的生存技能，从而保证个体或家庭正常的生产生活。

（3）建立应对灾变的管控机制

随着现代化进程的加快，个体或家庭面临的灾变越来越多。小到个体失业、家庭变故，大到天灾人祸。这就要求个体或家庭具备灾变的管控能力。例如，某家庭成员在进城务工时，遭遇工伤事故，导致截肢，无法再从事工作，其今后生活完全需要依赖他人照顾。这个家庭要应对这一突变首先需要通过合法途径，保障家庭成员的合法权益，这就要求家庭成员要了解《劳动法》等知识；其次需要重新分配家庭成员角色分工，这就需要某些家庭成员必须学习适应新角色的技能。如果这个家庭不能很好地处理好这两方面的工作，这个家庭就会陷入混乱，影响其正常的家庭生活。农村社会工作者可及时介入，协作这个家庭处理好这一突变，令其家庭功能正常化。

（4）提升个体或家庭能力建设的能力

助人自助是社会工作的核心理念。这就要求农村社会工作者不仅要为个体或家庭提供个案工作服务，同时要在服务的过程中增强个体或家庭处理危机、适应社会环境、恢复正常社会关系的能力。为此，农村社会工作者在开展个案工作服务中，要注重个体或家庭能力建设的能力，如个体或家庭潜能的挖掘等。

（5）提升个体或家庭使用资源的能力

农村社会工作实践中，提升个体或家庭使用资源的能力，其中尤为重要的是要建立其社会资本档案。通过建立个体或家庭的社会资本网络，增强个体或家庭使用资源的能力，从而保障其正常社会功能的实现和发挥。

（6）提升个体或家庭预防和解决问题的能力

预防问题和解决问题是一个双向的过程。例如某农村社会工作者开展尘肺病患者社区康复服务，一方面协助物理治疗师做好尘肺病患者的日常康复工作，另一方面为尘肺病患者的照顾者提供支持，如照顾技巧培训、照顾者情绪宣泄支持小组等。通过以上服务，这名尘肺病患者通过日常康复，防止病情加重；照顾者通过学习照顾技巧，对患者进行良好的照顾，通过参与情绪宣泄小组，释放长期照顾产生的心理情绪，解决了患者与照顾者之间矛盾，预防家庭矛盾的出现。

三、个案工作方法在农村社会工作实务中的具体应用

个案工作经过近百年的发展，已经探索了许多经典的服务模式。如心理社会治理模式、认知行为治疗模式、理性情绪治疗模式、任务中心模式、危机介入模式和结构家庭治疗模式。本章不一一介绍这些模式的理论、内容、特点等，主要介绍部分模式在农村社会工作实务中的具体应用。

（1）心理社会治理模式

心理社会治疗理论认为人所处的社会环境包括生理、心理和社会三个层面，这三个层面相互作用，促进个体成长和发展。也就是说，当个体的生理、心理或

社会其中一个层面出现问题，都会影响个体正常的成长和发展。为此，农村社会工作者在为个体或家庭成员提供个案服务时，需要认真分析个体生理、心理和社会三个层面。同时心理社会治疗模式强调分析个体过去的压力、现在的压力和问题的压力；有效的沟通模式的建立及相信案主的解决问题的潜能。基于这些认识，农村社会工作者可以应用心理社会治疗模式为农村问题青少年、留守儿童、大龄未婚青年等个体提供个案工作服务。

（2）认知行为治疗模式

认知行为治疗模式的理论基础是经典条件作用理论、操作性条件作用理论、社会学习理论。其强调个体行为与刺激及外部环境有很多的关系。通过不同的刺激方法和外部环境的改善就可以改变个体行为。以此认知行为知识模式总结了许多有意义的技巧，如放松练习、系统脱敏、厌恶疗法、模仿等。农村社会工作者可应用这些技巧为行为偏差青少年、有不良习惯的个体提供个案工作服务。

（3）理性情绪治疗模式

理性情绪治疗模式以人本主义理论为基础，提出个体天生具有不断追求成长发展的倾向，这种倾向具有理性和非理性的双面特征。理性的倾向导向个体健康的发展，非理性的倾向阻碍个体健康发展。为此，农村社会工作者应用这一模式开展服务的关键是改变个体非理性的行为，促使理性行为的出现或形成。农村社会工作者可应用这一模式为农村社区网络成瘾者、早恋青少年等个体提供服务。

（4）任务中心模式

任务中心模式是通过具体任务的完成而解决问题本身，可以说任务完成的过程即是问题解决的过程。这就要求农村社会工作者在应用这一模式时，必须与服务对象设定具体目标、完成时间、任务内容、可量化成效指标，而且任务的内容必须环环相扣。

（5）危机介入模式

危机介入的核心是要找准服务对象所面临的主要问题、迅速判断出可能给服务对象带来的危害、及时干预稳定服务对象的情绪、协作服务对象解决当前问题。例如，在特大交通事故发生后，家庭成员不幸遇难，其他家庭成员面临的主要问题是遇难亲人的安葬和事故赔偿问题，突发事件可能导致部分家庭成员过分悲伤，诱发自杀、情绪失控、睡眠不好、彼此埋怨等不良的情绪，这就要求农村社会工作者需要协助遇难者家属处理遇难者安葬、赔偿、情绪抚慰等工作。

（6）结构家庭治疗模式

结构家庭治疗模式将家庭作为介入的单位，通过家庭的动力和家庭结构及家庭成员问题的联系解决个体或家庭的问题。为此，农村社会工作者必须熟悉相关概念如家庭系统、家庭结构、家庭生命周期、病态家庭结构等，才能较好地应用这一模式。农村社会工作者可应用这一模式解决亲子矛盾、夫妻矛盾、婆媳矛盾等。

第二节　小组工作在农村社会工作中的应用

在农村社会工作实务工作中，许多服务需要以小组作为一种载体来帮助个人解决他们的问题、发展他们的潜能、满足他们的需求，令其获得处理问题和危机的知识和能力。通常我们将小组界定为一个有共同目标、有心理归属、有结构规范、有互动、有相互依存关系的人员组合体。

一、小组工作的定义

在农村社会工作中，我们对小组工作的界定使用一般定义。小组工作是一种社会工作方法之一，它强调在小组工作者的协助和小组成员的支持下，通过小组过程和小组动力去影响案主的态度和行为，使参与小组的个人获得行为的改变、社会功能的恢复与发展，并达成小组目标及社区发展，进而促成社会进步和繁荣。

二、小组工作的功能

克莱因（Klein）提出小组工作具有八个方面的功能和目标：康复、能力建立、矫正、社会化、预防、社会运动、问题解决和社会价值。结合农村社会工作实务，我们将小组工作的功能归纳为六个方面：

（1）提供归属感

当小组成员感到自己被小组其他人接纳时，彼此间的认同感和归属感应运而生，并成为人生命中的一种本质。农村社区以一种地缘关系为人们互动的纽带，但是随着农民纷纷进入城市务工，造成乡村人口减少，生活凋零，村民的游离感和疏离感很强。农村社会工作者通过小组工作给居民提供更多的互动和合作的机会，可以增强在地居民对所在社区的归属感。

（2）影响个人发生变化

小组过程可以使个人的价值观、态度及行为发生转变，成为家庭和社会中负责任的积极角色。由于农村社区在地理交通、社会经济、文化交流等方面与城市的偏离，村民往往生活环境闭塞，对社会的发展缺乏了解，影响他们自身的能力提高。社会工作者通过多种教育型小组的活动（如进城务工小组等），增强成员的社会见识，掌握生产性技能，改善其人际关系，提高成员解决问题的能力，促进个人的成长。

(3) 提供验证事实的机会

在小组里，成员在将新行为、新想法运用到真实情境前，有机会尝试新的改变行为和想法，他们会得到小组中其他成员对他们新行为的评价，而了解其新行为是否在小组中被接受。

(4) 用集体力量解决问题

在小组中，成员之间可以得到相互合作的资源。农村社区往往缺少各类资源，村民往往面临很多共同的问题，如交通、教育、经济等。小组工作提供小组成员帮助他人和被帮助的机会。当面对问题时，村民将会积极主动地学习、共同思考、团结协作、共同面对环境。这不仅使村民间增强了资源共享的益处，同时用小组力量解决了问题。

(5) 小组具有再社会化功能

小组工作通过帮助其成员建立适应社会需要的新的价值观、新的知识、新的技巧，来改变小组成员的行为，使他们成为更适合社会生活的积极角色。

(6) 促进农村社区发展

小组工作可以通过集体力量修正与当地居民的生活、生产、政治等有关的政策，通过小组形成社会舆论压力和民间声音，以影响政府或相关行政部门调整政策和措施，进而促进社会制度变迁，尤其是社区组织或社会制度。

三、农村小组工作的类型

小组工作根据形成、参与、目标等划分有不同的类型，下面主要介绍四类在农村社会工作实务中经常应用的小组工作类型。

(1) 自助互助小组

自助小组是自愿形成的，小组形成是为了利用成员自己的资源作为支持，在沟通与互动中相互影响，实现态度和行为的转变并解决环境问题，又称为互助小组。小组通常由同伴组成，他们结合在一起是为了相互帮助以满足共同的需求、克服障碍或生活迷失问题以产生希望。这些小组的发起者和成员感觉到，借助或通过现有的制度无法或不可能实现他们的愿望。自助小组强调面对面的互动和作为组员的个人责任的承诺。

由于农村社区的地缘性特征，自助小组的发展有利于村民提升解决问题的能力，相互合作支持，实现助人自助的社会工作核心价值目标。在农村社区很多村民小组都属于自助小组。社会工作者在实务中还可以发展村民戒酒（或戒赌）小组、妇女自助小组、老人互助小组、生产互助小组等。在自助小组中，由于组员有相同或相似的问题和遭遇，这有助于他们帮助其他组员。由于经历过这种问题的灾难和后果，因而他们对帮助其他组员有很高的动机和献身精神。参与者也能从助人自助中得到好处，帮助别人使人感到愉快和有价值。

（2）任务小组

形成任务小组是为了完成一套具体的任务或目标。小组工作者容易与各种不同的任务小组互动。任务小组是为特定目的而设立并通常在任务完成后解散的小组。在农村社区，村民往往面临着一些需要立即着手解决的问题，如解决村民用水难、种子采购、土地征用、修缮小学校等问题。社会工作者通过这样的社区事件和问题介入农村社会工作，倡导成立各种任务小组以实现社区事件和问题的解决。

（3）娱乐小组

娱乐小组是小组工作中最早出现的一种小组，其目标是提供令人享受和锻炼的活动。在农村社区由于交通不便、文化闭塞等因素，村民的文化生活简单，生产劳动之余往往无事可做。由此滋生聚众赌博、打架等不良事宜。农村社会工作计划中往往会设计适当的村民娱乐小组，以丰富村民的文化生活，也有利于形成社区健康和谐的氛围。农村社会工作者通常会协助当地社区成立乡村社区文化活动中心、乡村图书馆等，提供村民聚会的场地和设备，让成员自行运用。在娱乐小组里，游戏和互动也有助于村民形成良好的品格。

（4）教育小组

教育小组的目标是帮助成员获得知识和学习更复杂的技巧。小组领导一般是受过系统训练并在某一领域具有专长的专业人员，还要具备小组沟通技巧和引导讨论的能力，以便营造一种相互学习的气氛。在农村社区，村民往往受过的系统教育较少，甚至是文盲或半文盲。村民由于缺乏生产的科学知识和技能，又无一技之长，生活易陷入困境。由于缺乏知识和技术，进城务工的农民找工作很难，工资低，遭遇不公平待遇也不知道如何用法律来维护自己的权益。每年引发的农民工劳资纠纷、工伤纠纷日益增多，越来越成为政府、社会和社会服务机构关注的焦点。教育主题的小组包括父母教育技巧小组，科学种植、家畜喂养技术小组，进城务工知识和技能培训小组，劳动与法律保障知识小组，等等。

四、小组工作的过程

小组工作过程是指发生在小组里的所有一切，以及小组内成员间或成员与工作者间的互动与沟通模式，包含了小组此时此地发生的，同时也包含了成员与工作者成员之间的互动与沟通行为。小组工作过程是动态的、流动的力量。工作者应当去了解小组工作过程的本质，对它加以引导或辅导，而不能控制它。对于小组工作过程，我们通常采取最常见的三阶段划分法：开始阶段、中期阶段和结束阶段。下面我们就以三阶段来简单描述农村小组工作的过程。

（1）开始阶段

在小组开始阶段，我们往往会要制订详细的聚会计划，详细周到的计划会使小组变得更有效率。农村社会工作者对任何一次小组聚会中的时段（开始、中间以及结束）应该都有特定的计划。计划一次特定的小组聚会包括：决定主题、活动程序和每个活动大约所需要的时间，等等。在小组聚会计划中，小组工作者可根据以下内容来拟定其方案。（见下文案例）

• 选择议题和内容：议题和内容应当同小组聚会的目标有关，也应该同参与者的背景和兴趣相关。例如，在村民文化娱乐小组中，村民会关注他们感兴趣的活动主题，如添置乒乓球台、棋牌等。评估议题与内容是否相关的方法是界定它对村民是否有价值。

• 灵活设计小组议程和节奏：在小组聚会期间，有很多事情都会发生意想不到的变化。例如村民之间发生冲突需要处理，有的村民提出与议题不相关的话题并要求讨论。小组工作者要事先预想到可能发生的意外情况并设计好相应的解决办法。小组聚会过程中，要注意节奏的变化。长时间做同一件事情会让人精力不集中，尤其是过长的讲座或讨论，对于农村社区的居民来说是不当的。改变节奏有很多方法，如使用小组练习、播放影音材料、休息、讨论、改变议题、小组游戏等。

• 角色澄清：农村社会工作者应该对自身角色和职责有清晰的认识，同时要让村民组员对工作人员以及他们自己的角色有较明确的认识，知道自己在以后的小组进程中将要承担什么样的任务和职责。在小组过程中，如果工作人员做了大部分的事情，那显然是不对的。如果所有村民组员都能对小组做出更多的实质性贡献，就更能体现自我的独特价值，从而建立起自信心，进而发展“自助”的能力。

• 第一次聚会：首次小组聚会，对没有什么小组经验的村民来说，存在着太多的未知数，他很难掌握小组会发生什么。第一次聚会的效果如何会直接影响到村民对小组和社会工作人员的信心，对小组以后的发展会产生非同小可的影响。在第一次聚会时，社会工作人员要确定小组各个阶段的主要任务，明确组员的期望及需求。工作人员必须把目标和需求与小组活动程序紧紧结合在一起，同时还要澄清组员对小组和工作人员的期望是什么，小组的目的是什么，这些目的与自己的关系是怎样的，小组对自己的期望又是怎样的。

（2）中期阶段

大部分的小组工作内容需要在小组中期完成。在开始阶段，组员都会关注建立关系和界定每个人的角色。到了中期，组员之间的关系得到加强，完成小组的工作任务成为主要内容。我们常用解决问题这个术语来描述小组中期的特点。对于农村社会工作中的小组，村民之间往往彼此认识和熟悉，他们只要发现能够在小组中满足他们的需求，就会较快地提升小组的凝聚力，进入解决问题、完成小组的任务和目标这个最重要的工作阶段。如对一个解决村民收看电视节目问题的任务小组而言，村民们畅所欲言，提出很多观点，制定出行动计划，并且对任务进行分配。

在小组中期，农村社会工作者在发展了小组领袖后，会渐渐减少参与的程度。当村民能够集中处理和完成任务时，社会工作者会走出小组，让组员有充分地互动；当村民的注意力离开小组任务时，社会工作者又会重新进入小组，提醒村民自己的目标是什么，小组的规则是什么，会处理一些可能会破坏小组实现目标的关系和行为。

（3）结束阶段

结束阶段的标志是小组实现自己的目标，小组的效果表现出来，并对小组工作进行评估。小组结束涉及复杂的情感，组员的情感越是投入，组员间关系越密切，情感的失落越大。在农村工作中，任务小组一般会在任务完成后结束，但是对于村民自助互助小组、村民文化娱乐小组等，没有必要规定小组结束的时间。这样的小组可以长期存在，采取开放小组的形式，不断接纳新村民加入，以保证农村社会工作者离开社区后，村民能继续发展团结互助的能力共同面对社区问题。

农村社会工作者在结束期的任务很多，其主要目的是巩固小组工作的结果，并帮助小组成员独立地、有成果地离开小组。具体工作任务包括：

• 维持组员（村民）在小组中已经获得的变化和习得的技巧；

• 肯定组员（村民）的正面感受以及处理结束时的情感反应；

• 安排跟进聚会；
• 鼓励组员（村民）独立，并为将来做出计划，协助其建立社会支持系统；
• 评估和检讨小组工作中的得失。

第三节　社区工作在农村社会工作中的应用

农村社区作为农村社会工作实务工作场域，农村社会工作者必须为当地农村社区提供社区发展、社区照顾、社区教育、社区服务等社会工作实务服务。要开展以上服务，需要农村社会工作者掌握社区工作方法。社区工作是指以社区整体为服务平台，利用社区资本、社区人际关系、社区事务等，解决社区居民问题和需求的社会工作实务活动。

一、社区工作的概念

社区工作以社区和社区居民为服务对象，通过社区调查、社区行、入户调查等方法确定社区问题和需求，借助社区组织、社区行动、社区资源整合等，有计划、有步骤地为社区和社区居民提供社区服务、社区照顾、社区教育等服务，从而预防和解决社区和社区居民面临的问题和需求，以期增强社区凝聚力，构建利他性社区关系，增加社区民众福祉，促进社区发展。

结合这一概念，对社区工作的概念我们做以下分析：

首先，农村社会工作在应用社区工作方式时，要以农村社区和农村社区居民为服务对象，应用社区工作方法，为农村社区及村民提供专业服务，改善农村社区环境，提升农村社区居民生活质量，完善农村社区建设。

其次，农村社会工作实务应用社区工作方法，要注重两层目标，即任务目标和过程目标。任务目标是促进农村社区发展、完善农村社区建设；过程目标提升农村社区居民社区意识，建立农村社区居民之间的团结互助关系，组织培育农村社区组织，搭建农村社区支持网络。

其三，农村社会工作者针对农村社区和农村社区居民特性，开展不同的社区工作服务。

二、社区工作的工作理念和原则

1. 农村社区工作理念

在农村社会工作实践中，农村社会工作者在应用社区工作方法需坚守以下价值观：

•关于农村社区居民：农村社会工作者坚信每一村民都有尊严和价值，他们都有发展的潜力，社区居民都希望改变与利益直接相关的各种事情，在改变过程中，农村社区居民有潜能解决所关注的事情。

•关于农村社区关系：农村社会工作者要相信农村社区居民都具有对自己行为负责的态度，也具有为邻里及社区其他居民负责的态度；农村数千居民都需要归属感，需要团结互助；强烈的社区责任感，会鼓励及协助农村社区居民之间建立互相关怀、互相照顾的利他性社区关系。

•关于农村社区：农村社会工作要坚信农村社区居民与农村社区相互依存；农村社区必须提供良好的社区环境，令每一个社区居民发挥其潜能，通过社区参与实现社区居民的社会功能，从而充实他们在精神和物质方面的需要；农村社区应提供多样化的社区服务，以满足社区居民不同的需求，农村社区应尽力为社区居民争取最大福利。

•关于工作方法：农村社会工作者要坚信农村社区居民可以通过合作、参与改善他们的生活环境，农村社区居民通过社区组织，在组织活动中达到自己社会价值的最大化；农村社区居民有需要借助他人的专业知识和技能，以达到自己意愿的目标，推动自身和农村社区进步。

2. 社区工作原则

结合农村社会工作实践，农村社会工作者在应用社区工作方法时，需坚持以下工作原则：

•注重以“社区为本，以人为中心”全面发展目标；

•根据实际情况，制订计划，确定工作步骤；

•坚持社区居民自觉自愿参与；

•充分借助农村社区组织开展工作；

•要坚持参与的广泛性和包容性，让不同阶层和组织的人士都有机会参与农村社区事务；

•注重和谐发展，尊重农村社区居民意愿；

•采取民主和理性的工作方式，做好预防性工作。

三、农村社区工作内容

（1）农村社区照顾

农村社区照顾就是动员并连接正式和非正式的农村社区资源，为有需要的农村社区居民提供服务，让他们能和其他人一样，居住在家里、生活在社区，又能得到适当照顾。如为农村残疾人士、长期病患者、精神疾病患者提供社区照顾服务。

（2）农村社区教育

农村社区教育是农村社会工作者针对农村社区居民的需要、农村社区发展的要求，整合农村社区内外资源，采用灵活多样的方法开展多种形式的教育服务。如家庭沙龙、夜校、培训班等，为有需要的农村社区居民提供补偿教育、控制教育和解放教育。补偿教育弥补知识空白，控制教育教导行为规范的知识，解放教育激励个人潜能。在农村社区教育中，农村社会工作者扮演倡导者、组织者和教育者等多种角色。

（3）农村社区服务（活动）

农村社区服务是农村社会工作者根据农村社区居民不同需求，提供各类社会工作专业服务，丰富农村社区公共服务，满足社区居民各种需求。如农村社会工作者可借助社区综合服务中心为农村社区具体提供娱乐（看碟、唱歌、跳舞、体育运动）、读书、信息平台、青少年儿童服务、便民利民服务、邻里互助服务、社区卫生服务等服务。

（4）农村社区发展

农村社区发展是农村社会工作实务的核心目标之一，是农村社会工作实务工作的基本策略，也是农村社会工作者培养农村社区居民自我服务、自我管理、自我发展的重要途径。农村社会工作者在开展社区服务时，要坚持以提升广大农村社区居民基本福利、改善农村社区居民生活与环境品质、促进农村社区乃至整体社会之繁荣与进步为原则。同时要发扬民主自治精神、强调农村社区居民普遍参与，依法培育农村社区组织。换言之，农村社区发展是一种集综合性、基础性和持续性为一体的农村社会工作实务，其看重的是带来的社会变革。

四、社区工作过程

（1）进入社区和需求评估

进入社区和需求评估阶段，农村社会工作者通过系统方法，收集与所在社区相关的资料，并对资料予以分析，同时与服务对象建立熟识关系，为进一步开展工作奠定基础。

（2）专业关系建立和制定服务方案

通过第一阶段工作，农村社会工作者可针对性地制定社区服务方案。（详见

第九章）

（3）实施服务方案

这个阶段是社区工作的关键阶段，农村社会工作者可通过调动社区居民积极性、整合社区资源，开展各类社区服务工作。实施过程中，要特别注重农村社区组织培育、搭建农村社区支持网络等工作。

（4）评估

随着服务方案实施，农村社区居民的问题及需求也会发生变化，社区居民的参与意识、行动能力、协商能力也会发生变化。为此，农村社会工作者必须不定期进行评估，以便及时掌握社区工作开展的情况。

第四节　社会工作行政在农村社会工作中的应用

社会工作行政是社会工作的间接社会服务方法，是社会工作者在社会工作服务机构，通过拟定机构使命和宣传、制定短中长期服务规划、日常工作管理机制管理为一线社会工作者提供支持。其包括计划、组织、人事、协调与管控等一系列内容。

一、社会工作行政的含义

社会工作行政（也称社会行政），国内外不同学者给出了不同的定义。国内社会工作界专家王思斌指出："社会行政是依照行政程序，妥善利用各种资源，实施社会政策，向有需要者提供社会服务的活动，社会行政的中心含义是执行、实施社会政策。"①

在农村社会工作实务中，社会工作行政由两个层面组成。其一是农村社会工作者将与农村社区相关社会政策变为直接的农村社区社会服务，落实与农村社区相关的社会福利服务；其二是农村社会工作者在自己所在的服务机构，通过社会工作行政，从宏观层面开展对本机构的社会服务进行规划、组织实施、人事管理等工作。

二、社会工作行政的功能

通过整合社会工作行政在农村社会工作实务中两个层面的含义，我们将社会

① 王思斌．社会工作概论［M］．北京：高等教育出版社，2002：131.

工作行政在农村社会工作实务中的功能归纳为四点：

（1）将与农村相关社会政策变为实际的农村社区社会服务行动

农村是我国农业生产的场域，党和政府为推动农业生产发展，农村生产区人们的生活水平，在不同历史时期制定了许多与农村相关的社会政策。但这些政策只是党和政府从原则上就解决农村社会问题、农村社区成员福利分配等制定的明确的法律法规。社会服务就是将这些宏观的法律法规变为实际的行动过程。例如在党的十六届五中全会上党中央做出建设社会主义新农村决定，提出“生产发展、生活宽裕、乡风文明、村容整洁、管理民主”为核心的社会主义新农村建设的总体目标。农村社会工作者可依照这“二十字”方针，为农村社区开展各类社会服务，如开展丰富多样的社区活动，培育农村社区居民社区组织等，从而将这一社会政策落实为直接的社会服务。

（2）整合资源，促使服务效益最大化

目前，我国农村社会工作实务还未完全纳入到国家购买社会服务范畴中，农村社区社会服务主要由国家相关部门完成，如乡（镇）政府部门、村委会等。农村社会工作实务主要以民间身份为农村社区提供专业的社会服务。但无论是政府部门，还是农村社会工作实务机构，为农村社区提供社会服务的终极目标是一致的，即预防和解决农村社区社会问题，满足农村社区居民日益增长的物质和文化需求，提升农村社区居民生活水平。二者各有优势，比如政府部门拥有多种资源，农村社会工作实务机构拥有专业知识，农村社会工作者在实务工作中可以有机地整合两者的资源优势，为农村社区提供优质的社会服务。

（3）总结经验，建言献策

在农村社会工作实务工作中，农村社会工作者应用专业方法将与农村相关的社会政策变为实际的社会服务行动，对这些社会政策存在的优势、局限性等有比较深刻的认识，农村社会工作者可以从专业的角度通过提案、撰写论文等形式，就执行农村相关的社会政策中存在的问题和局限性做出总结，并提出相应的建议。从而促使这些社会政策不断完善，更好地服务农村社区和农村社区居民。

（4）建立健全农村社会工作服务管理机制，实现服务效益最大化

一方面农村社会工作者通过制定短中长期服务规划，根据专业服务需要和实务工作经验总结，不断总结完善专业服务标准化考核指标，为农村社会工作服务的专业性提供保障。另一方面，农村社会工作者为了保障服务机构服务的长期性，要不断探索长期有效的筹资模式，有了行之有效的筹资模式，将会保障农村社会工作服务长期化、服务对象利益最大化。

三、社会工作行政在农村社会工作实务中的具体应用

社会工作行政内容包括社会服务计划制定、组织、人事、领导、协调、评估、预算等方面，下面结合农村社会工作实务实际情况，重点介绍三点：

（1）建立健全服务标准化管理机制

目前我国农村社会工作者还是以民间的形式为农村社区和农村社区居民提供服务，但今后发展的必然趋势是政府购买服务。为此，农村社会工作实务机构加快建立健全专业服务标准化管理机制，才能适应新形势的要求。具体包括岗位职责、薪酬管理、人事档案管理、财务管理、评估机制等五个方面。

（2）人力资源管理

人力资源管理需要做好组织体系的建设，人员招聘和录用程序建设，人员督导、激励、奖惩办法建设，人员日常管理如考勤、考核、评优等办法的建设。农村社会工作行政人员必须结合实际情况，不断完善本机构的人力资源管理体系，才能在今后的社会工作实务中立足，不断壮大。

（3）公信力建设

近年来，公信力这一概念在媒体界、司法界、政府组织、民间组织广泛应用。那什么是公信力？《现代汉语词典》将公信力解释为使公众信任的力量。国内学者周治伟在其文《公信力的概念辨析》一文中将公信力定义为："公共权力领域与公民社会领域中以组织形态存在的行动者（公共机构）及具有'公共性'的抽象存在物（主要包括语言、制定、权力、货币、真理等），因赢得公平的普遍性信任而拥有的权威资源。"① 这一概念对公信力做了比较全面的界定。

农村社会工作实务机构作为非政府组织，也必须做好自身公信力建设。其主要的内容包括：承担起服务农村社区和农村社区居民的社会责任；用过硬的专业水平，为服务对象提供标准化的服务；建立公开的、人人参与的社会评估机制。

【本章小结】

本章集中讲解了农村社会工作直接和间接的工作方法，即个案工作、小组工作、社区工作、社会工作行政。农村社会工作者重点掌握这些方法的含义、功能及在农村社会工作实务中的具体应用。为今后开展专业服务打下坚实的基础。

第一节集中介绍了个案工作方法，个案工作是农村社会工作直接服务方法之

---

① 周治伟. 公信力的概念辨析［J］. 攀登，2007（1）：78.

一，其以个人或家庭为服务单位，根据个人或家庭的问题及需求，开展社会工作专业服务的活动。农村社会工作者在充分理解个案工作的六点功能的基础上，熟练掌握六类个案工作服务模式在农村社会工作实务中的具体应用。

第二节讲述了小组工作方法，在农村社会工作实务工作中，农村社会工作者应用小组工作方法帮助个人解决他们的问题、发展他们的潜能、满足他们的需求，令其获得处理问题和危机的知识和能力。农村社会工作者在充分理解小组工作的六点功能的基础上，熟练掌握四类小组工作类型在农村社会工作实务中的具体应用。并要熟练小组工作的三个不同阶段，农村社会工作者任务、角色等。

第三节介绍了社区工作的概念、价值和工作内容。农村社会工作者必须掌握社区工作的基本概念即社区工作以社区和社区居民为服务对象，通过社区调查、社区行、入户调查等方法确定社区问题和需求，借助社区组织、社区行动、社区资源整合等，有计划、有步骤地为社区和社区居民提供社区服务、社区照顾、社区教育等服务，从而预防和解决社区和社区居民面临的问题和需求，以期增强社区凝聚力，构建利他性社区关系，增加社区民众福祉，促进社区发展。

最后，介绍了农村社会工作实务中间接服务的方法——社会工作行政。其最为重要的一点是，农村社会工作者必须了解公信力的概念，及农村社会工作实务公信力建设的三项内容。

【思考题】

1. 农村社会工作实务直接和间接服务的方法有哪些？为什么？
2. 个案工作、小组工作、社区工作方法有什么异同点？
3. 请谈谈你对公信力这一概念的理解。
4. 请谈谈你对社会工作行政的认识。

【讨论题】

1. 假如你是一家农村社会工作机构的负责人，请草拟一份5年规划。
2. 你所在的农村社会工作机构需增强公信力，你将如何做？

【推荐阅读】

1. 全国社会工作者职业水平考试教材编写组. 社会工作综合能力（中级）[M]. 北京：中国社会出版社，2007.

2. 中国社会工作百科全书编委会. 中国社会工作百科全书 [M]. 北京：中

国社会出版社，1994.

3. 许亚莉. 个案工作［M］. 北京：高等教育出版社，2005.

4. 刘梦. 小组工作［M］. 北京：高等教育出版社，2005.

5. 徐永祥. 社区工作［M］. 北京：高等教育出版社，2005.

6. 王思斌. 社会行政［M］. 北京：高等教育出版社，2005.

7. 吴东民，董西明. 非营利组织管理［M］. 北京：中国人民大学出版社，2003.

8. 周治伟. 公信力的概念辨析［J］. 攀登，2007（1）.

9. 杜兰英等. 关于非营利组织公信力评估指标体系的探索［J］. 经济纵横，2006（11）.

第十一章　农村社会工作实务案例

一种是虽有知有识，但处在社会的上层，远离劳苦大众，不了解广大人民的疾苦，更看不到人民身上的潜在力量，这种人也是瞎子，我称之为“民盲”。

只有将农业科学技术简单化、经济化、实际化，才能达到民众化，否则农民接受不了，用不上，一切都将成为空谈。①

——晏阳初

通过前面十章的介绍，相信学习者应该对农村社会工作的含义、价值观、理论、方法、技巧等均有了全面的认识和掌握。本章结合目前我国农村社会工作实务的现状，集中介绍四类农村社会工作实务案例。包括云南大学和香港理工大学在云南绿寨农村社会工作实务、长沙民政社会工作学院湖南湘西儿童农村社会工作实务、理县湘川情社会工作服务中心灾后农村社会工作实务、湖南省社会工作协会在湖南娄底尘肺病社区康复农村社会工作实务。

列举以上案例，并不是给学习者提供一个模板或推而广之的模式，只是希望学习者通过了解这些实务案例，增强对农村社会工作的信心，情景中内化农村社会工作素质，为今后走向农村社会工作实务奠定基础。

第一节　云南绿寨农村社会工作实践

2001 年 3 月，我国社会工作正处于起步阶段。为实现社会工作专业服务于广大人民群众的专业任务，香港理工大学和云南大学在国际基金会的支持下，在云南省师宗县人民政府的协作下，开启了我国农村社会工作实践的空白。选取师

① 晏阳初. 九十自述［G］. //宋恩荣. 晏阳初全集（第二卷）. 长沙：湖南教育出版社，1989：558、560.

宗县绿寨探索，名为“探索中国农村社区发展的能力建设模式——以云南为例”的行动研究计划。[①] 本行动研究填补了我国农村社会工作实践的空白，为我国农村社会工作发展积累了宝贵的经验。

一、绿寨基本情况

绿寨位于云南省东部、滇桂两省交界处，与广西壮族自治区的西林县和文山壮族苗族自治州毗邻。全村有 8 个自然村，共 347 户、1 469 人（其中男性 875 人，女性 594 人，男女性别比为 147.3∶100），其中壮族 218 户、1 248 人，占总人口的 84.96%；汉族 66 户、221 人，占总人口的 15.04%，此外再无别的民族成分。绿寨海拔 1 200～1 500 米，气候温凉，地广人稀，是发展畜牧业的好地方，凤岚河贯穿全村，故有“一河穿六寨”之称。

绿寨水利资源较好，有耕地 91.2 公顷，其中水田 39.1 公顷，余下的为旱地。主产玉米、水稻、大豆、旱谷，经济作物有生姜、油菜、热带水果以及政府偶尔推广的甘蔗、土豆等。林业是当地的经济支柱，有杉木、飞松、泡桐、红椿和速成林木，覆盖率为 27.4%，有珍贵的药材和野生动物，特产香菌、木耳等。2000 年绿寨粮食总产量达到 45 万公斤，人均 329 公斤，经济收入 50 万元，人均 376 元。村里有粮食加工设备 6 套，安装 9 千瓦电机一座，个体商店 3 个，从事建筑业 10 人，个体经商 10 人。

据师宗县相关文件，绿寨是一个没有解决温饱问题的贫困村，为此当地扶贫办在村里实施了许多扶贫项目，如“冬季农业开发”“产业结构调整”“推广高科技品种”。但效果不是很理想，某些方面比原来情况更糟糕，如大量使用农药、化肥，导致土地硬化，当地村民需要花更多的钱购买农药、化肥才能保障农业生产有收成，加之现代消费品涌入（手机、摩托车），当地村民对现金的需求增多，迫使村里青壮年劳动力外出务工。

二、绿寨服务项目概述

为解决绿寨社区面临的问题和居民的需求，绿寨农村社会工作团队计划并实施了多个农村社会工作服务项目。项目组依托绿寨活动中心管委会，成立了教育基金项目、守家小组、村史文化教育小组、孝布改革小组、文艺小组、老年协会

① 马震越，张和清等. 大专院校行动研究案例［G］. //张和清. 农村社会工作. 北京：高等教育出版社，2008：248.

小组、妇女生计合作小组等服务。下面列举3个服务项目，予以介绍。

1. 贫困儿童教育项目

针对绿寨青少年儿童面临的上学难问题，绿寨农村社会工作团队于2002年下半年开启了贫困儿童教育项目，主要为失学儿童提供支持，帮助其完成学业。据绿寨小学校长介绍，本村失学学生占在校人数的20%，其中女童占总失学人数的80%。造成失学的主要原因是经济困难，无钱资助读书，每年300元的学杂费对极端贫困的家庭来说是一个极大的压力。另外女童失学发生在小学四年级以后，可能是因为这个年龄段的女孩已经可以成为家庭的主要劳动力了。当时，整个行政村只有一个女生读完初中。

贫困儿童教育项目具体工作：针对现已失学的儿童，资助其复学，使其能跟上学校的教学进度；入户做失学及在读儿童家长的思想工作，使家庭尽可能支持孩子上学（正在进行）；成立平寨教育基金，以及基金管理委员会，用有限的资金确保每一位适龄儿童能正常上学；以资助方式，帮助学校修复校舍，组织教师不定期地参加授课培训，完善学校软、硬件建设；针对文盲和半文盲的大龄儿童、青少年以及村中的农业技术员、宣传员等，进行农业科技、生活技能经验、文化艺术传承等方面的非正规教育。

通过本项目的实施，在一定程度上改善了绿寨教育资源缺乏，让绿寨许多失学儿童享受了基础教育。

2. 组建妇女小组

针对绿寨妇女小组的需要，项目组筹建了绿寨妇女小组。组建妇女小组的目标是提升妇女性别意识，改善妇女生活品质。为此，项目和妇女小组一同开发并实施了沼气项目、手工艺项目（壮锦）、妇女保健项目。经过多次波折，如今妇女手工艺项目已经成功走向公平贸易市场，一定程度上增加了妇女小组成员的经济收入，同时弘扬了壮族民族文化，通过公平贸易，促进了城乡合作。

3. 城乡合作——公平贸易经济与发展项目

长期以来受二元体制的制约，人们潜意识地将农村社会问题和城市社会问题区别开来。认为农村社会问题只需要从农村社会层面解决。绿寨农村社会工作项目组通过在绿寨10年的实践探索，总结提出：农村社会问题和城市问题是相关联的，在某种意义上可以讲农村社会工作问题是城市社会问题的延续。例如随着城市化发展的需要，不断修路、修桥、建设经济开发区等开发过程中，导致农村农业耕地减少、农村生活区自然生态环境被破坏，导致农村污染、山体滑坡等问题剧增；又如过分强调农业产品的商品化，某些地方农业生产急功近利现象严重，大量使用农药、化肥、食品添加剂等，导致食品安全问题层出不穷。

为此，要解决农村社会问题，促进农村社会发展，必须走城乡合作的道路。公平贸易为核心的另类市场经济模式就是一种很好的尝试。绿寨农村社会工作项目团队针对现今城市社区居民对绿色农产品的需要，利用绿寨良好的自然生态环境，进行绿色种植，组织城市社区居民到绿寨进行绿色种植考察，生产者和消费者共同商议农产品价格，实现公平贸易。让生产者和消费者的利益得到最大的保障。

目前，绿寨城乡合作——公平贸易项目已经取得丰硕的成果，绿寨绿色农产品在云南、广东等地销售已经出现了供不应求的现象。在某种程度上反映出这一模式在农民创收，保障食品安全是行之有效的模式。

三、总结

绿寨农村社会工作项目组在绿寨已经开展了长达10年之久的实践。积累了大量宝贵的农村社会工作实务经验。主要有两点：

1. 成功实践了能力建设为核心、优势视角为本的农村社会工作模式

这一模式通过可持续生计项目，以优势视角确定农村社会工作服务的目标，农村社会工作者与服务对象同吃、同住、同劳动，深入了解服务对象需求、面临的困境，一起讨论解决问题和满足需求的方法；在服务对象燃起想改变现状的想法时，农村社会工作者通过社区活动、社区组织、社区教育等方式支持服务对象将改变的想法变为实际的行动；当某些服务对象有共同需要时，农村社会工作者就应用小组工作方法，通过小组会议、各类小组工作，促使个体通过小组实习成长；针对某些个体或家庭层面的需要，农村社会工作者应用个案工作予以回应。

这一模式打破了传统的“问题为本”的分析视角，通过多方参与、多方合作，最大限度地实现服务对象的主体地位，发挥他们的聪明才智和挖掘潜能，使其走上可持续发展道路。

2. 成功尝试城乡合作公平贸易为形式的团结经济模式

绿寨农村社会工作团队，不断反思主流市场经济模式和传统扶贫模式的局限性。重新恢复生产活动的人与人联系的功能，遵循农业生产的自然规律。积极促使生产者、消费者参与农产品的生产、销售、消费等经济生产的全部过程中，恢复农业生产的经济功能、社会功能。

第二节　湘西老寨农村社会工作实践

2002年9月，长沙民政学院社会工作系开设了“农村社会工作”课程，开创我国农村社会工作教育的先河。为培养学生学习农村社会工作后的实务操作能力，社会工作系在湖南湘西州建立我国第一个农村社会工作实习基地——湘西老寨农村社会工作实习基地。经过10年的发展，该实习基地在培养学生和为当地社区提供专业服务方面已经有丰硕的成果。如2004年成立老寨农村社会工作服务中心；2007年，实习基地被民政部列为农村社会工作人才队伍建设示范点；2010年被中国社会工作协会确定为特色农村社会工作实习基地；2011年被民革湖南省委确定为湖南省民革社会管理创新农村工作站。本章集中介绍该服务点在当地的社会工作专业服务及经验总结。

一、老寨基本情况

老寨位于我国湖南省西部，地处山区，可耕地少。共有7个村民小组，村中以石、梁两姓为主，全村人口1 215人，共239户，其中60%是联合家庭，其余为核心家庭。全村耕地总面积976亩，人均0.9亩，其中水田人均0.72亩，旱地人均0.26亩。随着农村生活经济成本的日益增多，村里有80%的家庭中至少有一个人经常在外地打工，一般到广东与浙江，附近县市也有少部分人。

老寨主要粮食作物是水稻，除此之外，部分旱田种植玉米；主要的经济作物是沙田柚和蜜桃；蔬菜有黄豆、莴笋、红薯、冬瓜、萝卜、茄子等。全村大学文化程度2人，高中文化程度14人，初中文化程度63人，小学文化程度278人，有4名教师，其中退休教师2名，在中村任教2名。村设小学，名“中村完小”，校内有4个年级（一至四年级，三、四年级为复式班），7间教室，3位老师。五、六年级就要到镇或县等就读。村里几乎没有任何公共的娱乐设施，村民大多数人待在家里看电视和打牌。

二、项目概述

湘西老寨农村社会工作实务主要依托老寨农村社会服务中心开展。老寨农村社会服务中心占地15亩，建筑面积600平方米。中心设有办公室、会议室、图书室、个案工作室、小组工作室、电脑室、培训室、社区活动广场，拥有藏书4 000余册、台式电脑13台。

湘西老寨农村社会工作服务团队立足老寨社区基本情况，结合专业优势，为当地社区居民开展了形式多样、内容丰富的农村社会工作服务。下面分三个方面逐一介绍。

1. 建成老寨社区活动中心

2005 年，在多方努力下，老寨社区综合服务中心建成，中心以“服务村民、提升村民、发展村民”为宗旨，以社区服务、社区组织、社区文化、社区教育等为服务内容。服务中心建成阅览室、活动室、放映室、电脑室、广播室。阅览室为社区居民提供了学习知识文化的场所，活动室定期播放农业科技等方面的影片。

2. 以社区服务中心为平台开展各项服务。

借助综合中心平台，开展多种社区服务。针对社区老人走动不便，不方便到工作站看书、看报问题，2006 年 5 月开启流动图书馆服务，工作站每周安排工作人员根据老人的需要把书、报刊拿到村中心满足老人的需要。2006 年 8 月，开通社区广播，内容安排都是围绕村民生活、农业技术、妇幼保健医疗常识、工作站近况等方面。2007 年 1 月，老寨社区报刊发行，如今已经成功发行 20 期。社区报主要内容有村寨人事物、新闻报道、农业知识、生活相关的小知识、民族传说、苗歌、苗鼓等传统文化。2006—2012 年暑假期间，工作站根据当地社区儿童的需求，组织“美丽童声”大赛、夏令营、成长小组等儿童社会工作项目。2006—2012 年，每年举办苗族文化为主体的民族文化活动节，活动的开展，弘扬了苗族文化，增强了民族自信。

3. 以社区服务中心为平台，培育社区组织

培育苗鼓协会、苗歌协会。借助社区组织，鼓励村民恢复自己的传统文化。2005 年 10 月到现在苗鼓队已多次参加当地举办的苗鼓比赛，取得很好的成绩，在全县苗鼓比赛中曾经获得第二名。

2008 年 3 月，成立了老寨村社区发展管委会，如图 11—1 所示。

三、结论

湘西老寨农村社会工作实践在民族文化恢复、农村儿童青少年服务、生计援助等方面积累了宝贵的经验。总结如下：

1. 社区综合服务中心为平台的农村社会工作实务模式

以社区综合服务中心为平台，能力建设和优势视角为理念，社会工作方法为方法，开展民族文化、儿童青少年、生计援助等服务。其核心是：农村社会工作

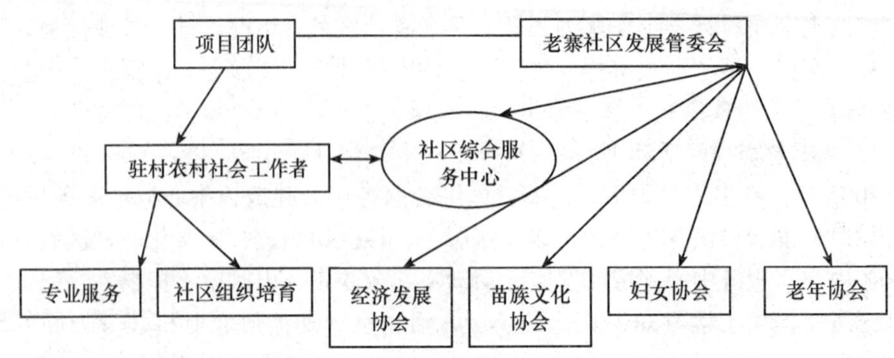

图 11—1　老寨村社区发展管委会组织结构和工作流程图

实践必须将专业服务和农村社区组织发育相结合；必须将当地人才的培养作为服务项目的核心工作；必须重视多样多元化服务。

2. 儿童青少年为本的农村社会工作实务

农村儿童青少年是农村社区发展的长久动力所在，儿童青少年对自己生活社区的认同感、归属感、自豪感、成就感的培养是儿童青少年为本的农村社会工作实务的核心目标和任务。湘西老寨农村社会工作团基于这一目标和任务要求，通过村史教育、成长小组、课业辅导小组、猎奇夏令营、志愿者队伍建设等工作，激发了当地儿童青少年建设自己生活的社区的热情，提升了他们身份认同感。

第三节　湖南娄底农村社会工作实践

近年来，尘肺病成为媒体和社会关注的重要话题。尘肺病是职业病的一种，到目前为止，医学方面还未找到有效的治疗方法。但尘肺病患者通过控制及治疗并发症，积极参与康复治疗和有效的疗养，其生命可得到有效的保障。本节以长沙民政学院社会工作学院在湖南省涟源市白竹村尘肺病患者社区康复服务实践为例，总结归纳出农村尘肺病康复社会工作实务要以优势视角、能力建设和资产为本为核心，坚持社工为主、多部门跨专业人士共同参与为原则，采用康复锻炼、医疗救助和辅助就业等方法建立尘肺病患者支持网络，可以为尘肺病患者建立起以民间力量为主的弱势群体社会保障机制。民间力量为主的弱势群体保障机制对解决缺服务、缺组织和缺资源农村尘肺病患者的心理问题和生活问题均具有积极意义。当然，要全面建立尘肺病患者社会保障机制，需要政府为主、社会力量积极参与才能解决。

一、服务背景

1. 我国尘肺病现状

改革开放 30 多年来，我国城市化、工业化建设取得了丰硕成果，但同时职业病种类、人群不断增多。为全面预防职业病发展，《中华人民共和国职业病防治法》于 2011 年 12 月 31 日颁布实施。据卫生部最新数据统计，2010 年根据 30 个省、自治区、直辖市（不包括西藏）和新疆生产建设兵团职业病报告统计，新发职业病 27 240 例，其中尘肺病 23 812 例，位居新增职业病之首。而自 20 世纪 50 年代以来，全国累计报告职业病 749 970 例，其中累计报告尘肺病 676 541 例，死亡 149 110 例，现有患者 527 431 例。可见，尘肺病位居我国职业病之首，尘肺病防治是我国职业病防治工作的重点工作。

目前，农民工成为尘肺病高发人群。究其原因，一是跟农民工所从事的工作有关，很多农民工主要从事如挖煤、盖楼、修路等工作，而这些行业均是高粉尘行业，患尘肺病概率十分高。二是与粉尘相关行业盲目追求经济效益，忽视劳动保护和安全保障，也是造成尘肺病高发的重要原因。许多人患有尘肺病后，因没有与用人单位签订合同，在争取工伤赔偿时困难重重。尘肺病患者的基本需要主要有康复服务的需要、医疗救助进行治疗并发症的需要、重新选择适合其身体状况的新的就业机会的需要。而尘肺病也没有纳入新型合作医疗报销范畴，高昂的治疗费用让许多尘肺病患者放弃治疗，入院疗养更是一种奢望。治疗无望和疗养无门带给尘肺病患者许多困扰，主要表现为：心理压力大、家庭关系矛盾多、病态折磨等。

2. 湖南省涟源市尘肺病康复社会工作实务项目简介

湖南省尘肺病患者数量占全国十分之一。为积极寻求尘肺病患者康复服务模式，2010 年 7 月，由长沙民政学院社会工作学院牵头，联合湖南省社会工作者协会和涟源市疾病控制预防中心，在湖南省团省委、涟源市团市委的支持下，在涟源市古塘乡开展“湖南省涟源市尘肺病社会工作服务项目”。

本项目计划通过两年的努力，应用社会工作方法，为尘肺病患者和照顾者提供个案管理服务、小组工作服务、康复训练和生计项目。通过以上服务，一方面改善尘肺病患者无服务的生存现状，另一方面希望探索适合农村社区情况的尘肺病社区康复模式。

项目点选取涟源市比较偏远的古塘乡。古塘乡地处涟源市西北部，土地总面积 56 平方公里，平均海拔 686 米，素有“小青藏高原”之称；全乡辖 24 个村，

2.3 万人；耕地面积 32 645 亩。当地煤炭资源丰富，2003 年以前，全乡煤矿总数达 30 余家之多。2003 年以后，随着国家政策性关闭煤矿及市场淘汰，大部分煤矿关闭、破产。2007 年，全乡共有合法煤矿 5 家，分别为塘边煤矿、马方煤矿、长胜煤矿、凤山煤矿、古塘煤矿，煤矿年产量 12 万吨，年产值 6 000 万元。煤炭资源促进了当地经济社会发展，同时也造成许多煤矿工人患上尘肺病。据统计，目前该乡在煤矿工作的工人有 1 000 多人，确诊和疑似尘肺病患的 296 人，其中明确确诊 90 人。

二、项目服务概况

1. 服务方法

（1）家庭探访：针对尘肺病患者心理压力大、家庭关系不和、失去生活的信心等情况，项目社工以家庭探访方式，逐一到服务对象家中，通过会谈、咨询、资源引进等形式，让尘肺病患者对尘肺病树立正确的认识，激发其积极的康复心态。

（2）病友及照顾者小组：病友及照顾者小组主要形式包括教育小组、兴趣小组和治疗小组。教育小组主要内容包括尘肺病相关知识、尘肺病康复方法及尘肺病治疗方法。兴趣小组结合尘肺病患者及照顾者的兴趣爱好，比如唱歌、跳舞等。通过兴趣小组活动，丰富尘肺病患者及照顾者生活，加强尘肺病患者及照顾者之间的关系，增强他们对生活的希望。治疗小组主要是共同练习康复操、进行有氧运动，增强尘肺病患者身体抵抗力和心肺功能。

（3）社区康复：社区康复依托社区资源，为有需要的人群提供服务，香港学者陈丽云、罗观翠指出："社区康复注重技术性援助，包括矫治手术、物理治疗和职业治疗，其将伤残人士、长期病患等人士需要留在医院接受的服务直接送到这些人士的家庭或居住的社区，内容包括社区护理、社区康复中心、职业训练中心、社区教育、政策倡导等。"古塘尘肺病患者康复项目主要为本地尘肺病患者提供社区康复中心服务、康复训练和尘肺病知识教育。

2. 服务内容

（1）尘肺病基本知识培训服务：为让本地尘肺病患者及照顾者对尘肺病树立正确的认识，项目组开启尘肺病基本知识培训服务。一方面邀请行业专家进行培训，培训内容包尘肺病的检查和治疗、鉴别诊断、我国尘肺病危害现状、尘肺病预防、尘肺病康复、尘肺病相关法律法规等。另一方面及时了解最新与尘肺病预防、治疗和康复相关知识和信息，组织病友工作坊、学习小组，让尘肺病患者及时了解这些相关内容。

(2) 病友互助网络的建设：尘肺病患者支持网络主要包括三个层面资源建设。一是个人层面资源，包括自己的家庭成员、亲戚朋友；二是社区层面资源，包括邻里街坊、病友、社区康复中心等；三是社会层面资源包括政府相关部门（公共卫生办、劳保局等）、医疗机构（疾控中心、肺结核专科医院）、职业病研究服务和研究机构。社工通过病友小组、病友社区组织培育等工作，协助该乡尘肺病患者建立自己的支持网络，见图 11—2。

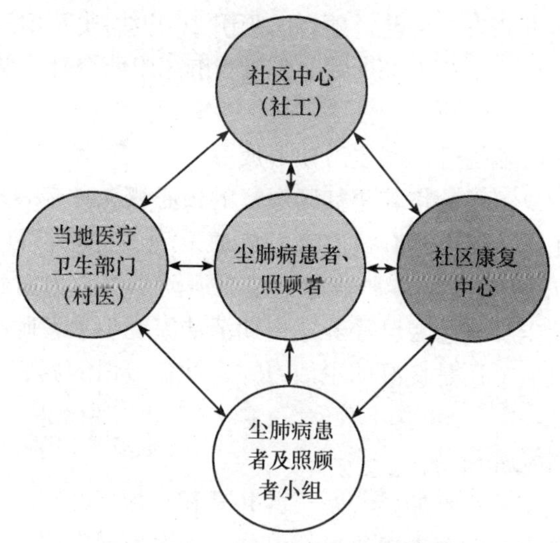

图 11—2　尘肺病互助网络示意图

(3) 社区康复中心：社区康复中心是社区康复的核心部分，尤其在农村社区公共卫生资源相对缺乏的现状下，开展社区康复服务，务必要充分利用多种渠道，争取各方资源，建立康复中心。以该乡尘肺病社区康复服务为例，项目组利用当地医务室，建成良院村社区康复中心、群山村社区康复中心。康复中心配备有：有氧运动器材，如跑步机、健身车、椭圆车、踏步机、拉力器、哑铃、手部健身车等；二是常用的医疗器械，如自动制氧机、电子血压仪、肺活量计、心率监测器、血氧和心率计、便携式心电监视系统。社区康复中心的建设一方面可以给尘肺病患者提供公共活动、交流、康复的平台，另一方面社工可利用这个平台，为患者成立各类小组、建立尘肺病人群互助组织。

(4) 生计援助服务：在该乡，许多尘肺病患者被诊断为尘肺病后，迫于生活压力，不得不继续去煤矿工作。这十分不利于尘肺病患者身体健康。要解决这一困境，项目组积极寻找资源，组织实施公平贸易为核心的生计援助项目。古塘乡尘肺病患者城乡公平生计项目结合该乡地处山区，山地比较多，组织尘肺病患者实施黑山羊、土鸡养殖。生计项目希望通过生态养殖和城乡公平贸易理念，将改善尘肺病患者家庭经济收入与城乡共同发展结合起来，针对城市部分居民对无公害农产品的需求，将尘肺病患者养殖的黑山羊、土鸡直接出售给有需要的城市居民，达到双赢的目的。为保障项目的顺利开展，项目社工首先组织养殖户进行了生态养殖、公平贸易等相关知识的学习；其次在长沙市选取 2 个居民小区，进行了无公害农产品需求调查。目前，项目已吸引 16 户尘肺病家庭参与到本项目中，共养殖黑山羊 160 只和土鸡 1 350 只，在长沙市区跟两个社区签订销售意向。

3. 服务成效

（1）康复意识明显提升，康复习惯形成

康复意识和康复习惯的培养是社区康复的核心概念。其表现为积极的康复行为的形成和日常化。以该乡尘肺病患者社区康复项目为例，目前已有 12 人完全戒烟、8 人戒酒；已有三个村尘肺病患者组成运动小组，定期晨练、到康复中心锻炼；绝大多数的尘肺病患者已经养成定期清洁家庭卫生、晾晒被子等习惯。无论是运动小组的组成，还是良好的生活习惯、饮食习惯的养成均是社区康复服务良好效果的表现。

（2）支持网络发挥作用

病友及照顾者支持网络的核心是资源共享和互帮互助行为的形成。在该乡尘肺病患者组成该乡尘肺病患者康复协会，协会为本地区的尘肺病患者及照顾者提供康复资料、康复方法培训和权益维护等服务。协会组织尘肺病患者家庭彼此帮助，有些尘肺病患者生病后，其他尘肺病患者主动去看望他，鼓励他保持良好的心态，积极面对。

（3）通过生计项目，部分尘肺病患者有新的工作机会

尘肺病患者社区康复服务要取得良好的成效，首先要解决尘肺病患者失业问题，其次是要帮助其在当地寻找新的就业途径。项目点社工与服务对象共同探讨，结合目前城市居民对无公害农产品的需要，开启以养殖黑山羊、土鸡为主的城乡公平贸易项目。通过该项目的实施，解决了本地 16 名尘肺病患者在就业上的问题，极大地提升了这些服务对象生活的信心。

（4）以民间力量为核心的社会保障机制形成

在项目组两年工作努力下，古塘乡尘肺病患者社会保障机制形成。尘肺病患者在社区康复中心可获得咨询、培训、康复训练等服务；患者通过该乡尘肺病患

者康复协会可获得一定支持、互帮互助；患者通过支持网络获取需要的医疗资源、信息资源等。民间力量为核心的社会保障机制虽然很弱，但对农村尘肺病患者是十分重要的。

三、农村尘肺病康复社会工作实务视角、原则和方法

结合古塘乡尘肺病患者社区康复项目的经验，下文从工作视角、工作原则和工作方法三个方面，梳理农村尘肺病康复社会工作实务的视角、原则及工作方法。

1. 工作视角

(1) 优势视角：在农村社区尘肺病患者服务中，项目社工从优势视角出发，利用患者们居住在同一社区、彼此熟悉的特点，社工鼓励患者之间组成互助小组，在农忙的时候彼此帮工，在有些患者失去康复信心时候，组织其他病友一起去探访。针对康复器械少的情况，社工鼓励病友利用当地丰富的竹子资源，在竹子里灌注沙子，制作成举重器具。

(2) 资产为本视角：资产为本的视角就是要重视服务对象本身就是一种资源，同时有意识地重塑公共资源空间，利用社区公共资源，增加服务对象的资源量。例如尘肺病患者社区康复服务中，社工利用村活动室、村医务室等建设社区康复综合服务中心。利用当地荒山进行养殖项目，为尘肺病患者提供新的就业机会。

(3) 能力建设视角：能力建设视角，强调农民工社会工作服务中要重视服务对象能力建设、关系建立、自信心建立和支持网络建设四个方面。通过“他助——自助——助他”，即社工通过相关知识教育，让服务对象对生产现状有全新的认识，找到限制自身发展的原因，寻找有利于自身发展、改善他人生活环境的资源。

2. 工作原则

(1) 服务对象充分参与原则：服务对象的充分参与是农村尘肺病康复社会工作实务的核心工作内容之一。要改善和提升尘肺病群体的生产现状和生活素质，尘肺病患者必须担负起解决自身面临问题的责任。共同参与到与自身相关的各种活动中，发挥互助合作精神、集思广益。只有尘肺病患者参与，他们才能明白提升自身能力、团结合作的重要性，更加珍惜每一次改变。社会工作者在服务中强调服务对象的充分参与，基于两点认识：一是尘肺病群体才是最清楚自己面临的困难和需求，二是参与是民主建设的重要部分。尘肺病患者只有不断地提升自身

的参与能力，才能在与其相关的政策、资源分配等项目中发声，保障他们的权益。

（2）制定符合实际的服务计划：冰冻三尺，非一日之寒。要解决尘肺病群体面临的问题，不能一蹴而就。社工要认识到这一点，才能制定比较切合实际的服务计划。举例来说，尘肺病患者社区康复服务中，首先是要解决尘肺病患者对尘肺病的危害认识不足的问题，其次是掌握有效的康复方法，最后是通过相关途径争取工伤赔偿。因为，尘肺病是一种不可逆转的职业病，患病后会诱发多种并发症，也会影响患者抵抗力、睡眠、饮食等生理机能。患者要认清其危害性，才能引起患者的重视，进行积极的康复治疗，才能延缓病情加重。我们知道造成许多尘肺病患者得不到工伤赔偿的原因有很多，不是一朝一夕就可以解决的，如果社工只看到尘肺病患者所遭遇的不公平的待遇，首先开展争取工伤赔偿服务，这可能会延误了最佳的康复机会。所以要在农民工社会工作服务中制定符合实际的服务计划的原则。

3. 工作方法

农村尘肺病康复社会工作实务具有对象差异性大、面临的问题复杂多样、服务时间长等特点。为此，其工作方法包括宏观层面的工作方法和微观层面工作方法。

（1）宏观层面的工作方法：宏观层面的工作方法主要包括政策倡导和社区工作。政策倡导可通过舆论宣传、提案、立法等，从社会政策层面保障农民群体权益。利用社区工作手法，培育尘肺病群体领袖和组织，增加尘肺病群体争取社会资源和参政议政的机会。

（2）微观层面的工作方法：微观层面的工作方法主要针对尘肺病患者个体面临的问题，提供专业社会工作服务。比如小组工作、家庭工作、危机干预、个案管理等。可应用社会工作小组工作方法，为农民工群体提供教育、治疗、辅助等小组服务。

第四节　四川理县农村社会工作实践

一、背景

2008 年 5 月 12 日，我国四川汶川发生特大地质灾害后，地震不仅造成当地人民群众物资财产受到严重损失，而且造成当地群众原有的社区关系、社会支持、心理健康受到严重影响。在党中央、国务院的正确领导下和社会各界的大力支持下，抗震救灾取得阶段性成果，但灾后重建任务艰巨，为此，党中央、国务院提出了对口支援灾区灾后重建的英明决策。中共湖南省委、湖南省人民政府特组成湖南省对口支援理县工作队，专人专项资金全面支持四川省地震灾区理县灾后重建工作，于2008年9月全面开展理县基础设施建设，同时，为改善灾区人民群众出现的灾后心理、精神健康、行为偏差等问题，2009年3月以“政府购买社工服务”项目方式，委托理县湘川情社会工作服务队，组织专业社会工作、心理援助专家，在理县全县全面开展社会工作服务和生活重建工作。

服务队以中共中央提出的和谐社会、科学发展观为指导思想，拟订建设和谐理县为第一目标，其包括民族和谐、生活和谐、精神和谐、社会和谐四个层面。根据建设社会主义新农村建设要求，拟订促进少数民族地区乡风文明、村容整洁发展为第二目标。以社会工作站为平台，能力建设为理念，社会工作方法为手段，提升地震灾区人民生活自信心、农村社区公共服务水平为第三目标。从而比较科学、系统、持续地推进理县灾后重建。

二、薛城镇情况简介

1. 基本情况

薛城位于理县县城东北23公里处，东接木卡乡，南邻蒲溪乡，西连上、下孟乡，具有独特的地理位置，是四乡一镇的商贸中心和物资集散地。薛城是古城，为历代边防重镇和州县治地，是一个历史悠久的藏、羌、汉民族聚居的城镇，海拔1 647.7米，属山地干旱河谷和半干旱河谷气候区，四季分明，冬长夏短，年均气温12.5度，全年无霜期220天，年降水量48.2毫米，干燥度为2.02，光照时间为1 689.8小时。全镇辖区面积258.3平方公里，下辖11个行政村，26个村民小组，1个街道居委会。全镇有共有农户1 195户，5 403人，有退耕还林2 887亩，耕地面积5 102亩（其中自留地有950亩）。2007年，全镇农村经济总收入为1 076.59万元，粮食总产量达1 045.8吨，人均产粮391斤，农民人均纯收入达2 107元。

5·12大地震给薛城镇带来巨大损失，电力、交通、通讯一度中断；使各村耕地、农作物、牲畜、经济林木、饮水工程等不同程度受损。在5·12地震中有4人受轻伤，1人受重伤，4人死亡，2人失踪。其中：

- 土地受损情况：可垦复2 584.3亩，损失估价7.16万元；不可垦复1 730.92亩，损失估价174.30万元。
- 农作物受损情况：受损3 562亩，损失估价90.54万元。

• 牲畜受损情况：猪 3 045 头，牛 2 031 头，羊 1 445 只，家禽 5 250 只，损失估计 609.40 万元。

• 经济林木受损情况：花椒 5 202 棵，核桃 172 棵，水果树 6 008 棵，其他 50 棵，损失估计 40.10 万元。

• 道路交通受损情况：公路轻度受损 49 公里，需维修 34 公里，需重建 12 公里，总共 90 多公里。桥梁受损 4 座，需维修 1 座，需新建 3 座。经济损失估计 263.30 万元。

• 饮水灌溉工程受损情况：受损管道 61.04 千米，其中需维修 45.80 千米，需新修 13.24 千米。水利设施需维修水井 8 633 口，需重建水井 4 170 口，经济损失估计达 217.19 万元。

• 电力设施受损情况：变压器受损 7 台，220 伏电线受损 40.17 千米，400 伏电线受损 37 千米，经济损失估计 185 万元。

2. 服务机构背景及服务

（1）薛城社会工作站基本情况简介

工作站于 2009 年 3 月 17 日。以“我为人人，人人为我”为宗旨。以“社会工作站为平台、能力建设为理念”，通过整合社会工作专业技能，从系统角度进行灾后社区服务、社区关系重建、社区民众自信心树立、心理危机干预等各项工作。探索建立一套适合中国国情，在特大自然灾害后社会工作介入社区、家庭、残疾人等群体的服务体系。湘川情社会工作服务队薛城社会工作站由长沙民政学院社会工作系专业社会工作者组成，下设个案工作室、小组工作室、社区服务室、音乐治疗室、沙盘治疗室、宣泄室、快乐芯室、图书室、办公室。

（2）服务对象

• 薛城镇青少年儿童

• 薛城镇残疾人

• 薛城镇老年人

• 薛城镇妇女

• 薛城镇伤亡家庭

（3）工作内容

灾后社区重建。主要从以下几个方面来推进：开展社区服务，如成立灾后社区活动中心；举办灾后社区报、灾后重建信息栏；协助灾后房屋重建、技能培训；举行灾后心理、生理健康义诊、讲座、培训；二是成立社区组织，如老年协会、妇女协会、青少年协会；三是注重文化重建，包括地方文化重建、灾后新生文化重建。

灾区特殊人群服务。针对青少年群体，通过成长小组、学校社区工站、个案辅导、素质拓展提供服务；针对残疾人、五保户家庭，通过社区照顾、心理援助、个案管理提供服务；针对地震伤亡家庭家属，提供哀伤控制化解辅导、生计支持、互助网络服务；针对党政干部群体，通过心理压力缓解、心理健康讲座、社会工作讲座提供服务。

(4) 到目前开展的各类服务

为薛城小学、薛城中学共 9 个班级提供成长小组服务；组织六乡一镇学生庆祝五四青年节活动；为薛城镇 6 户伤亡家庭家属提供哀伤辅导；为薛城镇 50 名党政干部提供心理援助；为薛城中学、下孟小学共 60 名老师提供团体拓展训练；为 24 名薛城居民提供个案服务；培育薛城镇锅庄小组。

三、结论

该农村社会工作实务是我国社会工作专业介入灾后重建工作首次尝试，总结近 3 年来的实践，我们认为农村社会工作在灾后重建中具有三方面的意义：

(1) 社区服务可以协助政府加快灾后重建、是落实科学发展观、推进新农村建设的重要部分；社区服务是湘川情社会工作服务和谐理县建设的重要部分。

(2) 文化重建是灾后重建可持续发展工作的核心内容之一，能够丰富灾后群众文化生活、重建社区生活意义；文化重建是精神家园重建的关键内容；文化重建是民族团结工作的重要工作。

(3) 党政干部是灾后重建的核心力量，为其提供社会工作与心理援助对缓解党政干部灾后超负荷的工作压力、缓解干群矛盾、灾后重建意义重大；伤亡家庭、青少年、五保户、残疾人因地震出现的问题比较严重，为其提供服务是一件有意义的事情。

第五节　农村社会工作“另类”探索案例

一、长沙县“乐和乡村”实践

“乐和乡村”① 建设项目是长沙县委、县政府引进公益组织北京地球村“乐

① 具体查看网址：http://www.csxnews.com/sitehtml/xxgg/lhxc.html

和”理念，在“党委领导、政府主导、村民主体、社会参与”原则基础上，由北京地球村提供核心技术支持和社工服务，在全县实施的乡村建设综合试验项目。该项目通过创新基层社会治理，探索以村民小组为基本单元的村民自治机制，构建以“乐和治理、乐和生计、乐和礼义、乐和人居、乐和养生”为目标的美丽乡村，以实现“创新乡村公共服务，完善乡村社会治理，推动乡村文化复兴，发展乡村公共经济，保护乡村生态环境”的乡村建设目标，其实质是乡村政治、经济、文化、社会、生态建设的“五位一体”综合改革探索。

1. 建设内容

“乐和”是中国精神的现代表达，也是社会主义核心价值的通俗表达，对村民来说是自立、互助、公益；对干部来说是尊重、沟通、包容。“乐和乡村”建设包括乐和治理、乐和生计、乐和礼义、乐和人居、乐和养生。

乐和治理：在“党委领导、政府主导”的原则基础上，通过“三事分流”，形成“三治落地”的治理格局。将社会事务分为大事、小事、私事，通过自治实现大事政府办，小事村社办，私事自己办。

乐和生计：通过互助合作模式发展符合生态文明方向的乡村经济。通过联产的方式，实现种植翻身、养殖转型，发展循环经济、旅游产业；通过统一规划、集中管理、分户生产、多元经营的联营模式，打造公共品牌；通过集中采购、集中销售的营销模式，来防止恶性竞争，造福公共利益。

乐和礼义：通过组织活动，树立群众自立、互助、感恩意识；通过经典诵读，培育“相与情义重，向上之心强”的中国精神；通过礼仪传习，恢复乡村“守望相助”的文化传统；通过民俗传承，复兴乡村文化。

乐和人居：倡导生态、环保的生产生活方式，通过清垃圾、除杂草、保土质、护水源、种花草等活动，营造优美的人居环境。

乐和养生：以顺应自然的生活方式作为养生之道，通过饮食教育、生命教育，开展健康向上的文化体育活动来促进身心的平衡健康。

2. 工作策略

通过建设“一站、两会、三院、四公、五乐和”来实现“乐和乡村”建设目标。一站：由镇党委在试点村设立社会工作站，作为“乐和乡村”建设的工作平台。两会：在充分发动村民的基础上，社工站协助村民成立乐和互助会，搭建村民自我管理、自我服务的公共事务自治平台；在村党支部领导下，建立联席会议制度，作为共治平台。通过互助会和联席会平台来讨论实施“三事分流”，实现“大事政府办、小事村社办、私事自己办”，实现责任共担；通过投入机制改革，让村民参与公共项目建设、监督惠农政策落实、分享公共资源，实现利益共享。三院：建立“乐和大院”，为村民提供公共活动空间；建立“乐和书院”，共同打造社工、义工、村民培训教育基地，挖掘传统文化、展示乡村文化特色；对接“乐和学院”，总结提炼“乐和乡村”建设经验，为“乐和乡村”建设提供理论指导和人才支撑。四公：即发展公共经济、设立公共基金、提供公共服务、培育公共精神。通过发展乐和生计，来发展公共经济；通过经济发展和投入机制改革来设立公共基金；通过公共基金来支持公共服务；通过以上三点来培育乡村公共精神。五乐和：即乐和治理、乐和生计、乐和礼义、乐和人居、乐和养生，五个方面相互依存、相互促进、互补共生，从而实现社会共治、经济共赢、生命共惜、价值共识、环境共存。让乐和成为风景，让风景成为生活。

二、“禾力计划　合力助长”实践

本项目由招商局慈善基金会资助、北京农禾之家咨询服务中心策划执行、山西永济蒲韩乡村社区参与。其提出“我们不能为农民组织提供人才、但能将农民组织骨干培育成本土精英；我们不能替农民组织开展业务，但能教给拓展业务的思路和实践方法；我们不能给农民组织大量资金，但能匹配协助发展的乡土导师和伙伴”乡村工作宗旨，以“推广综合农协的理念和方法，为农民合作组织走向综合发展培育本土职业人才，以实现农村社区就地现代化，促进新农村建设和城镇化协调推进”为目标。

1. 项目简介

“禾力计划·乡工培训”[①] 是北京农禾之家咨询服务中心三年来自我开发的培训项目。该项目的培育对象主要为农民合作组织的全职工作人员，他们是本地的乡土人才。其他在农村社区开展公共服务的志愿者或兼职人员，以及城镇涉农社会组织的工作人员也可参与。该项目倡导农村社区要将经济、社会、文化综合起来发展和走向生态文明的理念，并为农民合作组织走向综合农协提供智力支持。

在项目开发中，北京农禾之家咨询服务中心不仅参照了我国培养专业社会工作者的院校模式，更结合了乡村当下的具体需要和长远建设的要求，根据农民合作组织尤其综合性农民合作协会的实际需求，将“禾力计划·乡工培训”分为基地授课及实地考察、禾力陪伴成长、小项目支持与实践、乡师（乡土培训师）督

---

① 具体查看网址 http://heli.nhzj.org/

导与评估、境外交流拓展等首尾相接、相互支持的各环节，并授予完成授课环节且通过考核的学员结业证书，对一年内通过考核的学员授予“乡村社区工作者”资格证书。

（1）乡村社区工作者

简称“乡工”。他们是农民合作组织内全职受薪工作人员，是坚持乡村建设理念，以农民共富、集体发声为目标，适应农民需要为其提供信用、供销、农技推广、社区教育、福利与文化等多种服务，促进乡村社区经济、社会、文化综合发展的适用型、职业化的专门人才。乡村社区工作者核心价值观“助人自助、本土成长、多元创新”以助人自助的理念支持乡村社区工作者的本土成长，以本土成长为基础培养多元创新的视角和实践。

（2）禾力计划　乡工培训课程

基于推动农民合作组织向综合农协发展的宗旨开发的一系列面向农民合作组织专职工作人员，将专业社会工作理念和中国传统乡村工作的方法相融合，采用互动学习，当地成长，多方评估的培训模式，注重实践操作和理念培养相结合的培训课程。主要包括三大板块：

乡工理念：注重对工作人员自我意识和服务理念的培养，明确工作人员的自我定位，树立服务农村的信心，引导工作人员对自我价值的认知，实现自我管理。

乡工服务：强调开拓工作人员的视野，注重开发工作人员的多元服务思维，侧重实践案例的分析，培养乡工综合性服务的思想。

乡工技能：侧重在实践中学习方法，掌握村民互动的工作方法，善于运用网络以及发现各种资源，学习规范性管理、组建团队、项目设计的方法。

禾力计划·乡工培训课程价值、理念：禾力计划·乡工培训课程的核心价值观：“助人自助、本土成长、多元创新”，助人自助的理念支持工作员的本土成长，本土成长的过程需要培养多元创新的视角和思维。课程的核心理念：自主发展比外部推动更重要，灵活应用比知识本身更重要，树立信念比能力提升更重要，反思总结比埋头苦干更重要。策略上采取本土精英＋专家学者、实际操作＋案例分析、游戏拓展＋知识普及、团队合作＋反思成长。

2. 禾力计划　乡工培训课程课程介绍

（1）核心课程如表 11—1 所示。

（2）培训进度安排如表 11—2 所示。

表 11—1　　核心课程安排表

课程模块	A 乡工理念（3 门）	B 乡工服务（6 门）	C 乡工技能（5 门）
	• 《综合农协》 • 《乡工定位》 • 《乡工素质》	• 《我们的乡村》 • 《农技推广服务》 • 《经营服务》 • 《社区服务与文化》 • 《金融服务》 • 《财务分析》	• 《农户工作》 • 《乡工文档》 • 《资源整合》 • 《团队建设》 • 《沟通与情绪管理》

表 11—2　　培训进度安排表

	上午	下午	晚上
第一天	学员报到	破冰游戏 开班仪式 制订班规 项目介绍与培训安排	
第二天	《乡工定位》 《乡工素质》	《我们的乡村》 《财务分析》	生命故事分享
第三天	参访农资店 参访有机联合社 参访青年农场	参访红娘手工艺 参访农耕家园 参访芬芳同乐屋	
第四天	《农技推广服务》 《经营服务》	《社区服务与文化》 ——红娘手工艺 ——居家养老 ——农耕家园 ——儿童服务	
第五天	《沟通与情绪管理》	《农户工作》 《金融服务》	乡师团队答疑解惑
第六天	《团队建设》 《乡工文档》	《资源整合——案例分享》 《项目讨论与分享》	
第七天	《综合农协》 闭幕式：回顾我们的学习、愿望树、班级后续管理讨论 学习日志收取、保证金返还 颁发奖学金与结业证书		

【本章小结】

本章结合目前我国农村社会工作实务的现状，重点介绍四类农村社会工作实务案例。包括云南大学和香港理工大学在云南绿寨农村社会工作实务、长沙民政社会工作学院湖南湘西老寨农村社会工作实务、湖南省社会工作协会在湖南娄底尘肺病社区康复农村社会工作实务、四川理县湘川情社会工作服务中心灾后农村社会工作实务，此外还有一些“另类”探索案例。

通过以上案例的介绍，一方面增进学习者提供农村社会工作实务经验借鉴，另一方面希望增进学习者投入农村社会工作实务事业的信心。学习以上实务案例，学习者需要注意以下三个方面：

一是要认识到农村社会工作实务场域具有鲜明的地域、文化差异性特征。农村社会工作者在设计服务计划时，在坚持优势视角、社会资产视角、能力建设视角的同时，必须坚持文化观、多元发展观，只有这样才能保障服务对象的利益最大化。

二是要认识到农村社会工作实务作为民间身份介入农村社区和农村社区居民服务的优势和局限性。要积极寻求与体制内资源的合作路径、模式。

三是要认识到任何一门专业的发展过程中，或多或少、或强或弱总会面临专业“异化”的危机。“异化”危机对农村社会工作发展来说是一把双刃剑。这就需要农村社会工作者必须要有专业责任感和危机感，不断提升专业业务水平，不断规范专业标准，用实际行动提升专业公信力。

【思考题】

1. 请谈谈绿寨农村社会工作实务给你的启发。
2. 你觉得农村社会工作灾后重建服务有哪些作用和意义？
3. 你是如何看待农村社会工作实务中面临的“异化”危机？
4. 通过几类案例学习，你有什么心得？

【讨论题】

1. 假如你是湘西老寨的一线社工，你打算如何开展湘西老寨今后的工作？
2. 分小组讨论四类实务案例的成功经验和不足。

【推荐阅读】

1. 张和清. 农村社会工作［M］. 北京：高等教育出版社，2008.

2. 张和清等. 灾害社会工作——中国的实践与反思［M］. 北京：社会科学文献出版社，2011.

3. 民政部社会工作司. 农村社会工作研究［M］. 北京：中国社会出版社，2011.

4. 史铁尔等. 社会工作专业在职业病康复服务中的应用［J］. 中国社会工作，2012（21）.

后　　记

你是否准备好投身到我国农村社会工作实务事业中？

从万物复苏的春天落笔，经历了炎炎夏日的锤炼，在金秋我们收获了《农村社会工作》。过程中有彷徨、有迷茫、有无奈，也有喜悦、兴奋和满足感。对于我们书写者来讲，编写这本书不仅是基于推动本土社会工作的发展，更是基于生命的感动。在此我们借这本书来纪念为中国农村社会工作发展而献出年轻生命的朱浩老师。

编写一本专业书籍，伴随着取舍和创作。每一次取舍都面临一次次的阵痛，因我们希望用有限的篇幅，将与农村社会工作相关的所有知识传授给学习者，要做到这点其实很难，我们只能取舍，本着最重要、最必须、最需要的原则传授做一名合格的农村社会工作者所需要的知识。每一次创作都需付诸行动研究，创造出新的知识，这就需要笔者必须付出汗水和长期在一线工作。对农村社会工作事业的热情和使命感，笔者忍耐住了取舍的阵痛，坚持用行动研究积累农村社会工作所需知识的建构。

学习者在学习这本书的过程中，相信也会经历信心满满、不知所措、大有收获的过程。但我们的目的不是为了收获而收获，而是希望将收获变为实际的行动。所以在此我们向学习者提问：你是否准备好投身到我国农村社会工作实务事业中？

如果你的回答是肯定的，请思考以下四个问题：

• 你是否坚信农村社会工作实务可以改善和改变农村社会福祉？

• 你是否熟练掌握了农村社会工作理论、方法、技巧？

• 你是否内化并内塑了和具备了农村社会工作的专业品质和素质？

• 你是否准备好迎接走向农村社会工作实务时面临的一切未知的出现？

如果你的回答是否定的，请思考以下三个问题：

• 你是否担心自己没有学好农村社会工作，不能胜任？我想告诉你农村社会工作作为社会工作实务的一类，需要实践，才能掌握。

• 你是否犹豫这样的选择是最好的吗？我想告诉你我们可以选择一种生活方式、一种生命的意义、一种职业，但我们选择的结果不是选择的结果，而是我们努力、付出、坚持的结果。

• 你是否担心没有发展前途？我想告诉你选择一项事业只是影响你发展前途的一种因素，而影响我们发展前途的最为关键的是我们要找到从事某项事业的意义所在。

坚守实践中学习、学习中实践的原则

要做好一名优秀的农村社会工作者，必须坚守实践中学习、学习中实践的原则。因为我们所面临的实务领域的处境因社会政策、社会变迁、社会流动等因素的影响而不断变化。

现今我国农村社区所处的社会环境为：第一，随着全球化时代的到来，城市化、工业化不断深入，农村社区已经完全"卷入"到现代经济、社会发展的大潮中，农村社区和农村社区居民必须不断提升自己，应对现代化带来的诸多挑战。第二，随着社会主义新农村建设的提出，新型农村合作医疗、新型农村养老、新型农村经济合作社等社会政策出台和实施，农村社区和农村社区居民面临社会改革中的阵痛，农村社区和农村社区居民必须不断改变自己的认识，应对社会改变带来的变化。第三，农村问题和城市问题增多，农村发展和城市发展联系越来越紧密，农村社区和农村社区居民必须增强自身能力建设，以应对日益增多的社会问题和发展需要。

可见，农村社会工作者所面临的服务场域处境十分复杂，充满挑战。农村社会工作者仅凭学习了这本书所讲授的知识，是不能胜任变化发展中的服务场域的需要，农村社会工作者必须在实践中不断提升自己，不断总结经验，边做边学、边学边做，才能成为一名优秀的农村社会工作者。

共同的信念、共同的责任

最后再次重申我们的共同信念，为改善和增进农村社区和农村社区居民的福祉而努力；为建设和谐社会主义新农村而努力；为营造充满公平、公正、人文关怀，充分多元化发展的社会环境而努力！

我们共同的责任是加快政府购买社会工作专业服务；健全农村社会工作服务标准化、规范化；担负起为农村社区和农村社区居民提供优质专业服务的专业责任；担负起促进农村社区和农村社区居民全面发展的社会责任！